# "作/嫁/衣/者"

说

**崔建民**

主编

副主编　王子豪　郭建宏　王伟利　梁艳玲

执行主编　刘　普

## 中国社科院学术期刊编辑心声

社会科学文献出版社

SOCIAL SCIENCES ACADEMIC PRESS (CHINA)

# 序

　　读者面前的这本书，不是一本普通意义上的书，而是一本由常年"为他人作嫁衣裳"的编辑们写的书。这也不是一本由一般意义上的编辑们写的书，而是一本由中国社会科学院所办的学术期刊的编辑们写的书。在中国社会科学院，学术期刊被视为具有"金字招牌"意义的核心资产。在中国哲学社会科学界，中国社会科学院所办的学术期刊被称作代表中国哲学社会科学研究最高水平的"金字招牌"。所以，也可以说，这是一本由打造"金字招牌"的人写的书。

　　那么，为什么要专门请中国社会科学院的学术期刊编辑们写这样一本书呢？

　　2021年5月9日，习近平总书记给《文史哲》编辑部全体编辑人员回信。紧随其后，5月18日，中宣部、教育部、科技部联合印发《关于推动学术期刊繁荣发展的意见》。习近平总书记的回信和该意见的出台，体现了党和国家对学术期刊的高度重视，为办好学术期刊指明了方向，令中国学术期刊界深受鼓舞、备感振奋。

　　截至目前，中国社会科学院旗下的学术期刊共有92种之多，构成了迄今国内规模最大、影响最广、水平最高的哲学社会科学期刊群。不同于其他期刊，学术期刊系学术研究的窗口和学术交流的平台，必须位于哲学社会科学研究前沿地带，必须引领哲学社会科学研究前行方向。应当说，这是学术期刊最基本、最深沉、最持久的属性。中国社会科学院学术期刊，正是以此为办刊定位和特殊使命的。

　　也正因为如此，不少学者，尤其是长期耕耘在学术研究一线的学者，都以能在中国社会科学院学术期刊上发表文章为荣。中国社会科学院学术期刊在为中国社会科学院带来不计其数荣誉的同时，也始终在坚守办刊定位、履行特殊使命上不遗余力。

就像罗马不是一日建成的，中国社会科学院学术期刊的"金字招牌"也不是一蹴而就的。打造这块招牌所依托的主要专业群体，就是一代代学术期刊编辑。据《魏书·李琰之传》记载，李琰之"修撰国史……前后再居史职，无所编辑"，这被认为是"编辑"一词的最早出处。"编辑"的意思是"修撰"。自从编辑作为一种职业诞生以来，就被定位为"为他人作嫁衣裳的无名英雄"。虽然中国社会科学院学术期刊的名气很大，但作为"金字招牌"主要打造者的学术期刊编辑们，绝大多数是默默无闻的，人们并不清楚，他们是一群什么样的人，他们是如何走上编辑岗位的，又是如何开展工作的，对于编辑这个岗位，他们有着怎样的职业理念和思想感情。为了让学术界、社会大众了解中国社会科学院学术期刊的编辑们，了解他们为打造"金字招牌"、为打造学术研究窗口和学术交流平台所付出的努力和做出的贡献，中国社会科学院科研局组织编写了这本《"作嫁衣者"说——中国社科院学术期刊编辑心声》。

这本书的作者，全部来自中国社会科学院所属期刊编辑部。其中，既有从业30多年的老编辑，也有入职时间不算长的年轻编辑，覆盖了绝大多数的办刊单位和大部分的学术期刊。编辑们在这本书中所讲述的故事，多是我们在其他场合所难以看到、听到的。

通过这本书，我们得以走近中国社会科学院学术期刊编辑群体，一窥他们的内心；通过这本书，我们可以加深对中国社会科学院学术期刊编辑的了解，对编辑职业多一份尊重，并且对学术期刊编辑在哲学社会科学事业中的地位和作用多一份认识；通过这本书，我们也可以看到一幅中国社会科学院500多名学术期刊编辑的集体画像。

这是一群敬业乐业的人。

可能出乎很多人的意料，这本书的绝大多数作者走上期刊编辑岗位，并不是自己主动选择的，而是有着各种各样的偶然因素。宋志刚是在陪同友人到世界经济与政治研究所咨询博士报名时，偶尔看到所内张贴的一则招聘编辑启事，于是应聘成为《世界经济》的一名编辑。卓丽洪一开始的梦想是当银行家，继而希望出国深造，但最终成了《中国社会科学院要报》的一名编辑。更多的人，则是被所属单位安排到编辑部工作的，如谢海定，他是带着"是不是我的科研能力不强，才被安排做编辑"的疑问走进《法学研究》编辑部的。

然而，尽管一开始不少人的理想不是做编辑，在其后的工作中也曾遇到不少困难，但他们一旦从事了期刊编辑工作，都能够坦然接受组织的信任，接受命运的安排，扎根编辑岗位，投身办刊工作，日复一日地约稿、审稿、编稿、发稿。在此过程中，不仅锻炼了办刊业务能力，而且逐渐培养起对编辑工作的热爱，在编辑岗位上做出了业绩。

这是一群勤于学习的人。

学术期刊编辑，是专业性很强的工作。做好学术期刊编辑，既需要具备厚实的学术功底，又需要掌握编辑业务知识和工作技能。为了能够胜任学术期刊编辑工作，他们认真学习编辑业务知识，钻研出版工作技能。除了参加国家出版管理部门组织的各类继续教育培训班之外，还广泛参加各类期刊研讨会，向同行学习、向学界学习。

中国社会科学院所属的各个学术期刊编辑部，还非常注重发挥老一辈编辑的"传帮带"作用。在刘祥柏的讲述中，我们了解到了老一辈学者、编辑家吕叔湘、丁声树的办刊理念与治学风范，仿佛他们的音容笑貌就在眼前呈现、在耳边回荡……正是缘于一代代学术期刊人的接续努力、薪火相传，才使得中国社会科学院学术期刊的这棵大树枝繁叶茂、树大根深、巍然挺立。

编辑们还十分重视在工作中学习，在干中学、在学中干，向作者学习、向读者学习、向审稿专家学习、向失误学习，不放过任何学习和提升自己的机会。《文学遗产》编辑部刘京臣讲述了他在编稿过程中，通过向作者的学生请教，纠正了对《本事诗》作者名字的错误认识，称作者的学生为"一字之师"。

书中也反映了编辑们为办好期刊进行的深入思考与不懈探索，如何进行选题策划、如何完善匿名审稿制度、如何进行数字化建设、如何做好校对工作、如何与作者打交道，如此等等。

因此，这本书既可以作为期刊编辑部之间的业务交流用书，也可以作为新入职编辑的入门教材。

这是一群甘于奉献的人。

学术期刊编辑是十分枯燥、孤独的工作，不少编辑在从业过程中，都经历过困惑、经历过思想上的波澜。学术期刊编辑又是一种平凡、清贫的工作，需要数十年如一日的辛勤付出，默默奉献。

《世界文学》主编高兴1983年7月第一次走进编辑部时，学者高莽就对他说："要想成名成利，就别来《世界文学》。"在从事编辑工作的过程中，本书的作者们逐渐体会到了编辑工作的意义，他们不断调整心态，升华自己，最终成为"优秀作品的助产士""学术佳作的摆渡人"，成为那个心甘情愿"为他人作嫁衣"的人。

《外国文学评论》编辑严蓓雯认为："学术编辑就是一份牺牲自己科研时间、服务学者科研成果的职业。若没有这样的认识和服务意识，就不能做好编辑工作，或至少当不了一名好编辑。"

《世界经济与政治》编辑主父笑飞说："当作者穿上我们缝制的'嫁衣'，吸引了众多宾客欣赏艳羡的目光，获取了人生的幸福，我们即使身在幕后，当默默地注视着让人感动的场景时，难道不会由衷地感到高兴吗？"

这是一群善于治学的人。

中国社会科学院办刊的一个重要特点是编研结合，很多编辑人员同时也是学者，编辑部和研究室存在人员交流。很多编辑在从事繁忙办刊工作的同时，没有放弃对学术的追求。站在学术期刊平台之上深刻把握学术研究方向，不断开阔学术研究视野，踊跃向知名学者讨教，既提高了自身的学术水平，也产出了大量高水平研究成果，构成了编辑们日常工作和生活的一个特殊景观。

《经济学动态》编辑部李仁贵从事期刊工作30多年，对全球经济学研究动态有着清晰的把握，其对诺贝尔经济学奖的预测分析被国内经济学界尊为权威。

《中国边疆史地研究》主编李大龙1986年大学毕业后就在期刊编辑部工作，先后换了两个研究单位、两种学术期刊，一直没有离开编辑一线。

他已经出版学术专著 10 余部，发表学术论文 130 余篇。

中国社会科学杂志社副总编辑王兆胜在完成编辑工作之余，出版林语堂研究、散文研究专著 16 部，发表论文 300 余篇，还出版多本散文集，在学界和文坛都有较大影响。

这说明，编辑工作与科研工作看似矛盾，但又有着内在一致性。如果能够处理得当，则可以做到互为启发、彼此借鉴、相得益彰。

当然，在这本书中，作者们也反映了作为期刊编辑人员的一些困惑和焦虑，这一方面与编辑工作的职业性质有关，与编辑人员的思想认识有关；另一方面也表明期刊管理工作存在需要完善的地方。

各级管理部门应当俯下身子多听取期刊编辑人员的心声。通过改进我们的管理工作，为期刊编辑们创造更好的工作条件和职业环境，使他们更能心无旁骛地投入学术期刊编辑事业，作出更多、更漂亮的"嫁衣"，为建设中国特色哲学社会科学学科体系、学术体系、话语体系做出更大的贡献。

是为序。

2021 年 11 月

# 目 录

# 编辑的趣味

《文学评论》编辑部　何兰芳

何兰芳，副编审，博士，毕业于中国人民大学，2009年进入中国社会科学院中国社会科学杂志社工作，2014年进入中国社会科学院文学研究所《文学评论》编辑部，现为《文学评论》编辑。

　　最初进入编辑行业时，常听身边的前辈说，编辑工作至少要做上五年，才算是入了门。老实说，当时觉得前辈们是在夸大，心想不过是个体力活，技术上充其量是个熟练工种，有什么难的。而今我在编辑这个岗位上已有十余年了，按照前辈们所说的五年期限，算是早已入门，却反而觉得自己还是个新手，从业时间越长，越觉得读书太少、思考太浅、见识太短，当年前辈的告诫实在是经验之谈。

　　编辑工作之难，最难在趣味的养成。学界通常对编辑的一个主要批评是"眼高手低"，但在我看来，恰恰是这"眼高"最难达成，那种看谁都不入眼的状态并不是真正的"眼高"。"眼高"首先意味着在学问上养成良好的趣味。无论是学者还是编辑，学问上的良好趣味都是最紧要之事。从业之初，有一次曾与一位学者聊到黑格尔美学。这位学者非常重视黑格尔与其时代的关联以及黑格尔研究对当下时代的重要性，对这一点我十分认同。不过当聊到曾备受学界关注的关于艺术终结的话题时，我问他："如果说艺术不再是这个时代认识真理的绝对需要，那么艺术存在的正当合理性以及艺术的使命是什么？"他的回答是："艺术还可以作为收藏，这是黑格尔不会反对的。或者还可以作为放松和休息。"这个回答让我颇为意外。因为这意味着，在他看来，那种作为真理认识途径的艺术与资本时代作为收藏或者消遣的艺术在价值上是可以相提并论的。但黑格尔显然是在艺术的最高理想这一标准上谈论艺术问题的。黑格尔所谓艺术的终结，是说艺术不再是那个时代认识真理的最佳途径，但这并不意味着作为传达和认识真理的艺术与作为收藏或消遣的艺术是等同的。黑格尔当然不会反对艺术作为收藏或作为消遣，这甚至是消费时代艺术最突出的存在形式，但对黑格尔而言，这决然不是艺术存在的最高形式。作为收藏或作为消遣的艺术，如果我们将之视为社会现象，那当然是值得深入研究的，不过也许是以类似文化研究或者艺术社会学等模式来研究，而不是黑格尔的研究模式。在黑格尔，或者他之前的康德，他同时代的谢林，以及他之后的尼采、海德格尔，他们对艺术的思考均包含了对最高艺术理想的设定。即便是文化研究的模式，背后也有对艺术的最高要求作为参照。

学问上的良好趣味，必先于学问之事立乎其大者，就如同黑格尔等思想家是在最高理想的标准上讨论艺术的。但什么是学问之大者呢？就我目前的有限体认来说，所谓学问，即求学问道。求学是途径，问道是目的、是根本。面对一种学问，最先要问的紧要问题是，此学问是文辞章句之学、见闻记问之学，还是穷理尽性、问道修身之学？在此紧要问题之后，才是对所谓有无创新之处、在学术脉络上的位置如何等方面的衡量。马一浮曾批评易学研究中"人自为说，家自为书"的风气是"说《易》，非学《易》"，而真正的学《易》"无汲汲以撰述为事"，也"初不关于多闻广说"，实应"观象玩辞，反身修德"，才能"极深研几"。① 问道意义上的学问，

_____

① 吴光主编《马一浮全集》第一册（下），杭州：浙江古籍出版社，2013，第398页。

始终与对自然人生的探索体悟相关，从而与个人有切己之关涉，而与广见闻、知识生产的关联是第二位的。正是在这个意义上，马一浮才可能说，学问可以变化气质。

对学问之大者缺乏意识，所做的学问与自己的生命探索、人的成长关联不大，最极端但也绝不少见的情况便是流于以下弊病。一是研究对象仅仅是对象，作者对之极尽分析解剖之能事，仅此而已，除此之外，与研究对象并无内在联结。二是正因如此，那么选择什么对象来研究都可以，并无远近高下的分别，对研究对象的选择缺乏深层和内在的理由。三是选择的理由如果有，那也是受流行标准的影响，什么最热门，什么就最值得研究。所以常见的情况是研究对象的频繁转换与游移，涉猎广泛，每个领域都能写出文章，学者成了多面手，无所不能，而很少去问以下问题：这一研究与我自身的性情有无切近处，与我对时代的观察与思考有无切近处？更进一步说，于我对世界的理解、对自然人生的领悟有无进益？

对编辑来说，良好的趣味便意味着你大概知道什么是好的学问，并能分辨出好的学问。你能否在当下各种流行热门、充满看似高深的各类概念和烦琐论证的论文中间，分辨出质朴无华，少有各类习气，但思考敏锐、体悟深刻的好文章？这便包含着对判断力的高要求。好的学术判断力往往基于对相关研究领域的熟悉、对学术脉络的把握和对问题的思考深度，在某一方面读书不多、探究不足，实际上判断力是非常有限的。编辑面对大量文章，往往研究领域各异、主题丰富多样，很难在每一领域和主题上都下充足的功夫，至多只能做到有所涉猎，而思考和体会不到一定程度，便很难对问题的关键处和细微处有足够的敏感。在学问之事上，最不可取的便是止步于泛泛涉猎，但这恰恰是最常见的情况。在对量的重视往往超过对质的衡量的机制之下，学者更是忙于写文章，倒是涉猎广泛，但往往着力于寻找所谓学术生长点，读书便成了搜罗写作的入手点和材料的过程，翻检寻猎，一有"发现"便匆匆成文，来不及深究体悟，古今中外都仅仅成为可被利用的资料，其精神内涵则被轻轻放过。这类学问，由于认识停留于表面，连见闻之知都不一定够得上，所思所写可能并非出自切己的领悟，既与所处理的材料相隔，又与自己的体验相隔。中国古代书论批评书家笔力弱，墨色浮于纸面，称作不入纸，同样，这样写出的文章也是缺乏力量，不能力透纸背的。与学者相比，编辑对很多主题更是粗粗涉猎，这一问题往往更为严重，如果没有见识过好的学问，缺乏良好的趣味和判断力，就容易受到流行学术的迷惑，停留于表面光景。

所以，对编辑来说，能够达到"眼高"的程度已经非常不容易，更不用说"眼高手也高"了。学问上的良好趣味和判断力，实在是极难达到的，非多读书多穷理不能至，还要在具体的实践过程中磨砺。基于这一认识，从事编辑职业时间越长，便越能清醒地意识到自身的有限性。虽然明白好文章的确不易得，但也能常常反观自己，是否知道深浅，是否对某一领域研究的精微深妙之处有意识，是否认识到自己在某一研究方面判断力的局限，是否对作者真正的问题意识和运思方式有所觉察、对其在相关领域的位置有恰当的判断？更进一步，是否对其背后所蕴含的生命体验有所感受？时常如此自问，或许能在一定程度上跳脱出自己的主观性和个人喜好，对学者更多一些理解。

越是意识到良好趣味和判断力养成之难，便越有可能去除骄矜之心，保持谦逊，既与流行学术标准保持距离，也与自己的偏爱、成见、习气保持距离，而这实际上也是良好趣味的组成部分。《文学评论》的老前辈王信先生反对"编辑为他人作嫁衣"的惯常说法，他说编辑充其量是为作者自己做好的衣裳换了道花边、调了个纽扣而已。王信先生之所以深为学界敬重，除了学问上的趣味之外，也是因为他能摆正编辑的位置，为学真诚，从不自欺欺人。

在我看来，好的学问是有大气象的学问。而在现有考评机制下，怀有这一期待似乎有些迂腐和不切实际。不过古人常说："取法乎上，仅得其中；取法乎中，仅得其下。"无论这一期待是否可能，也仍需将之作为取法的标准，对学者和对编辑而言都是如此，尽管对自由度非常有限的编辑来说，这一点着实不容易。

《文学遗产》编辑部　刘京臣

用心为学界
和学者服务

刘京臣，副编审，博士，毕业于中国社会科学院研究生院，2010年进入中国社会科学院文学研究所工作，2013年进入《文学遗产》编辑部，现为《文学遗产》编辑。

　　我于2010年博士毕业入职文学研究所，2013年4月调至《文学遗产》编辑部负责唐宋辽金段稿件，算下来做专职编辑已有八年了。八年来，审理来稿一千六百余篇，大约两千万字。编辑部要求拟推荐二审和外审的稿件，审稿意见不少于八百字；拟退掉的稿件，退稿意见不少于三百字，算下来八年共撰写审稿意见约九十九万字。每年每期刊发稿件约七万字，共刊发稿件约三百三十万字。此外，我还担任《文学遗产》网络版的执行主编，负责《文学遗产》网络版的编审工作，近年来共发稿三百二十余篇；负责运营《文学遗产》微信公众号，见证了用户数由三十七人上升为如今两万六千余人。

　　在审稿中，我始终以文稿质量为第一标准，组织和编发了一大批有较高学术质量与影响力的优秀论文，其中被《新华文摘》转载十一篇、《中国社会科学文摘》转载九篇、《人大复印报刊资料》转载六十九篇、《高等学校文科学术文摘》转载两篇。工作中，我还注重约稿和选题策划，先后组织过"宋代行记""陆游与爱国主义""纪念苏轼诞辰980周年""选本研究"等一系列较有影响力的专题。

作为编辑，不仅要面对稿件，还要面对作者，保持一支相对稳定的高层次作者队伍，是办好刊物的重要条件之一。在与作者打交道的过程中，我低调谦虚，诚恳待人，既尊重成名专家，又团结年轻学者。近几年，经我手编发的年轻学者文章占比约25%，他们不少人已经成为所在单位的骨干科研力量。

2013年初，我到编辑部工作没多久，收到南京大学文学院黄若舜的来稿，初审时感觉文章很不错，就又认真看了几遍，写了推荐意见。副主编和主编也感觉这文章不错，组织了外审。很快两份外审意见返回，对这篇文章评价都很高，其中一位外审写道："本文选题非常具有创新性，不仅切入角度新颖，而且论述极有穿透力，揭示出宋代有关诗歌的谈论中所蕴藏的文化意义和诗学意义，见微知著，寻根究底，其关于宋诗谈论从'游戏'到'规范'的转折，细致精辟，结论令人信服。作者视野开阔，思路缜密，能很好地将文献引证和理论阐发结合为一体，能于海内外相关论著的基础上，独辟蹊径，更上一层楼，对宋代诗学理论研究颇有推进。其资料运用符合学术规范，文字表述准确流畅。总之，这是一篇相当有深度的优秀学术论文，建议采用。如果实在要挑毛病的话，就是文献篇幅稍长，略显枝蔓。其有关政治文明和言官文化的讨论可更简洁，以突出诗学主题。"

我第一次与作者邮件联系是在2014年1月30日，当天正好是除夕。23点46分，我给作者发了邮件："黄老师：您好，我是《文学遗产》编辑部的刘京臣，正负责大作《"游戏"与"规范"：一段谈论中的宋代诗学》的编校工作，现请您将大作依我刊体例进行调整。我刊统计差错率，故而大作所有文字亦请一一校过。我刊第三期定于2月11日发稿，若方便可否在11日之前发回？附件中的文件我已处理过部分，您可径改，修正处用红色标明即可。此外，作者简介部分，亦请参我刊体例进行补充。除夕之际，多有叨扰，还请海涵。"这封邮件是我能查到的与作者联系的第一封邮件，应当是我利用春节假期对 2014 年第 3 期待刊发的稿件进行技术处理之后，在上发稿会之前，请作者依据刊物体例进行调整。当时只知道作者来自南京大学文学院，我以为可能是南大文学院的青年教师，故称其为"黄老师"。后来与其邮件联系，见其"作者简介"中自称是"南京大学文学院研究生"，我意识到原来他不是青年教师，而是一位优秀的在读博士生。之后在邮件中，我们又就这篇文章进行了反复沟通，后来此文以《"游戏"与"规范"：谈论中的宋代诗学》为题刊发在《文学遗产》2014 年第 3 期（2014 年 5 月 15 日出刊）。

2014 年 6 月 24 日，南京大学文学院许结老师来稿的外审意见返回，我与许老师邮件联系。同日，许老师回复邮件，除了谈到他自己的文章外，还说道："另，我的学生黄若舜文章也由您编审刊载今年第 3 期，感谢！（这篇文章是黄的本科论文，刚答辩完的硕士学位论文《比兴古今义》也被院里评为优秀）。"至此，我才恍然大悟：原来黄若舜仅是南京大学的在读硕士生，我们刊发出来的这篇文章竟然是他的本科论文。之后，黄若舜转入香港攻读博士学位，现在已经是南京大学文学院的青年教师了。

如果说发现黄若舜的文章，更多的是需要眼光。那么，与老先生们打交道，更多的是需要耐心。一些老先生写文章，有自己的遣词习惯和写作风格，这样的文章我决不轻易改动，而是反复琢磨，认真体会、思考，除非是一些硬伤，才会与作者联系、沟通，得到许可后方才改动。改动之后还要打印出来，用红笔标明，拍照后请作者确认。最需要耐心的是引文，有些引文不准确，需要我们一一核对；还有一些引文仅大致注出，需要我们核对具体文献。例如来稿写道："朱滔叛唐在建中三年四月（《旧唐书》）。"根据刊物体例，仅注出《旧唐书》是远远不够的，我们就需要在《旧唐书》中查找与朱滔叛唐相关的所有信息，甄别之后，新增一条注释："刘昫等《旧唐书》卷一二《德宗本纪上》，中华书局 1975 年版，第 2 册，第 332 页。"或许正是这种耐心，使我与一些学界前辈建立起了良好的关系，他们也愿意将稿子给我们编辑部。

在这些年的审稿、编校过程中，我也从作者身上学到了很多。2018 年

10月，因校对查屏球老师的稿件，与其博士生张思茗联系，我指出孟棨是《本事诗》的作者，不知何故查老师写作"孟启"。张思茗博士回复："关于孟启的名字，陈尚君教授《〈本事诗〉作者孟启家世生平考》第二部分所论颇详，认为《本事诗》作者名当写作'孟启'，可以定谳。"此时我才意识到原来陈尚君老师早有研究，而我的知识却没有及时更新，很是惭愧，于是赶紧回复思茗博士："我以前校对文稿，都是以《本事诗》版权页的孟棨为准来核对，这次知道之后，以后肯定不会再犯这样的错误了，感谢感谢，思茗真是一字之师。"这件事时时提醒我，要随时关注学界动态，尽可能了解优秀学者的最新研究成果。只有这样，才能跟得上学界潮流，与学者们对上话，也才能有机会向学者们约到最优秀的稿件。

《文学遗产》从1954年创刊，一直在古典文学界保持着权威地位，先后入选中国社科院"名刊建设工程"、国家社科基金资助期刊，2018年3月荣获"百强报刊"荣誉称号，2021年1月荣获中国社会科学院"优秀学术期刊特别奖"。能够在这样的编辑部工作确实是我的荣幸，我愿意与同事们一道，精心爱护和守护这份刊物，坚守编辑职业道德，尊重知名专家，团结中青年学者，更加用心地为学界和学者们服务。

《中国文学年鉴》编辑部　刘延玲

刘延玲，副编审，博士，毕业于北京师范大学，2001年进入中国社会科学院科研局工作，2013年进入中国社会科学院文学研究所《中国文学年鉴》编辑部，现为《中国文学年鉴》副主编、编辑部主任。

# 一个年鉴编辑的自白

　　2001年7月，我博士毕业来中国社科院报到，距今正好20年。我先是在科研局文学语言学科片（后改为"文哲学部工作室"）做了12年学术秘书，后因机缘巧合，调到文学研究所《中国文学年鉴》编辑部，成了一名编辑，如今已有8年。我的专业是语言学，从没想过会到文学研究所工作，更万万没想到会做编辑。这样的经历，说起来挺"另类"。到年鉴编辑部后不久，我就发现自己所在的刊物在全院也挺"另类"。不但跟为数众多的学术期刊大不相同，即使在全院30多种年鉴中，《中国文学年鉴》也算异类，属于极个别的创刊时间长、有独立编辑部和刊号的年刊。想找个惺惺相惜、有共同话语的同行交流都很难。而且，即使在文学研究所，年鉴编辑部亦是个边缘部门。有位退休同事自嘲地说，年鉴编辑部在所里的地位大概仅高于收发室。还有同事悄悄跟我说，人家背后议论年鉴编辑部是"失落者集中营"。对于这些话，我只是一笑置之，并没有影响心情。

初到年鉴编辑部，我的感觉是幸福。一是不用每天坐班，我终于结束了披星戴月、上下班挤地铁的日子。不但有时间在家读书、写作，还能接送刚上小学的女儿。二是由学术秘书变成年鉴编辑，对我而言，几乎没有遇到什么障碍，反倒有些得心应手。对于编校工作，我事先已隐约地意识到，自己学的是语言文字专业，之后又长年与语言文字打交道，在这方面有天然优势，应该会驾轻就熟。事实上，与编辑同事打交道多了，我渐渐发现，编辑作为一种职业，需要个人兴趣和爱好。不是每个人都乐意"替别人作嫁衣裳"，也不是每个人都有火眼金睛，能敏锐地把错字"揪"出来。如果能像个侦探一样，善于从蛛丝马迹中发现错误，还会莫名兴奋，特别有成就感，这样的人就很适合做编辑。

更为关键的是，年鉴编辑的工作性质非常特殊，其实与科研管理有许多相通之处。随着时间的流逝，我明确地认识到，作为一个年鉴编辑，编稿倒在其次，组织撰稿是首要的任务。年鉴没有自然来稿，除了选载作品，原创稿件靠的全部是组稿。如何保证按时收到质量上乘或者至少合格的稿件，才是编辑的头等大事。在这一点上，同是编辑岗位，年鉴编辑与学术期刊同人的职责有相当明显的差异。

况且，组织撰稿的工作流程和方式，还会影响到稿件的质量。《中国文学年鉴》作为所里的同人刊物，是一项合作事业，历时久远，其来有自。历任所长担任年鉴主编，研究室主任都是年鉴编委，每个责任编辑各自联络不同学科的稿件。就我负责的古代文学学科来说，其是所里最大的学科，占年鉴原创稿量的三分之一。每年要组织撰写6篇研究综述（跨越先秦两汉、魏晋南北朝、隋唐五代、辽宋金、元明清等各个文学时段），现大都是由研究室年轻学者担纲，他们科研压力很大，为年鉴撰稿的动力不足。对有的学者来说，甚至是个负担。除了撰写年度研究综述，他们还要遴选专著、论文，提供书评、摘要，编选学术会议。在我接手后，根据自己多年的科研管理经验，跟当时的蒋寅编委协商，决定吸收古代学科各个研究方向的在读博士生参与遴选、摘编、撰写书评等工作。这样，既减轻了"研究综述"撰写者的压力，保证了撰稿进度，同时，拓宽了选择的视野，提升了稿件的质量，还为年鉴培养了一批年轻的作者和读者。为此，我制定了"古代文学学科的撰稿工作方案"，内容包括"参与人员名单、具体分工、编选要求、工作流程及进度安排、联系方式"等。一切安排妥当，每年我只需跟编委确定好撰稿作者名单，指定一个博士生联系人，年初发送"工作方案"给编委和作者，撰稿工作就会按部就班、有条不紊地展开了。

对于年鉴的责任编辑来说，撰稿的组织工作做好了，就已经成功了大半。博士生们是科研队伍的新生力量，他们的撰稿热情很高，从不拖延。即使偶有研究综述提交延迟，抑或个别稿件质量粗糙，也能在编委的协调、作者的配合下得到解决。作为一个年鉴编辑，我的职业生涯就这样愉快、顺利地起步了。但如何与时俱进，适时加入新篇章，做起来就要困难得多、谨慎得多了。因为年鉴的稿件在于长期坚持撰写，若本单位缺乏精于此道的学者，就颇费心思。比如接受吴光兴编委的提议，从2018卷起增加"域外汉籍研究综述"。我们几经接触，才与南京大学域外汉籍研究所的学者建立起了长期的友好合作关系。

来年鉴编辑部的前6年，因为主任退休或调任，我先后在赵存茂、陈定家、刘方喜、祝晓风4位老师的领导下工作过，他们风格各异，给年鉴留下了不同印迹，也给我提供了学习机会。在编纂过程中，无论是选稿还是编校，我发觉任何疑惑和纰漏，都会直言不讳。历任主任都十分友善，对我很是宽容和尊重。我从来没听他们抱怨过担任执行主编的艰苦繁重，只知道他们的腰椎大都先后出了问题。2020年受所领导委托，我临时主持编选2020卷年鉴，这是我第一次承担选题策划、谋篇布局、遴选篇目等职责。所幸2019年的"大事"很突出，我抓住纪念"五四文学百年""新中国文学70年"两个主题，以及"第十届茅盾文学奖"的热点进行策划。无论是特辑、纪念专辑，还是作品选载、论文摘要、论著评介等栏目，都呼应主题，尽量做到让这卷年鉴有一本书的整体感。因为见仁见智，可能所选篇目并不一定尽如人意。但我们还是努力做到符合年鉴的办刊宗旨，坚持"二为"方向、"双百"方针，力求反映年度的国家文学创作与文学研究的整体面貌。编完一卷，我才充分体会到编纂年鉴的不易，体验到前面几位主任的辛劳，自己惭愧地意识到，从前的批评是多么任性，他们对我又是多么包容和大度！而之前相对单纯的责编时光，是多么令人怀念！

2021年，《中国文学年鉴》迎来了创刊40周年的华诞。6月25日，一场纪念座谈会在文学所会议室召开。会议由刘跃进主编主持，白烨、赵存茂、陆建德、严平、毛晓平等编辑部的老领导、老同事欣然前来，会场气氛严肃热烈而又轻松愉快。会上，大家回顾了年鉴创刊40年来形成的办刊风格和优良传统。陈荒煤先生在创刊词中体现出的高瞻远瞩的学术眼光，樊骏先生带领学生撰写研究综述时呈现的严谨、认真的学风，1981年第一本年鉴出刊印刷的艰辛历程，尤其是在20世纪80年代末刊物一度停办，后在学界的强烈呼吁下，又于90年代初期复刊。更为难得的是，当时的编辑们克服困难，补齐了空缺的卷册。这些回忆让人动容。40年的坚持不易，年鉴的发展得益于不同时期编辑人员的坚守和付出，更得益于不同时期的所领导、研究室的支持。随着时代的变迁，年鉴文献性、工具性的价值属性在逐渐减弱，但其学术性无论什么时候都不能被代替，"研究综述"依然是年鉴的"灵魂"，要求编委、作者、编辑部同志能够综合分析，宏观地把握整个学科的发展趋势。正如前辈们所言，年鉴最亟需的仍然是过硬的学术质量，面临的还是如何组织撰写"研究综述"的老问题。过去办刊，可能难在收集文献资料；今天，网络上浩如烟海的资料，数量激增的文学作品、研究成果，貌似可轻易获取，但如何优中选优、审度取舍、选精拔萃，使年鉴具备"一册在手，总揽全局"的权威性，这对其学术性的要求反而提高了，编纂的难度也增大了。

在会议筹备、举办的过程中，前辈们对年鉴的深情厚谊，对年鉴认真负责的工作态度以及投入的热情，对年鉴未来的关切，深深感染了我。多年来，年鉴办刊最大的难题，是想方设法地筹措出版经费。自2012年中国社科院实施创新工程以来，年鉴被算作图书纳入出版资助体系，终于摆脱了停刊的危险。由于缺少办刊经费，编委们都是义务付出，即使联系外单位学者撰稿抑或推荐作品，也只能凭着编辑人员在学界的私交，仰仗着对方认可年鉴这本国家刊物的情怀。好在有了所领导的支持，有些必需经费还是能及时得到解决。相较于前辈挖空心思地筹措出版经费，仍往往捉襟见肘、时常陷入停刊的窘境，如今的我们已然幸运多了。

年复一年，岁月流转。年鉴编辑部从年初发送撰稿通知、完成年审及各项检查、编制稿费明细，年中组织撰稿、编稿、审稿，到年终完成三校，工作流程持续又饱满。但是，在等待作者撰稿、校样送印厂的间隙，还是有较为宽裕的时间从事专业研究，这应该是做年鉴编辑得到的最大奖赏。对我个人而言，到年鉴做文学编辑实属偶然，偶然中又暗含必然。我的志趣始终偏爱文学，当年读研报考训诂学专业，初衷便是为了能流畅地阅读古典文学。从中学时代到大学中文系，我一直保持着阅读中外文学作品的习惯和兴趣。在工作生活中，我感觉文学与我的联系更为密切，语言学则一向处于游离状态。我为此也曾有过挣扎，不愿放弃所长，却又无可奈何地与它渐行渐远。从汉语史转向近代文学，必须重新进行专业积累，但我却有如释重负之感，对于探索新的研究领域，甘之若饴，乐此不疲。

在从事学术研究的过程中，我遇到了一些前辈编辑大家，比如王光祈、周瘦鹃、张友鸾，他们主编的《少年中国》《礼拜六》《南京人报》等报刊，赢得了广泛的读者群，对同时代人产生了巨大影响。从他们的言论中，我意识到，无论是报纸、杂志，还是图书，可读性是不可或缺的要素。一份刊物，只有从标题到内容，都有鲜明的独创性，得到读者的认可，才算具有真正的生命力。年鉴虽是一本工具书，但毕竟冠以"文学"之名，如何既注重学术性又彰显文学性，办出独特的风格，既能供研究者查考资料，又能获得诸多文学爱好者的关注，对文学创作、文学研究起到引领作用，我深感任重道远，只能知难而进，精益求精。期待《中国文学年鉴》在创刊50周年之时，我们能有更多的创获，也希望它不负众望，能经得起读者的检验。

# 孤独而又清贫的事业

## ——《世界文学》点滴记忆

《世界文学》编辑部 高 兴

高兴，编审，毕业于北京外国语学院（现北京外国语大学），1987年进入中国社会科学院外国文学研究所《世界文学》编辑部工作，现为《世界文学》主编。

## 空气中的召唤

20世纪80年代初，杨乐云先生已在《世界文学》工作了二十多个年头，临近退休，开始物色接班人。当时，我还在北京外国语学院读大学。出于爱好，更出于青春的激情，课余大量阅读文学书籍，不时地，还尝试着写一些稚嫩的文字，算是个准文学青年。在20世纪80年代，不爱上文学，在我看来，简直就是不可能的事，整个社会都在倡导读书，鼓励思考、创造和讨论，号召勇攀科学高峰，就连空气中都能感觉到一种积极向上的氛围。

通过文字、印象和长时间的通信，杨先生确定了我对文学的热情，问我毕业后是否愿意到《世界文学》工作。"爱文学的话，到《世界文学》来工作，最好不过了，"她说。那一刻，我仿佛听到了空气中的召唤。从小就在邻居家里见过《世界文学》，三十二开，书的样子，不同于其他刊物，有好看的木刻和插图。早就知道它的前身是鲁迅先生20世纪30年代在上海创办的《译文》。新中国成立后，鲁迅先生创办《译文》时的战友茅盾先生在北京与其说创办，不如说又恢复了《译文》，后来才更名为《世界文学》。不少名作都是在这份杂志上首先读到的。我所景仰的冯至先生、卞之琳先生、季羡林先生、楼适夷先生、戈宝权先生、王佐良先生等文学前辈都是《世界文学》的编委。于我，它有着难以抗拒的魅力。我当然愿意。

"你还是多考虑考虑。这将是一条清贫而又寂寞的道路。"杨先生建议。为让我更多地了解《世界文学》，也让我感受一下编辑部的氛围，杨先生安排我利用假期先到《世界文学》实习。

1983年7月，我从西郊坐了好几趟公交车，来到建国门内大街5号，第一次走进中国社会科学院大楼，第一次来到《世界文学》编辑部。当时，编辑部有两间相通的大屋子，还有六七个小隔间。在过道里，正好遇见从小隔间出来的高莽先生，他高大威武，身着沾有不少颜料的工装服，一副艺术家大大咧咧的样子，握手的刹那，突然大声地对我说道："要想成名成利，就别来《世界文学》。"

## 那个年代的编辑

我自然明白高莽先生的意思。那个年代，当编辑，就意味着"为他人作嫁衣"。编辑部的不少前辈就是这样严格要求自己的。几乎所有时间，他们都在阅读原著，寻找线索，挖掘选题，寻觅并培养译者。我和杨先生接触最多，发现她做起编辑来，认真、较劲，甚至到了苛刻的地步。她常常会为了几句话、几个词，而把译者请来，或者亲自去找译者，逐字逐句对照原文，讨论，琢磨，推敲，反反复复。有时，一天得给译作者打无数个电话。那时，用的还是老式电话，号码需要一个一个转着拨。同事们看到，先生的手指都拨肿了，贴上胶布，还在继续拨。在编辑塞弗尔特的回忆录时，光是标题就颇费了先生一些功夫。起初，译者译成《世界这般美丽》，先生觉得太一般化了，没有韵味。又有人建议译成《江山如此多娇》，先生觉得太中国化了，不像翻译作品。最后，先生同高莽、苏杭等人经过长时间酝酿，才将标题定为《世界美如斯》。世界美如斯，多么典雅而又韵致，弥散出艺术气息，真正合乎一部文学作品的气质。先生告诉我，菲茨杰拉德的著名中篇小说《了不起的盖茨比》也是《世界文学》首发的，译者最初将标题译为"伟大的盖茨比"。研读作品后，李文俊先生觉得这一译法尚不到位，用"伟大的"来形容小说中的主人公盖茨比显然不恰当。"Great"在英语里实际上有众多含义，既有"伟大的"基本意思，也有"真好""厉害""真棒""了不起的"等其他含义。而用"了不起"来形容盖茨比恐怕最为贴切。于是，中国读者就通过《世界文学》读到了《了不起的盖茨比》这部汉语译著。为几句话、几个词而费尽心血，这样的编辑，如今不多见了。说实在的，当时，前辈们的这种认真劲儿既让我钦佩，同时又有点把我吓着了。当文学编辑同读文学作品，绝对是两回事。文学阅读是单纯的、愉悦的，而文学编辑却是复杂的、劳苦的。

《世界文学》选材向来极其严格，决不滥竽充数。常常，一个选题要经过长时间酝酿、斟酌、反复讨论，还要物色到合适的译者和作者，方能通过。稿子到后，还要经过一审、二审和三审，方能备用。刊用前，要求稿子做到"齐、清、定"，还要再过发稿审读这一关，再经过一校、二校、三校和多次核红，方能付印。发稿至印制的每一环节，编辑部主任都亲自监督。不少优秀作品就是如此打磨出来的。有时，一个选题，尤其是篇幅较大的头条专辑，从提出选材到最终见诸版面，往往需要打磨好几年时间。每每刊出优秀的作品，每每看到手稿变成了铅字，杨先生总会激动，眼睛发亮，说话声都洋溢着热情："好极了！真是好极了！"随后，就叮嘱我快去读，一定要细细读。波兰作家伊瓦什凯维奇的散文《草莓》、匈牙利作家厄尔多尼的《一分钟小说》、法国作家莫洛亚的《大师的由来》、德国作家沙密索的《出卖影子的人》、俄罗斯作家肖洛霍夫的《一个人的遭遇》等作品都是杨先生推荐我读的。读作品，很重要，能培养文学感觉，先生坚持这么认为。在她心目中，作品是高于一切的。有一阵子，文坛流行脱离文本空谈理论的风气。对此，先生不以为然。"怎么能这样呢？怎么能这样呢？"她不解地说。

"读到一个好作品，比什么都开心。呵呵。"这句话，我多次听先生说过。面对优秀的作品，永远怀有一种热情、新奇、兴奋、赞赏和感动，这就叫文学情怀，这就叫文学热爱。

高莽、李文俊、金志平、杨乐云、苏杭等前辈都既是出色的编辑，又是优秀的作家、译家或画家。但他们当编辑时就主要是"为他人作嫁衣"，全凭良心和自觉，严格控制刊发自己的文字。在退休后才真正开始投入于翻译和写作，主要文学成就大多是在退休后取得的。高莽先生一边照料病中的母亲和妻子，一边译出和写出那么多文学作品。李文俊先生每天翻译五六百字，坚持不懈，日积月累，译出了福克纳和门罗的好几部小说。杨乐云先生在耄耋之年还在苦苦翻译赫拉巴尔和塞弗尔特，孤独，却不寂寞。许多人不解：工作了一辈子，好不容易退休了，该享受享受清福了，何必那么苦、那么累？"没有办法，就是因为喜欢文学，"杨先生有一回对我说。文学照亮了他们的内心。因此，他们都是内心有光的可爱的人。

瞧，这就是那个年代的编辑，这就是《世界文学》的前辈。

## 仿佛在开联合国会议

20世纪80年代，编辑部人才济济，最多时共有各语种编辑近三十人，分为苏东组、英美组、西方组、东方组和秘书组，每周一必开例会，先是主编高莽、副主编李文俊、编辑部主任冯秀娟和苏杭、郑启吟、金志平、唐月梅等各位组长碰头，随后再招呼全体编辑开会，主要讨论选题、组稿和发稿。各语种编辑在介绍选题时都会自然而然地夹杂一些外语，比如作家名、作品名等。这时，你就会听到英语、法语、俄语、德语、日语、朝鲜语、阿拉伯语、捷克语和罗马尼亚语先后响起，此起彼伏，十分热闹。头一回参加这样的会议时，我不由得产生了一缕幻觉：仿佛在开联合国会议。在某种意义上，《世界文学》就是一个文学联合国。

有意思的是，每位编辑受专业影响，举止和行文上都会多多少少表现出不同的风格。总体而言，学俄语的，豪迈、率真、稍显固执；学英语的，幽默、机智、讲究情调；学法语的，开明、随和、不拘小节；学德语的，严谨、务实、有点沉闷；学日语的，精细、礼貌、注重自我……当然，这并非绝对的，事实上常有例外。学俄语的高莽先生似乎就是个典型。学英语的李文俊先生也是，每当聚会结束，总会主动帮女士从衣架上取下风衣或大衣，将衣服打开，双手捧着，方便女士穿上，即便在他后来当上主编后照样如此，极具绅士风度。学法语的金志平先生在李文俊先生退休后成为《世界文学》主编，他总是那么温文尔雅，与世无争，从未见过他计较什么，平时特别关照年轻编辑。记得有一次，几位前辈在为我们几位年轻编辑讲述编辑工作的意义，高莽先生以一贯的豪迈说："马克思当过编辑，恩格斯当过编辑，列宁当过编辑，李大钊当过编辑，毛泽东当过编辑，周恩来当过编辑，历史上无数的伟人都当过编辑……"正说得激动时，李文俊先生轻轻插了一句："可是，他们后来都不当了。"会议气氛顿时变得轻松和活泼。高莽先生毫不在意，也跟着大伙哈哈大笑。事实上，正是这些不同和差异构成了编辑部的多元、坦诚和丰富，一种特别迷人的气氛。

每逢节日将临，编辑部先是开会，然后就是会餐，算是过节。这一传统还是茅盾先生当主编时形成的。先生当时担任文化部部长，兼任《世界文学》主编，公务繁忙，偶尔会来编辑部开会。每次会后都会餐叙。《世界文学》出了好几位美食家。茅盾先生绝对是美食家，编辑部老主任庄寿慈也是，还有李文俊、张佩芬、严永兴诸位先生。高莽先生独爱北京烤鸭，常常说："发明烤鸭的人，应该得诺贝尔奖。"李文俊先生时常回忆起庄寿慈先生家做的狮子头："实在太好吃了！即便有人那时打我嘴巴，我也不会松口的。"杨乐云、严永兴、庄嘉宁等前辈还有制作美食的才华。李文俊先生甚至开玩笑道："来《世界文学》工作的人，都得是美食家。"他的逻辑是：热爱美食，就是热爱生活，而热爱生活，才有可能热爱文学。

郊游、会餐等聚会为编辑部平添了不少人情味，也加深了同事间的相互了解，增强了整个团队的凝聚力。

# 《世界文学》的亲人

原文校对和刊物检查已成为《世界文学》编辑工作中的两大传统。

一部译稿交到编辑手里，光读译文或许感觉不错，但一对原文，就有可能发现种种问题：理解误差，腔调不对，细微含义缺失，笔误，漏译，常识谬误，等等。再优秀的译者也难免会犯错的。但凡做过一点译事的人都明白，文学翻译中，完美难以企及，也根本无法企及，仿佛一场永远打不赢的战争。虽然如此，无论是文学译者，还是文学编辑，都应该尽量追求完美。文学译者和文学编辑都应该首先是完美主义者。换句话说，正是完美难以企及，我们才时刻都不敢懈怠。尽量让译品好点，再好点，经得起推敲，经得起检验，对得起读者，对得起作家，对得起文学。这就是《世界文学》编辑坚持校对原文的理由。

每次新刊出版后，编辑部都会召开刊检会，几十年不变，一直延续至今。刊检会最实质性的环节就是挑错，而且是互相挑错，领导和编辑一视同仁，毫不客气。每一次都会检查出一些问题，有时还会发现一两个硬伤。这实际上是在不断提醒大家，编刊物本身就是项遗憾的事业，一定要细而又细，认真再认真，不能有丝毫的疏忽，尽量减少遗憾。在20世纪80年代，曾经有好多年，每次刊检会一开始，我们先会读一封特殊的来信，那是《世界文学》的老译者和老朋友水宁尼先生的"校阅志"。水先生实际上是电子工业部的高级工程师，但他喜好文学，业余还从事写作和翻译，曾在《世界文学》上发表过好几篇译作，还曾兼任过《北京晚报》栏目主笔。每次收到《世界文学》，他都会从封面、封底到内文和版权页，一字不差地仔细校阅，并写下一页页"校阅志"，然后邮寄给编辑部。水先生的来信通常五六页，多时竟达二十来页，一一列出他发现的错误或可商榷之处。如此坚持了十来年之久。这得花费多少心血和功夫啊。用他的话说，他就想通过这样的方式来表达对《世界文学》的爱。2001年某一天，时任编辑部主任的李政文先生忽然意识到水先生好久没有来信了，于是就派庄嘉宁先生到电子工业部去探望一下，一打听才得知，原来水先生已于1999年4月因心脏病突发离开了人世。由于他单身生活，且又在家里，悲剧发生时，现场没有任何旁人。听到他领养的好多只猫不停地在叫，邻居们觉得奇怪，才在几天后打开水先生的家门，但为时已晚。我们说不出的难过。一份杂志是有自己的亲人的，水宁尼先生就是《世界文学》的亲人。

## 种子的志向

《世界文学》得到了无数读者的认可和喜爱，但惶恐和压力恰恰源于读者的认可和喜爱，同样源于《世界文学》的深厚传统。进入新时期，文学生态发生重大变化，《世界文学》不再是外国文学译介唯一的窗口，而是成为众多窗口中的一个。当唯一成为众多时，《世界文学》又该如何体现自己的优势，始终保持理想的文学刊物的魅力？我一直在想，什么是理想的文学刊物？理想的文学刊物，应该是有追求的、有温度的、有独特风格和独立气质的。理想的文学刊物，应该同时闪烁着艺术之光、思想之光和心灵之光。理想的文学刊物，应该让读者感受到这样一种气息、精神和情怀：热爱、敬畏和坚持。事实上，坚持极有可能是抵达理想的秘诀，是所有成功的秘诀。理想的文学刊物应该让读者感受到从容、宁静和缓慢的美好，应该能成为某种布罗茨基所说的"替代现实"。理想的文学刊物，应该有挖掘和发现能力，应该不断地给读者奉献一些难忘的甚至刻骨铭心的作品，一些已经成为经典，或即将成为经典的作品。卡尔维诺在谈论经典时，说过一段同样经典的话："这种作品有一种特殊效力，就是它本身可能会被忘记，却把种子留在我们身上。"理想的文学刊物就应该具有这样的"特殊效力"。理想的文学刊物就应该永远怀抱种子的志向。理想的文学刊物还应该有非凡的凝聚力和号召力，能够将一大批理想的作者和理想的读者团结在自己周围。如果能做到这些，一份刊物就会保持它的权威性、丰富性和独特性，就会起到引领和照亮的作用，就会以持久的魅力吸引读者的目光。我们也深深地知道，要真正做到这些，会有多么艰难，需要付出多少心血。

我不禁想起作家和学者程巍的评说："我们生活在一个'终结'的时代……我们的世界和生活是残缺的，是卑微的，而我们并没有停止去梦想一个更自由、更人性的世界，一种更有尊严、更美好的生活。《世界文学》依然与这一事业息息相关。'世界'是它的视域，而'文学'是它的立场。"也自然而然地记得散文家赵荔红对《世界文学》的祝愿："世界多变而恒永，文学孤独却自由。"重温这些文字时，我感到鼓舞，同时也感到惶恐。

惶恐，而又孤独。置于语言之中的孤独，置于文学之中的孤独，喧嚣之中的孤独，突然起风之时的孤独，告别和迎接之际的孤独。"谁这时孤独/就永远孤独。"

在孤独中，将目光投向一排排的《世界文学》。六十八年，近四百期，日积月累，《世界文学》译介过的优秀作家和优秀作品究竟有多少，实在难以计数。那肯定是一片茂密的林子。在那片林子里，有一代代作家、译者和编辑的心血和足迹。林子里的每棵树都有无数双眼睛，它们一定在望着我们。一步，一步，温暖而神圣的孤独。一步，一步，即便困难重重，我们也唯有前行，唯有把每一天、每一年都当作新的开端。谁让我们是《世界文学》人呢！

# 做好无名的保障者

《外国文学评论》编辑部　严蓓雯

严蓓雯，编审，毕业于北京大学，2004年进入中国社会科学院外国文学研究所《外国文学评论》编辑部工作至今，现为《外国文学评论》副主编、编辑部主任。

　　小时候大家都会有一个"长大了做什么"的梦想，我说想做编辑，没想到，长大后，我真的当了编辑。

　　自从2004年进入中国社科院外国文学研究所《外国文学评论》编辑部以来，不知不觉快20年了，我也从追随自己理想的新手，渐渐成长为对这份职业有敬畏、有追求、有心得的老编辑。作为国家顶级科研机构中顶级学术期刊的编辑，我也一直是在矛盾中前行，不过，这些年来，我心中对这份工作的认识越来越清晰，那就是编辑工作的宗旨是服务意识，编辑工作的核心是以文章为本，编辑工作的基础或依傍是优秀的职业技能。

　　社科院是科研单位，做一名学术期刊的编辑，与一般的刊物编辑很不一样。社科院的编辑都有各自的专业所长，不仅有学术兴趣和科研能力，还经常发表高质量的学术文章。学术研究要求有创新、有洞见、有写作能力，这些和"为他人作嫁衣"的编辑旨趣和方向并不相同，所以在社科院做编辑，经常会面临自己的学术研究与编辑工作相冲突的情形。我个人认为，在社科院做编辑，第一位的身份就是编辑，第二位才是学术研究者，碰到有冲突情形时，应该把重心放在编辑工作上。孔子说："行有余力，则以学文。"编辑便是"编有余力，则以写文"。学术编辑就是一份牺牲自己科研时间、服务学者科研成果的职业。若没有这样的认识和服务意识，就不能做好编辑工作，或至少当不了一名好编辑。

但是，学术研究对编辑工作是可有可无的吗？当然不是。除了编辑业余时间进行自己的学术研究外，学术研究首先为编辑判断稿件质量、了解学界动态提供了学术基准和学术视野。编辑最重要的工作就是审读稿件，判断并挑选出有学术价值的论文，然后在责编的过程中把握学术质量，而这些都需要编辑自身有较高的学术素质。学术编辑不同于一般编辑的地方就在于此，他不仅是文字的把关者，更重要的是，他也是学术的把关者，他要将真正优秀的学术论文呈现在读者面前。要做到这一点，没有学术研究能力和研究视野是不可想象的。

同样，编辑工作对学术研究来说也非可有可无。通过学术编辑的不断努力，优秀论文得以发表，学术研究形成良性的平台和共同体，从这方面来说，学术编辑的个人科研的牺牲，却服务并促成了学术共同体的形成，也具有学术上的贡献。此外，编辑在审读、判断、挑选优秀稿件时，也会极为关注且杜绝显性抄袭、隐性"挪用"等学术不端的行为，这也为学术共同体的诚信建设、健康发展做出了努力。

社科院在对编辑的职称、发展等方面进行认定时，可能需要认识到编辑的这份力量和贡献。编辑或许不如科研人员发表了那么多原创性科研成果，但他同样为我国学术研究质量的提高出了大力。当然，在科研和编辑工作发生冲突时，编辑要牢记自己的本职工作是什么，不过这不仅需要编辑对自己的服务定位有清醒的认识，也需要社科院认识到编辑的价值。一味追求以科研成果来评价工作业绩、进行职称评定，不仅伤害了编辑的工作积极性，也可能导致他们疏懒甚至放下编辑工作，而汲汲于撰写自己的学术论文。若学术论文得不到编辑认真尽心的审读、判断、挑选和责编，质量便堪忧，这反过来也会伤害学术共同体的学术声誉，这是两败俱伤的结果。

现在的学术评价机制，使学术刊物成为其中的关键一环，各种名利不免"嗅味"而来，这时候就需要编辑对自己有清醒的认识、有沉稳的定力。编辑行走世界的定锚，始终应是对文章本身的判断，始终应秉持"以文章为本"的宗旨，这涉及两个方面。一方面仍是编辑的服务意识。为学者文章的发表提供服务，是编辑的本业，这份本业不是人前的光环，而是背后的默默付出。他的工作以学者的文章、刊物的质量为本，而不是以个人的成就为本，这可能就会要求编辑的"主体性"或"个人性"不那么强，或者说"编辑要存在，但不要有存在感"，要意识到自己是一份刊物质量的"无名"保障。此外，刊物的出版是集体合作完成，因此无论是责编工作、主编工作，还是编辑流程等各种编务工作，都是最后刊物以尽可能完美面貌呈现的其中一个环节，它既需要个人的尽心尽责，更需要集体的协作支撑。俗话说，铁打的营盘流水的兵，无论是来稿的判断，还是之后的编辑工作，突出的不是编辑个人，而是刊物呈现的整体质量，只要"以文章为本"，每个编辑做好自己的岗位工作，刊物的质量就能得到保证。另一方面，就是在如今的学术评价体系中，期刊编辑审读、挑选文章，也不该受外在因素的影响，不能因为某位作者的身份、学术界的地位、与个人的私交或其他无关文章本身的情况而刊发质量不过关的论文。坚持以文章的创见及学术质量为判断的根本宗旨，就会过滤掉种种徒有虚名的浮夸或跟风之作，摒弃片面追求引用率等只有短期效应的手段，而且也会对自身的定位有更好的判断。这些年，从一名小编辑，到开会或其他场合中别人"恭敬有加"的对象，并不是说我个人的编辑业务能力有了怎样的"飞升"，或者我的学术判断力、影响力如何突飞猛进，而是学术刊物为我罩上了并不属于我的光环，对此不仅要有清醒的意识，而且断不能依凭自己学术编辑的身份，获取不正当的权力。或许作为一个编辑，个人并无力完全扭转学界的一些不正之风，但只要与编辑部各位同人一心一意坚持"以文章为本"，长期来看，对刊物的建设以及学术共同体的建设一定会有积极的效果。

对社科院刊物的编辑工作，还有一个很大的认识误区，就是觉得这份工作谁不会干？进入社科院研究所工作的，都是硕士、博士毕业乃至博士后等优秀学子，或者是从其他地方引进的顶尖人才，都具有很高的学术研究水平，编一本学术刊物还不是小菜一碟？可是，还真不是。所谓"术业有专攻"，学术编辑的确以学术眼光、学术研究能力为引领，但最终依傍的还是"编辑专业技能"，而这份专业技能并不是学术研究者天然就具有的。编辑在各种编辑业务的培训及编辑实践的工作中，后天习得了自己的编辑技能。首先，对于学术论文的写作，编辑有丰富的审稿经验和责编实践，在某种程度上也许比作者本人更知道如何突出观点、择选材料、强化论证。有些作者非常具有学术的创见，也通过大量材料的阅读形成了自己的论述线索，但科研能力并不完全等同于文章的写作能力，从科研的发现，撰述成文，到最后在刊物上的刊登，学术编辑其实在帮助作者理清思路、调整论述等写作方面的提高上，做了大量有效工作，更不用说有时编辑还会向作者提供该论题研究的盲点或其他值得深化之处等学术判断。其次，编辑对文章的着眼点跟作者不同，作者的主要目标是论证自己的原创学术观点，而编辑则是在作者的论证中"挑毛病""捉虱子"，尽量消灭不合逻辑、不合语法或不够顺畅的文字表达。编辑对文字有"洁癖"，而经过"洁癖"的加工，文章以更完美的文字表达出现在读者面前，学者的学术观点也由此能得到更顺畅的传播。最后，作为一名中文刊物的编辑，身负推广准确、规范、优美的汉语的责任。《外国文学评论》虽然是一份研究外国文学的刊物，但论文最后是以中文来表达的，如何改善不合汉语习惯的西式（或日式等）表述，需要依靠作者个人的自觉，更要依靠编辑的努力，毕竟刊物是呈现汉语之规范、精美的平台。

以前听到社科院编辑同行的一席话，甚为赞同："编辑是为人作嫁，笔译是将身为桥，都是不出头露面的事业……他们危坐于纸窗竹屋，灯火青荧中，为了一字之妥帖、一义之稳安，殚精竭思、岁月笔端。"我个人认为，做一名好编辑，需要有以下素质：一是热爱文字，对文字有敏感度；二是认真仔细，心静，坐得住；三是爱好广泛，阅读面广，对事情有好奇心；四是对所编辑领域了解详细，学术知识储备丰富，且不断学习；五是甘心为作者服务，希望最后的成果尽臻完美。编辑工作最后不会为自己的声名带来什么，而且要时刻意识到你强不是你强，是作者强；你牛不是你牛，是文章牛。

最后，要感谢社科院这个环境，感谢外国文学研究所和《外国文学评论》这份刊物，正是在这样的学术大环境和小环境中，我看了那么多好论文、编了那么多好论文，和编辑同人一起进步，才成长为现在的编辑，我也会在编辑这条道路上坚定地走下去。

作得嫁衣，
消得憔悴

《中国语文》编辑部　刘祥柏

刘祥柏，研究员，博士，毕业于北京大学，1997年进入中国社会科学院语言研究所《中国语文》编辑部工作至今，现为《中国语文》副主编、编辑部主任。

作为《中国语文》编辑部的一名老编辑，我想从普通编辑的角度谈谈自己长期从事学术编辑工作的感受、感想。

## 编研结合

1997年7月我走出校门，便进了中国社科院语言研究所的《中国语文》编辑部，一家享有盛名的语言学期刊编辑部。中国科学院语言研究所于1950年成立，是中国科学院最早成立的一批研究所，1977年后，语言研究所隶属新成立的中国社会科学院。《中国语文》1952年7月由语言研究所创刊，著名语言学家罗常培、丁声树、吕叔湘等曾经先后任主编。有这样的名刊、这样的名家、这样的名气，对于一个初出茅庐的年轻人来说，正可谓慕名而来。

刚进编辑部，就有机会耳濡目染前辈们流传下来的求真务实的办刊传统。当时的主编是侯精一先生，侯先生经常挂在嘴上的是丁先生、吕先生，说丁先生、吕先生做主编时的桩桩件件，事情虽然不大，但是一提起来便神情庄重，讲的都是如何认认真真编审校、如何小心翼翼办刊物的事。说老先生们从不摆架子，校对的时候，放下手头其他工作，跟普通编辑一样，从一校、二校到三校，都是从头到尾，一点不落；校改作者的稿子，有时候写的修改意见，甚至跟作者的原稿篇幅一样长；并且编辑、校对、加工稿件的时候，一笔一画，一丝不苟，连标点符号的每个点、每个圈都清清楚楚写出来，从不潦草；说老先生们很善于发现稿件有价值的部分，从不吝啬于帮助年轻作者完善不成熟的稿件。

学术期刊的编辑是编研结合的"双肩挑"模式，既要做专业的编辑，又要做专业的学者。在编辑生涯的几十年中，我不断被告诫，仅有编辑能力是不够的，还需要在学术之路上学有专攻。不仅如此，在编辑的位置上有更好的机会可以见多识广，还应该做出更多的科研成绩。

我的专业方向是汉语方言研究，需要做大量的方言田野调查，才有进一步研究的基础。《中国语文》是双月刊，每一期之间衔接紧密，很难有整段的时间可以出差做方言调查，只能见缝插针、化整为零，把一个调查分为多个时间小段，每次抓紧时间做一些短时间的调查，通过多次调查完成一个完整调查的拼图。

调查是为了研究，不过做期刊编辑的工作，并不能总是由着自己的兴趣，想调查哪儿就调查哪儿，想研究什么就调查什么，而是反过来，要考虑编辑工作的需要。编辑工作中经常遇到不熟悉的方言或语言材料，这是家常便饭。此种情形之下，就有必要了解、学习或调查相应的方言或语言，不断积累相关方言或语言的第一手调查材料，熟悉投稿作者的文章所研究的语言或方言。多年来，我调查过吴、闽、粤方言，调查过徽州方言或湘西的乡话等，或者学习一些民族语言或汉语方言，或是学习一些小语种，包括梵语、巴利语等，并非仅仅出于个人研究项目的需要，而往往是出于编辑工作的需要。打开眼界，才能鉴别，自己做调查研究，才能更好地做编辑，才能有编研结合的基础。

## 作嫁衣

《中国语文》有"三校九读"的流水线式编校传统。很多刊物有责任编辑的制度，一篇稿件有一个专责的责编，而在《中国语文》，一篇稿件实际上有多个人相当于责编，有人负责"死校"，有人负责通读，人人都要对此稿件负责，一校、二校、三校加起来，每一篇稿件都有十多人次的校读。所谓流水线模式，就是一位编辑校对或通读完签字后，就要把稿件立即放回稿件台，由下一位编辑如是重复这个流程。每一位编辑都可以到稿件台查看自己之前看过的稿件，看看别的编辑同人在自己的编校基础之上又看出了哪些问题，看哪些问题是自己之前没看出来甚至是弄错了的，真可谓校对的"擂台场"，能看得到自己的踌躇满志，也能看得到自己的尴尬冷汗。所谓没有对比，就没有伤害，对比之下，常能给自己领到一记当头棒喝。当然，很多时候是欣慰，这么多人在给一篇稿子把关，如同一众亲人簇拥一位新人，努力为之锦上添花，甘作嫁衣裳。

除了宏观上给稿件把关，在各种细节上还要千锤百炼。仅举一点为例，研究古今中外的语言，难免要引用古今中外的文献或语言材料，核对引文就成了"硬杠杠"。过去为了查找一篇罕见的引用文献，要费很多力气，现在各种电子文献多了，查验相对容易多了。但是很多作者也容易在这方面"栽跟头"，仅通过互联网络或电子文献作为引经据典的依据，而较少去查原始文献，疏忽了网络或电子文本存在错漏的潜在风险。有一次，我在校对一篇研究古汉语语法的稿子，作者在学界也颇有名气，涉及关键证据的书证例句有十几条，经过逐一查对后，发现里面有七八条例句跟所引文献不完全一致。写信问作者，所用书证为何版本，所列例句有不一致之处，是否有误。作者回复所用版本与我核对版本相同，说是确实粗心大意，不一致的地方全是引用有误，并语带感激，说《中国语文》的编辑真是认真仔细，让稿子避免了很多"硬伤"。

语言研究当中不仅有观点的阐发，还有大量的论据需要一一罗列，其中不乏各种统计数据。讨论语言的历史演变涉及汉语史或汉语方言的材料，需要对比相关的数据及其比例。有一篇稿件统计相关证据，列出所有字例，并逐一分类统计。我逐一数了字例，发现比作者的统计数字少一个，相差一个字例看似不要紧，却导致后面的所有统计和相应比例数据均出现了数字无法吻合的问题。写信给作者，询问究竟是计数有误，还是漏列了某个字例。作者重新核对了一遍，发现字例无误而计数有误，所有统计表格里面的数字需要相应重新计算一遍。虽然这种错误并不影响文章的论证，但是避免了"硬伤"，避免了低级的失误。

实际上，编辑这种幕后工作不胜枚举。很多时候，作者有时也不甚了了，并不知道编辑究竟做了多少工作。很多作者写完稿子，便不愿再多看自己的稿子，有些鱼鲁亥豕之处，看了多遍，也始终看不出来。有的作者并不了解编辑部的编辑加工校对过程，对编辑的功能和作用甚至存有偏见，以为编辑的主要作用是掌握稿子的"生杀大权"，决定是否刊用。实际上稿子的"生杀大权"系于稿件自身学术水平的高低，而编辑之于稿件，如同装修者将毛坯房变成精装房，考虑的是学界的需求，考虑的是读者的方便和作者的"羽毛"。

前不久，一位读者给我发信息说，在一个公众号上看到有一篇发在《中国语文》上的文章，文章参考文献引用自己的名字时，把自己的名字弄颠倒了，由此质疑《中国语文》编辑校对难免敷衍了事。编辑部立即核查，发现公众号上的文章确实有误，而《中国语文》印刷版与电子版均正确无误。原来公众号所用的文章为作者自行提供的电子原版，其中存在的部分错误作者自己也并不了解，而之前投稿《中国语文》的原稿被采用后，经过编辑部全面的编校和加工，其中的一些错误之处得到更正，编辑部做的这些工作，作者没有全部亲身参与其中，自然也无从知晓。作者的同一篇电子稿件，率先用于《中国语文》，经过了精加工；后出现于公众号，保留了作者原稿状态。这件事让我颇为感慨，编辑部是不是应该办一个校样见面会之类的展览，拿出来一部分稿件的原稿、一校样、二校样、三校样，摆放出来，请作者本人参观感受一下，看看自己的稿件有人甘心奉献为其作嫁之后是如何更加完善的。

## 人憔悴

《中国语文》是双月刊，论文刊载量大，刊登的文章覆盖语言学各个研究领域，在语言学界的影响举足轻重。《中国语文》办刊时间长，在语言学界占据特殊的地位，这是历史形成的，也是作者、编者共同努力之下形成的。

《中国语文》获得过中国出版政府奖，获得过中国社会科学院历届优秀期刊奖，也获得过历届最具国际影响力学术期刊奖，被中国社会科学评价研究院评定为语言学权威期刊，这些奖项或评价是对刊物学术水平的肯定，也是对编辑部工作的肯定。编辑部各位同人看重刊物的学术传承作用，看重当年那些老先生们的殷切期望，唯恐期刊在自己的手中中道败落，编辑工作始终秉持求真务实的宗旨，始终坚持认真仔细、如履薄冰的态度。身在其中，冷暖自知。受这种传统的影响，身为编辑人员，深知奉献精神是编辑工作的处世哲学。板凳坐得十年冷本来是说做学问的态度，做编辑仿佛更是自带这种宿命，为伊消得人憔悴而不觉有他。

《中国语文》早在 2000 年前后就遵循国际惯例，采取双向匿名评审的机制，既落实了公平公正的用稿制度，又减轻了编辑部遭遇的各种干扰与承受的负担，各位编辑可以全心投入稿件质量的提高工作，同时早早形成了良好的风气，学界有了口碑，了解《中国语文》的这种制度和风气，相应地也容易断了"人情稿"的念头。《中国语文》用稿不考虑作者的名气，只考虑稿件本身的学术水平。如果一定要说有所倾斜的话，其长期的传统是扶持名不见经传的青年学者，这个传统至今未变。很多老学者回忆自己在《中国语文》上发表的第一篇论文往往也是步入学界的开端，作为青年学者受到极大的鼓舞，因此走上学术之路。最近十多年，《中国语文》编辑部主动举办青年学者论坛，倾听心声，把握研究动态，了解他们的研究成果。编辑部主动与学者们广泛交流，为进一步提高刊物的学术水平而共同不懈努力。《中国语文》编辑部规定编辑者与投稿者之间只能通过投稿编审系统进行公事公办的联系，不允许在编审环节出现任何形式的私下联系，杜绝编审环节出现任何形式的私相授受或用稿不正的风气。编辑部的努力，与编辑同人的坚持，使得《中国语文》这20多年在匿名评审机制方面能够长期行之有效，形成良性循环。

《中国语文》编辑部也一直重视年轻编辑的工作与生活。在当年，编辑部里的老先生们每逢有酬劳分配的时候，常把自己的一份主动降低，留给年轻的编辑同人。他们的理由也很简单，老人工资比新人高，即使编辑工作量比年轻编辑做得更多、质量更高，也愿意把酬劳多分一些给年轻的编辑。这种内部机制传承至今，对于编辑费或绩效考核等，《中国语文》一向不论资排辈，年轻的编辑享有跟主编、主任同等的待遇。这也是《中国语文》编辑部薪火相传的苦心，把利益多留一些给年轻编辑，也希望他们将来能够代代相传，消得憔悴，不悔当初。

## 成就感

一个学者取得成就感的动力源自学界的认可与评价，一个学术编辑的成就感应该同样源于编辑成就与学界的认可。只不过在现实方面，对于学术编辑来说，两者工作性质之间的内在冲突，两者成就感之间的巨大落差，却令人不无忧虑。

学术编辑必须是优秀的学者，同时又是优秀的编辑，承受着双重的工作压力。但是对于学术编辑采用非学术类普通编辑的评价方式，是学术编辑难以获得成就感与荣誉感的重要原因。普通的科研人员可以通过学术评价体系对相关的研究成果加以鉴别、鉴定，如出版或发表优秀学术成果、获得学界奖项等都可以得到学界的高度认可，从而获得成就感和荣誉感。学术编辑的评价考核方式本应该按照学术编辑的特殊方式进行考评，考核学术编辑在期刊编辑工作中的学术贡献。而目前的现实是，学术编辑的考核主要是依据科研成果进行考评，迫使学术编辑额外投入大量时间和精力在个人的科研方面做出成果，而现有的诸多规定又削减了学术编辑的科研经费。学术编辑的本职工作必须全力做好，但个人考核看的不是学术编辑成就而是科研成果，学术编辑对学术期刊特有的学术贡献无法体现，往往只能按照编辑校对工作量进行计件或计时考核。实际上，学术编辑的成就不在于编辑工作时间的长短，而在于通过学术论文的编辑加工对于学术论文质量的提高，这是普通报刊图书编辑所不具备的巨大作用。学术编辑对于学术论文有时甚至有点石成金的重要功能，这些方面正是学术编辑拥有成就感、自豪感的重要因素，而在目前的考核体系中完全无法体现，学术编辑自然也就无法通过考核获得成就感与荣誉感。学术编辑合力编辑学术期刊，本身就如同进行长期的科研项目，其贡献在于学术贡献，而不是劳务贡献。打个比方，运动员获得重大成就离不开教练的精准指导，但是如果评价教练仅仅考核教练陪了多长时间、做了多少饭菜、递了多少次毛巾擦汗之类，是难以体现教练的价值的；而考核教练用考核运动员的方式来进行，只看教练的运动成绩或排名，让教练把用于指导的时间挤出来进行自身体能训练，去跟运动员比运动成绩，显然也是弄拧巴了。同样的道理，单纯考核学术编辑的科研成果或单纯考核学术编辑的编辑工作量，都是失之偏颇的，再加上削减或砍掉学术编辑的科研经费，也都人为加大了学术编辑的工作难度，更让学术编辑难以获得相应的成就感与荣誉感。编辑部吐故纳新，需要新生力量，如何让编辑新人有获得感、成就感、荣誉感，甘愿一辈子作嫁衣裳，甘愿奉献终身，让编辑部后继有人，长期可持续发展，就成了摆在编辑部面前的头等大事。学术编辑面临的困惑，长期形成的挫折感，反过来会影响学术期刊的良性发展与长期提高，这些方面的问题都值得进一步思考与研究。

我做《方言》编辑二十六年

《方言》编辑部 沈 明

沈明，研究员，博士，毕业于中国社会科学院研究生院，1995年进入中国社会科学院语言研究所《方言》编辑部、方言研究室工作至今，现为《方言》主编。

1984年9月，我刚上大三，选修了一门课叫"方言"，知道了有本期刊叫《方言》。同宿舍学文学的同学说:《方言》? 是用方言讲的《故事会》吧?!"我赶紧跑到系阅览室找来看，发现跟方言版《故事会》一丁点儿关系都没有! 当时虽然已经学过国际音标和方言音韵，但基本上是看不懂，就知道是一本纯学术期刊，品相很好，封面大方; 编排考究，每篇文章正好占满一整面，没有补白; 封三多是刊物启事、体例说明、音标字体说明，等等，明白如话，干净利落。不由得心生敬意。

1995年开始做《方言》的编辑。进入编辑部，先是熟悉体例、音标符号及代码，然后才可以上手编辑、校对。当时还是铅排。记得第一次校对的是一份二校样，看到错序的参考文献，就一条一条剪下来，按音序粘贴，看上去很整洁。结果老编辑说："这样不行！排字工人没法儿弄，得用红笔拉出来改……"总听人说，校对是个苦差事。一到校对的时候，大家都有点儿紧张兮兮的，有时候也的确不耐烦。直到有一次，看见时任主编熊正辉先生校对，凡是引文，他一定会翻箱倒柜地找到原文，把校样一行一行折起来，一个字一个字地上下对着"死校"，当时非常震撼，也非常感慨，从此照着学、照着做。熊老师还说："编辑、校对很锻炼人的，哪怕是编写得不那么好的文章，也是一种学习。"果不其然，几年过去，不知不觉中，知道的东西越来越多，研究功力也见长。

《方言》创刊主编李荣先生的学识、眼光，以及做事极尽完美的性格，使得期刊一经刊行，就成为引领方言学发展的航标。从语音调查研究为主到词汇、语法；从单纯音系描写到注意语流音变；从单点调查到区域性比较；从共时到历时；从纯语言研究到与地域文化结合，都呈现前所未有的繁荣局面，刊登了许多令人瞩目的成果，在国内外赢得广泛赞誉。这一点在参加学术会议的时候，体会尤为深刻。会上只要有外国学者，总会亲耳听到他们说：《方言》办得很好啊！刊登了那么多实地调查的方言语料，对国外的学者来说，特别宝贵，特别重要！研究也有特点，有一套自己的体系和范式，解决汉语方言的问题很适合、很有效。""我们最喜欢的刊物，就是《考古》和《方言》，一个是实地发掘的地下文物，一个是实地调查的活的方言事实……"每当这个时候，都会由衷地感到自豪。

编辑部有三条不成文的规定：第一，《方言》对编辑部内部人员的文章要求是最高的，这一条在使用投稿系统后，反倒是一视同仁了；第二，一校、二校、三校期间，编辑人员一律不许外出，不管是田野调查还是开会；第三，凡是要发表的稿件，编辑必须加工。有的投稿，内容有价值，但事实部分作者怎么理都理不清楚，编辑要么听录音转写，所花的功夫是三到四倍，要么到当地调查、核对。有一次去江苏泰州姜堰镇补充调查，不慎崴了脚，肿得老高，一瘸一拐地回到北京，一瘸一拐地上班，持续了一月有余。时至今日，编辑部人员换了几拨，但规矩一直没变。

编辑部里，几乎每个人都在做研究。编研结合，多出一份工作，自然是多出一份辛苦。切身体会是，科研的难度更大，编辑的压力更大。做研究皓首穷经，未必年年有产出；做编辑得按时、保质、保量出刊，未必直接产生个人效益。好的研究者，只要尽心尽力，是可以成为一个好编辑的，但好的编辑，能不能成为一个好的研究者，则取决于个人愿不愿意长期下苦功夫。表面上看，如果每年拿出当编辑的时间、精力去写文章，发一篇是一篇，名利双收，更直接、更显豁，但如果拿出大部分精力编期刊，作者和编辑同行虽然清楚，但绩效差却不会那么明显。怎么取舍，需要依靠淡泊名利的传统教育、个人的觉悟和责任心，更有赖于制度创新。就编辑个人来说，责任心一定是第一位的。责任心是能力提升的前提。能力提升最有效的方法：一是参加编辑培训班，掌握编辑、校对的基本技能；二是尽量做好研究，研究做好了，才能与学界展开充分、平等的交流与合作，才能真正把握学术发展方向，了解学科人才队伍建设情况。实际上，编研就好像是两套武功，各有各的套路，各有各的讲究。但两套都练好了，绝对是可以相辅相成的。

付出就一定会有回报。从事编辑工作以来，外出开会、调研、讲学等，总会感受到学界同人的热情，尤其是日本、法国、美国高校的同行，一听说是《方言》的编辑，总是大加夸赞。那时候经常想，咱就一个小编辑，何德何能，让人家对我们这么好？！后来才明白，这份认可，是老先生们的辛苦付出换来的。这份热情，很大的成分在于，我们在坚守一个学术阵地，在为他人作嫁衣。如果只是一个纯粹的研究人员，至少在学术影响力还不够的时候，不一定有这样的"待遇"。利他，总是令人尊敬的。

年纪渐长，操心的事儿多了起来。编学术期刊，在政治方向、学术导向、价值取向、办刊导向上，一定是要把相关的指示精神学懂弄通，并且不折不扣地执行。在投稿、编校方面，一定要严格遵守各项规章制度，落到实处。在与时俱进引导学术发展方向、提升期刊影响力上，要时刻保持清醒，分清楚什么是趋势、什么是流行、什么是学术，什么是技术。在"乱花渐欲迷人眼"的时候，保持定力，不忘初心。《方言》的办刊宗旨是求真务实、守正创新。坚持发表高质量的调查研究成果，坚持"摆事实、讲道理"的学风和文风，坚持支持学术人才成长，坚持主动服务治国理政，是任何时候都不会变的。比如，近年来《方言》设立的两个专栏"一带一路"方言调查研究、濒危方言调查研究与文化多样性保护，就是主动服务治国理政的。近二十年来，编辑部出人、出钱、出力，积极开展学术交流与学术公益活动，在促进学术发展和人才培养方面下了大力气，主办的学术会议平均每年有 4~5 场；2013 年以来，每年主办 1~2 种方言田野调查高级研修班，锻炼了队伍，扩大了学术影响力，收到了良好的社会效益。

做编辑的乐趣与享受，是经年累月慢慢积累起来的。越投入，越享受。

# 《世界哲学》与我的编辑生涯

《世界哲学》编辑部 　王　喆

王喆，副编审，毕业于外交学院，2004年进入中国社会科学院哲学研究所《世界哲学》编辑部工作至今，现为《世界哲学》编辑。

2004年7月，我在外交学院获得法语语言文学硕士后便来到哲学研究所《世界哲学》编辑部工作，时光匆匆，到现在已经是第17个年头了。初到编辑部时，我对期刊编辑工作一无所知。这些年来在哲学研究所和编辑部历任领导的带领下，通过老同志的无私帮助和自己不断的努力，我逐渐了解并掌握了编辑业务，对编辑工作感触良多。

## 一、正确认识学术期刊编辑工作与繁荣哲学社会科学的关系

思想认识问题虽然不属于可以立竿见影的业务能力，但是，思想认识问题对于做好本职工作具有重要的意义。一旦解决了思想认识问题，认识

到了本职工作的重要意义，就能增强做好本职工作的积极性和主动性。

首先，在宏观层面上，我们要从"繁荣哲学社会科学"的高度提高对本职工作的认识，积极投身于这一伟大的部署，解决好做好本职工作的思想问题。"一个没有发达的自然科学的国家不可能走在世界前列，一个没有繁荣的哲学社会科学的国家也不可能走在世界前列。" 2016 年 5 月 17 日，习近平总书记亲自主持召开哲学社会科学工作座谈会并发表重要讲话，这充分体现了哲学社会科学在民族复兴、国家富强中具有举足轻重的地位，以习近平同志为核心的党中央对此高度重视。通过学习习近平总书记的重要讲话，我深刻认识到作为一名学术期刊的编辑，其日常工作的重要地位和重大作用，同时也从全局高度加深了对本职工作的原则、目标和任务的理解。通过学习，我也深刻认识到，日常工作中的每一次选稿、用稿，每一次对字词句的斟酌、修改和润色，都是在为繁荣哲学社会科学这一举措略尽我的绵薄之力。在习近平总书记系列新思想、新理念、新论断的指导下，我重新梳理了参加工作以来的心路历程，坚定了为做好新形势下哲学社会科学工作而奋斗的信心、决心和耐心，对自己的日常工作提出了更高的要求和更严的标准。

其次，在中观层面上，我们要积极投身哲学社会科学创新工程，找准实现个人价值与繁荣哲学社会科学这一举措的结合点，找准做好本职工作的发力点，在做好本职工作中提升个人价值，实现个人价值与本职工作的双赢。哲学社会科学属于意识形态领域，每一个问题都聚焦于人的思想和经济社会发展宏观层面，是上层建筑的金字塔尖。作为一名学术期刊的编辑，我深刻认识到，在这一"金字塔尖"，理论上的细微差别，就会导致实践上的巨大差异。如何做一名合格的学术期刊编辑？最重要的是要加强自身业务学习，提升自身哲学素养，提高对学术观点的辨识力，在中国社会科学院这一党直接领导的思想文化和意识形态的重要阵地上，坚持正确的政治方向和学术导向，以兼容并包、兼收并蓄的思维，促进各种思潮相互交融、相互启发，把自己的工作成果成功转化为为党和国家的工作大局服务的能力。

最后，在微观层面上，我们要把日常工作主动纳入党和国家的工作大局之中进行谋划。为此，我们要认真学习、深刻理解国家大政方针，特别是要认真学习习近平总书记系列重要讲话，通过中国社科院的文件准确把握日常工作与党和国家的工作大局的结合点，主动围绕国家经济社会发展和国际战略中全局性、趋势性、综合性等重大问题选稿、用稿，通过办好学术期刊，提高为党和国家的决策服务的能力。哲学研究不能沉溺于“无用”的境界，而是要注重哲学社会科学的研究成果对实践的指导意义，提高研究成果的转化率。同时，我们需要在选稿、用稿上克服趋同化倾向，避免研究成果重叠，浪费了核心期刊宝贵的资源。这些需要我们加强对核心作者群体的引导，将他们的学术素养和积累聚焦事关经济社会发展和国际战略中全局性、趋势性、综合性等重大问题上，围绕这些问题做有针对性、前瞻性的研究，特别是在马克思主义中国化这一重大历史课题上。作为一名学术期刊的编辑，要主动引导核心作者群体理论联系实际，自觉为党中央的中心工作出谋划策，充分发挥他们的“智囊”作用，避免哲学研究成为学者自娱自乐的封闭循环。

## 二、在平凡的工作中为繁荣哲学社会科学“添砖加瓦”

近来，学界浮躁和潜规则之风盛行，累及学术刊物的声誉。作为刊物的编辑人员，必然要面对“人情稿”或“关系稿”，甚至有一些钱文交易的诱惑。警惕各种交易行为，正确处理这类稿件是做好编辑工作的第一要务。我们在处理这类稿件时，始终坚持以质量为标准采用稿件，树立严谨的学风，不搞钱文挂钩。此外，我们也不能用请客送礼来影响核心期刊、优秀期刊等评选工作。

学术期刊的编辑人员很容易形成“编务化”的积习，即只把刊物工作理解为编务工作，忘记了它的首要工作是不断更新自己的知识结构，形成对新学术话题的敏感判断力。要做到这一点，编辑人员就要加强学术意识。《世界哲学》的编辑人员每人都掌握一门自己熟练的专业外语，同时将学术研究和稿件编辑结合起来，在编研结合、编译结合上下功夫，发挥自己的优势。只有这样才能有效提高刊物的编辑质量，确保刊物的学术水平。

　　编辑工作是默默无闻的，编辑人员要发扬"甘为人梯"的奉献精神。从文章筛选、稿件推荐到责编加工、统编复阅、核红定版等各个环节的工作内容都需要期刊编辑的高度责任心，需要期刊编辑一丝不苟地认真对待。从我到编辑部工作至今，《世界哲学》没有发生不符合编辑质量要求的情况。

　　为获得充足的学术资源，《世界哲学》将哲学研究所的研究室视为刊物的重要学术支撑，注意自觉与研究人员实时沟通。我们认为，与研究室共同办刊是使刊物保持学术前沿性的动力所在。

　　《世界哲学》高度重视知识产权的保护，刊发的译文必须有原文作者（版权人）的书面授权。这一工作虽然很费周折，但做好这项工作，既表明了《世界哲学》对国外作者的尊重，也扩大了《世界哲学》在国外同人中的影响。同时，《世界哲学》坚持翻译文章要具有前沿性与文献性，把挑选和翻译有价值的学术文献、为中文世界外国哲学研究积累学术资源作为刊物选择翻译稿件的基本原则，获得了国内外国哲学研究同行的理解、认可和支持。

　　作为国内外国哲学研究的专业核心期刊，除了重点刊登马克思主义哲学、分析哲学、法国哲学、现象学、存在主义哲学、俄罗斯哲学、东方哲学、古希腊哲学研究、政治哲学等领域的研究成果，较全面、客观地反映学界的研究状况和进展，《世界哲学》还密切跟踪国内外哲学的发展，尤其注意反映国外重要哲学家的学术动态。从1956年创刊到现在，《世界哲学》在国内外国哲学研究界一直有着很高的声誉。近些年来，《世界哲学》先后成功进入《南京大学CSSCI来源期刊目录》、《北京大学中文核心期刊目录》和中国社会科学院"中国人文社会科学期刊AMI综合评价"核心期刊名录，这标志着《世界哲学》获得了国内学术研究机构的重视与认可。最近几年，《世界哲学》在《人大复印报刊资料》论文引用率和综合排名方面一直名列前茅。值得一提的是，《世界哲学》在2020年荣获中国社会科学院"优秀学术期刊奖"。《世界哲学》所取得的这些斐然成绩，得益于国内外国哲学研究同人的关注与支持，得益于社科院为刊物创造的良好办刊环境，更得益于哲学研究所领导与同人的大力扶持、编辑部全体同志的团结努力。

## 三、未来的规划与决心

在接下来的时间里,《世界哲学》需要进一步加强编辑部内部建设,努力打造一支学术素质高、编辑业务精、作风正派的编辑人员队伍。继续巩固和深化编辑业务和日常工作的规范流程,改进编辑人员的工作作风,提高工作效率,为适应国家对社会科学发展的要求,并为繁荣哲学社会科学贡献自己的一份力。在编辑业务方面,将继续加强与国内各高校相关教学和研究机构,以及相关学会、研究团体的联系;加强与海外留学人员,国外重要哲学研究机构、人员,国外重要学术刊物的沟通与联系。不但要继续关注和反映以往重点领域的学术研究,还要特别注意反映当今新兴问题和热点问题的研究,加大对国外马克思主义研究的反映力度。除原有的重要或资深学者外,还要有针对性地加强与近年出现的杰出中青年作者的联系,培养有潜力的后继作者队伍。

为宗教学发展
尽绵薄之力

《世界宗教研究》编辑部　李建欣

李建欣，编审，毕业于中国社会科学院研究生院，2001年进入中国社会科学院世界宗教研究所《世界宗教研究》编辑部工作至今，现为《世界宗教研究》副主编、编辑部主任。

自开始从事编辑工作，到2021年正好20年。回顾过往岁月，让人感慨不已！

本科是中文专业，因此有比较好的表达能力，1996年在中国社会科学院研究生院获得哲学博士学位后去一所高校工作了5年，然后调到《世界宗教研究》编辑部开始从事宗教学专业编辑工作。

编辑工作是可以"无师自通"的，我本人就是在走上编辑岗位后才开始干中学，学中干，实践出真知。从筛选稿件到编辑加工，从回复作者到组织策划专题，从写会议综述到找不到合适作者只好亲自"操刀"撰文，无一不是自己在摸索中一步一步走到今天的。

《世界宗教研究》是一份创刊于1979年的宗教学专业期刊，是宗教学界创办历史最长、影响最大的专业期刊。因此，它从来都不缺少稿源，从事宗教研究的学者都以在此刊发表文章为荣。它是改革开放以来我国宗教研究成果发布的最主要平台之一，是我国宗教学发展的见证者和引领者。进入新时代以来，我国提出了加快构建中国特色哲学社会科学的任务，其中一个重要方面是中华优秀传统文化的创新性发展与创造性转化，另一重要方面是坚持问题导向，聚焦新时代新发展阶段重大理论和现实问题。我们结合本学科特点，提出以"本土化、国际化"为抓手，努力办好《世界宗教研究》。基于这种思考，我于 2018 年 9 月 11 日在《中国社会科学报》上发表了《我国宗教学在新时代应有新作为》的文章，其中提出："我国宗教学在新时代应调整方向，在坚持做好基础即宗教人文学科研究的同时，高度重视应用研究即宗教社会科学研究，促进宗教基础研究与应用研究的融合发展，在新时代实现新作为、开创新局面。"

党的十八大以来，特别是习近平总书记在哲学社会科学工作座谈会上的重要讲话发表以来，加快构建中国特色哲学社会科学学科体系、学术体系、话语体系成为哲学社会科学界的任务。根据自己在这方面的长期思考，本人在 2020 年第 5 期《世界宗教文化》上发表了《新时代宗教学学科体系建设刍议》（该文已被《人大复印报刊资料》《宗教》2021 年第 1 期全文转载），其中提出："中国宗教学由宗教人文科学与宗教社会科学两部分构成，如车之两轮、鸟之双翼，缺一不可。在中国宗教学未来发展中，一方面一如既往地重视宗教人文科学，另一方面要更加重视宗教社会科学的开拓与发展。"

近些年，以《世界宗教研究》这一权威专业期刊为平台，开展了一些全国性的学术活动。2015 年起开设《世界宗教研究》年度主题讲座"，定期邀请国内外宗教学者就前沿学术问题举办讲座，取得良好的效果；2016年创办了"全球史视域中的宗教文化研究"论坛，旨在从更为宏大的视野开展世界宗教研究；2017 年举办"中国宗教学高峰论坛"，选定主题后，邀请国内资深宗教学者就相关话题进行交流、研讨；在本人提出的"乡村宗教研究"的基础上，邀请相关学者在 2017 年举办了"中国乡村宗教研究论坛"；为培养学术新秀，发掘新的学术增长点，创办了"中国宗教学青年论坛";为推动宗教研究的多学科研究、科际整合研究,加强宗教学与历史学的对话与交流,创办了"中国宗教史论坛";为加强我国近现代宗教研究,以国际化、多学科、多宗教为宗旨,与法国多学科佛教研究中心、华中师范大学中国近代史研究所合作创办了"现代中国宗教研究国际工作坊"。

马克思在《青年在选择职业时的考虑》一文中指出:"我们的使命决不是求得一个最足以炫耀的职业,因为它不是那种使我们长期从事而始终不会感到厌倦、始终不会松劲、始终不会情绪低落的职业。"[①] 他还指出:"在选择职业时,我们应该遵循的主要指针是人类的幸福和我们自身的完美。""人们只有为同时代人的完美、为他们的幸福而工作,才能使自己也达到完美。"[②] 干了20年的编辑工作,我"始终不会感到厌倦、始终不会松劲、始终不会情绪低落",而且通过20年《世界宗教研究》的编辑工作,为中国宗教学的发展尽了一份力,做出了自己微不足道的贡献,自己也由此从一个宗教学的门外汉成了一位宗教学者,"使自己也达到完美",因此也成了"最幸福的人"。

---

① 《马克思恩格斯全集》(第四十卷),北京:人民出版社,1982,第4页。
② 同上书,第7页。

# 与期刊共同成长

《世界宗教文化》编辑部　王　伟

王伟，副编审，博士，毕业于首都师范大学，2014年进入中国社会科学院世界宗教研究所《世界宗教文化》编辑部工作至今，现为《世界宗教文化》编辑。

党的十八大之后，习近平总书记多次发表讲话，高度重视哲学社会科学工作。中国社会科学院领导依据中央精神，加强了对院属学术期刊的指导，也加大了支持力度。借此"东风"，世界宗教研究所的学术期刊稳步成长，尤其是《世界宗教文化》，取得了令人瞩目的成绩。2010年，金泽研究员担任《世界宗教文化》主编、郑筱筠研究员担任副主编之后，期刊进行了一次大的调整，从之前的依托所内专家学者模式，调整为学者办刊模式，是一次有益的创新转型。在多年的努力下，如今，《世界宗教文化》已成为高水平宗教类学术交流平台，是宗教学者发表最新成果的重要阵地，受到学术界极大关注。《世界宗教文化》不仅获得国家哲学社会科学文献中心学术期刊数据库"2016—2020年最受欢迎期刊"，而且在国家哲学社会科学文献中心公布的"2020年度学术期刊关注度排序"中，在1908种期刊中取得了第5名的好成绩。《世界宗教文化》所取得的成绩，既有院、所领导的指导和关爱，也有编辑部全体成员的努力付出，还有所有审稿专家、作者、读者的鼎力支持。回首这十余年来的历程，难忘的人和事不胜枚举，每念及此，不由心怀感恩。

2011年，我到世界宗教研究所从事博士后研究，当时《世界宗教文化》主编由时任副所长的金泽研究员兼任，副主编是郑筱筠研究员，兼任编辑部主任。我进站后，所领导倡导博士后要为所里做些力所能及的工作，便安排我和另一位博士后李金花到《世界宗教文化》编辑部帮忙。我们去了之后才发现，虽然办公室门上挂着编辑部的牌子，实际上的全职编辑只有郑筱筠老师一人。也就是说，实际上只有金泽老师和郑筱筠老师两个人肩负着《世界宗教文化》的组稿、编校等繁杂工作。

我和李金花虽然过去帮忙，但我们那时只是博士后，没有编辑资格，所以只能帮忙做些文字校对，以及计算稿费、给作者寄送刊物等事务性工作，组稿、审稿、编辑等重要工作还是只能由金老师和郑老师负责。两位老师精心设计刊物栏目，每期紧跟当时的学术热点进行组稿，严抓编校质量，使期刊逐渐受到学术界的关注。所内专家学者也是《世界宗教文化》的重要支持者，很多学者担任过文章的责任编辑，共同推动了期刊的发展。

我和李金花刚去时不熟悉校对工作，两位主编经常耐心讲解，可以说手把手地引领我们成长。另外，由于两位主编都是科研人员，有自己的科研任务，同时金老师还是副所长，有大量繁重工作要做，所以经常加班加点完成期刊的校对工作。金老师和郑老师全程参与每一期、每一校，无论多晚，不完成当天的工作绝不回家。到了晚饭时间，两位老师就自掏腰包请我和李金花吃工作餐。让我们感佩的是，即便很晚了，两位老师也一直保持着严谨认真的工作状态，毫不放松。记得有一次，一位作者的文章中使用了竖排版模式的引号，我和李金花都没有注意到，稿子交到金老师手里后，金老师很耐心地给我们讲了标点符号的使用规则，同时也严肃地要求我们平时要多学习编校知识。我们在工作中收获很多，现在想来，虽然当时是来帮忙，但是恐怕最初非但没有帮上忙，两位老师反而还要指导我们学习基本的编校知识，工作量不减反增，真是深感惭愧。

通过金老师和郑老师的辛苦打磨，2015年《世界宗教文化》正式被CSSIC收录，成为宗教学界公认的高水平、高质量的学术期刊，也积累了一批学界鼎鼎有名的作者，稿源稳定，刊发文章保持着较高水平。此前一年，期刊主编已由郑筱筠老师担任，我也正式以编辑身份留在编辑部工作，同年，编辑部又引进了一位新同事王皓月博士。

郑筱筠老师担任主编时，也已肩负着副所长一职的重担，然而在刊物编校过程中，郑老师保持一贯的高标准、严要求，对每一篇文章都从意识形态、学术质量等方面严格把关，遴选出很多高水平的文章。后来有些作者成为我们出色的审稿专家，帮我们把关，不辞劳苦。在工作中，每编校一篇文章，我都能从中学到很多知识。一路走来，我也在各方面提升自己，陆续考取了出版专业职业资格证、注册责任编辑等。

2017年，主编郑筱筠老师因工作需要，赴甘肃挂职一年，佛教研究室的周广荣研究员来到编辑部，协助郑老师负责编辑部的各项工作。周老师是研究印度佛教的著名学者，对待学问严谨认真，在承担着繁重科研任务的情况下，对待编辑工作依旧非常细致，有些作者用词不太严谨，周老师反复斟酌推敲，尽量避免文章出现瑕疵，使我和王皓月非常感动。

由于期刊的定位是学者办刊，编辑部每名成员都有自己的科研任务，承担着国家、院、所等科研项目。但是做科研需要集中精力，静下心来思考，而做编辑则有很多琐碎事情要做，每篇文章背后都有与作者和审稿专家，甚至排版公司的多次联系、沟通，往往会消耗大量时间和精力，势必影响科研的进行。这就要求我们必须协调好个人科研工作和编辑工作，努力做好编研结合。尽管坚持编研结合确实很难，但是大家都尽心竭力，而且在工作中相互支持，有时候我需要外出调研，周老师和王皓月老师就主动帮我校对文章，让我安心调研。

编辑部一直保持着团结、务实、严谨的风气，每个人都任劳任怨，尽力将自己的工作做到最好。到目前为止，我们编辑部没有再进新人，与其他编辑部相比，大概比较"袖珍"，但是古人说："人心齐，泰山移。"在主编郑筱筠所长和副主编周广荣老师的带领下，编辑部各项工作有条不紊地进行着，期刊的各项评定指标也不断提高，正迈向一个又一个的新台阶。

这十余年来，期刊各方面都在变化、成长，不仅在学术质量方面获得肯定和褒奖，而且 2014 年还获得全国"最美期刊"荣誉，当然这也离不开社科文献出版社同人的努力和付出。同时，期刊也变得越来越厚重，2011 年我到编辑部帮忙的时候，期刊正文是 94 页，2012 年扩版到 116 页，2015 年又增加到 158 页，现在已是 188 页。期刊是学科"面貌"的一个窗口，期刊页码的增加也反映了这些年宗教学学科的成长。同时，期刊的发展也离不开院、所领导的支持，尤其是院科研局，对我们的发展非常关心，也非常支持，不但在期刊扩版、经费增加等方面一路"亮绿灯"，而且还付出了巨大精力来解决编辑成长路上的各种问题，尽力解决编辑的后顾之忧。

做了这么多年的编辑，越发体会到编辑工作的不容易。一是在编校方面需要万分小心。从大量来稿中选出水平较高的文章后，要注意作者千奇百怪的笔误，甚至要及时察觉改正其中不当表述，避免对他人造成"误伤"。另外，编校文章真的需要"十八般武艺"，要尽量在不影响作者观点陈述的情况下，把文章控制在合适的篇幅，同时还要留意注释的完整、标点符号的正确使用等。二是与作者沟通时需要智慧。有时我们认为一篇文章中有些小问题需要修改，而作者却不愿修改，此时就要字斟句酌地与作者沟通。当有些文章外审没有通过时，如何与作者解释是个更大的难题，需要小心翼翼地表述，确保不伤害作者的自尊心。三是组稿需及时。在组稿时，需要编辑有一定的学术背景，了解学界当前关注的热点问题及重要问题，设置专题，再从来稿中选择合适的文章。有时候也需要向专家学者约稿，或者在参加学术会议时，听到与会者谈到的问题比较有价值，就要想办法把文章"抢"过来。总之，要通过各种方法争取到好文章。

与很多资深编辑相比，我的经历可能不值一提，但对我个人而言，这十年来收获颇丰。如果不是今天这样一个契机，恐怕我也不会梳理回顾过去十年期刊与我个人的成长经历。可以说，我的成长离不开金老师、郑老师和周老师几位主编的指点和教诲，也离不开王皓月和所里其他领导、同事的关心和帮助。我不敢说自己取得了什么成绩，但十分有幸见证了期刊的成长，也十分有幸和期刊共同成长。对未来，我有许多期待，期待在院、所领导的关怀下，在编辑部全体成员的共同努力下，在作者、读者的大力支持下，《世界宗教文化》能有更进一步的提升，在学术界"更上一层楼"。而我愿继续做融入大海的一滴水，学术殿堂上的一块砖，为宗教学贡献绵薄之力，与期刊共同成长。

# 以编辑为业

历史研究杂志社　焦　兵

焦兵，副编审，博士，毕业于中国社会科学院研究生院，2009年进入中国社会科学院中国社会科学杂志社工作，2019年调入中国历史研究院历史研究杂志社，现为历史研究杂志社社长。

学术期刊编辑，一个很容易让从业者感到迷茫的职业身份。研究人员可以发表宏论、著作等身，可以指点江山、激扬文字，可以留下属于自己的学术"遗产"。而期刊编辑呢？除了为别人留下学术"遗产"外，似乎并没有真正属于自己的财富。也许因为如此，在很多人的眼里，期刊编辑是一个没有学术造诣、依附于体制的"寄生阶层"，他们所从事的工作无非就是疏通文字的雕虫小技。起初，我也是如此认为。可是，十多年的编辑经历，完全改变了我的看法。现在，我越发觉得，学术期刊编辑不容易、不简单，完全可以在推动学术进步上发挥不可替代的独特作用，完全可以找到真正属于自己的获得感和成就感。

## 一、编辑是一种经验

十多年的编辑生涯给我最强烈的感受是，编辑工作绝对是一个经验活。一个从未有过编辑经验的人，初入编辑行当必定有一种手足无措之感。一个编辑新手在起步阶段至少面临"三座大山"：一是不敢对稿件做出学术判断；二是不知如何对稿件进行编辑加工；三是与学术界缺少广泛的联系。

就"第一座大山"来说，学术编辑要处理的稿件，其专业领域必定超出自己的研究专长。对自己所擅长领域的稿件姑且还好做出判断，而对于自己不熟悉的专业领域，要想做出恰当的学术判断，则相当困难，没有多年的编辑经验是很难应付自如的。即使是处理自己熟悉的专业稿件，如何做出学术判断，不仅要看稿件本身的学术质量，更要看它是否符合刊物的办刊风格。可是，一份刊物的办刊风格，没有多年的编辑实践，是很难参透的。

就"第二座大山"来说，稿件的编辑加工更需要经验的积累。编辑加工，其对文字的推敲程度绝对超出一般人的想象。它要求编辑不仅要注意错别字、搭配不当、文法不通等，还要注意史实性错误、表述不准确、用词不专业，甚至还要注意遣词造句的感情色彩。比如，编辑工作尤其要注意时间、地点、人物、事件是否准确，其中最容易出错的就是时间。稿件中出现的每一处时间，都必须认真核对，一不留神就会造成"硬伤"。更可怕的是，有些时间性错误非常隐蔽，不仔细核对和计算很容易出错。我以前就差点犯下这种错误，幸亏在付印之前及时发现。当时，我编辑的一篇文章提到1986年美国一所大学举办了一场纪念兰克一百周年诞辰的学术研讨会，这篇文章经过我、作者和校对的多轮审读都没有发现问题，在刊物即将付印之前，我又读了一遍，读到这句话时，我在百度上搜了一下"兰克"的百科，结果发现，1986年不是兰克诞辰一百周年（兰克出生于1795年），而是他逝世一百周年（兰克逝世于1886年）！我当时真是被吓了一身冷汗。至于遣词造句的感情色彩，我们常说"哥伦布发现了新大陆"，可是，这样的表述是典型的欧洲中心主义。美洲本来就客观存在着，谈何发现不发现？总之，编辑加工需要丰富的经验、严谨的态度、认真的核实，其对稿件的字斟句酌近乎偏执，甚至成为一种职业病。但是，正是这种较真的精神，才能保证刊物的编校质量。

就"第三座大山"来说，任何刊物的发展，都不可能坐等自然来稿，它需要编辑与学术界有广泛而紧密的联系。只有通过这种联系，编辑才能了解学术动态，掌握学者的研究特长，建立一支阵容庞大的核心作者群。有了这样的作者群，刊物的稿源才有数量上和质量上的双重保证，一旦进行组稿，就可以找到合适的约稿对象，而且能够得到约稿对象的慨然应允。与学术界建立广泛而紧密的联系，绝非一日之功，也不是仅靠刊物的学术地位就自然得来的。它需要编辑主动出击、主动作为，其中最重要的方式就是参加学术会议，与学者进行面对面的学术交流，成为学术上的朋友。积极参加学术会议，特别重要的就是参加各个学会的年会。一般来说，学者包括大牌学者都非常积极参加所在学会的年会，年会往往群贤毕至，参加这样的学术盛宴，自然收获满满。

新编辑要翻越上述"三座大山"，老编辑的"传帮带"作用至关重要。我博士毕业进入中国社会科学杂志社世界史编辑室工作，编辑室的两位老编辑就发挥了这种作用。他们让我给每篇文章写审读意见，然后对我的审读意见进行点评，指出我审稿过程中存在的问题，久而久之，我的审稿能力就得到了很大的提升。在编辑加工环节，两位老编辑让我先进行编辑加工，然后他们再进行加工，最后让我进行比较和体会，我从中学到了很多宝贵的经验。在建立学术联系方面，两位老编辑用心良苦，对我关爱有加、刻意栽培，学术界邀请他们开会，他们都把机会留给我。他们不仅在工作上帮助我成长，而且在生活上帮助我。在我心里，我们三人就是一个大家庭，一位是慈祥的父亲，一位是和蔼的哥哥。回想当年，在中国社会科学杂志社即将从鼓楼西大街搬往东三环外之时，我们三人在鼓楼西大街单位大门口合影留念，中午我们三个大男人又在单位旁边的后海租了一条小船，在微波荡漾的水面上划船聊天，那种温情和眷恋，一直让我感动不已。

## 二、编辑是一种学问

在外人眼中，编辑是一个没有多少学术含量的技术工种，无非就是把稿件送给外审专家，然后将外审意见反馈给作者，作者按照外审意见修改完成后，编辑再进行文字加工即可刊发。如果事实果真如此，编辑工作确实没有学术含量，甚至变得枯燥乏味。但是，事实远非如此简单。一名称职的编辑，不只是学术的搬运工，更要参与知识的生产和学术的创作。

编辑要具备较强的研究能力。对稿件的学术鉴赏和修改完善，需要较高的学术素养。如果没有正规的学术训练和真切的研究心得，就无法掌握科学研究的基本规范和基本程序，也就无法把握学术评价的基本标准，更难以体会一篇优秀论文中那些只可意会不可言传的微妙之处。编研结合、编研相长，的确是一个硬道理。反过来，如果一名研究人员做几年的学术编辑，也有助于避免研究中的一些"弯路"和写作中的一些问题，从而提高论文的被采用率。现在回想硕士和博士阶段我对社会科学方法论的学习，对我后来的编辑工作起到了莫大的帮助作用。社会科学方法论会告诉你什么是理论、怎样建构理论、如何检验理论，会告诉你如何提出有效的研究问题、如何进行正确的文献梳理、如何开展科学的研究设计、如何避免易犯的逻辑谬误、如何写出规范的研究结论，这些问题正是编辑审读工作要处理的核心问题。所以，我总是给新来的编辑推荐一两本体量不大、容易读懂的社会科学方法论著作，我相信这一定对他们大有帮助。

编辑要具有开阔的学术视野。编辑并不比学者轻松，学者可以在一个领域深耕下去，但是，编辑必须尽可能地涉猎多个领域，掌握多个领域的基础知识，了解多个领域的学术动态。一方面，编辑要比学者有更为广博的知识面。我的一位做编辑出身的领导，在单位招聘面试时说的一句话，至今让我记忆犹新。他说，学者不必记住许多知识，可以通过做知识卡片以供查阅，但编辑不行，编辑必须记住许多知识，编辑要处理不同领域的大量稿件，不可能总是查阅。另一方面，编辑要比学者有更为开阔的学术眼界。这不仅是因为编辑要处理许多领域的稿件，而且是因为开阔的学术眼界能够让编辑发现研究者意识不到的问题。我以前审阅的一篇稿件，讲的是法国某一历史时期出现了不同于同一时期英国的历史现象，该文就是要解释法国为什么会发生这一特殊现象。作者运用法国的历史文献，结合法国的社会历史背景，揭示了现象发生的原因。如果只看法国的情况，作者所做出的因果解释的确能够成立。可是，如果把视野扩展到英国，当时的英国也存在与法国同样的因素，但并没有导致类似于法国的历史现象。显然，作者对法国历史的解释在逻辑上是不能成立的。所以，开阔的眼界有助于我们避免谬误。

编辑要参与学术创作。正如前文所言，编辑绝不只是负责文字加工的编辑匠，他更应该是学问家，能够用自己的学识和眼光，切中稿件的要害，提出专业到位的修改意见，帮助作者提升稿件的学术质量。虽然现在绝大部分学术期刊都会邀请外审专家，外审专家的意见也的确非常重要，但是，编辑的评审意见依然不可或缺，尤其是，不少稿件外审专家的意见分歧特别大，有的高度肯定，有的坚决否定，这时编辑自己的独立判断就显得格外重要。而且，外审专家所提的修改意见，未必全面、准确、到位，仍然需要编辑在外审意见的基础上进一步提出修改建议。现在很少有稿件能够略做修改即可直接刊发，几乎每篇文章的最终刊发都凝聚了外审专家、编辑和作者的心血。编辑需要把自己的修改建议和外审意见反馈给作者，与作者进行充分的沟通交流，以明确修改的方向，而且作者的修改往往不能一步到位，需要经过多轮次的修改。每一次修改，编辑都要对数万字的专业文章进行认真的研读和审慎的思考，以提出进一步的修改意见，其中耗费的时间和精力可想而知。

许多稿件很有学术价值，但是，问题不够明确、观点不够鲜明、论述不够清晰、标题不够醒目，读起来佶屈聱牙。这种情况就需要编辑帮助作者厘清思路，给作者的谋篇布局提出切实可行的针对性意见，让文章读起来朗朗上口，让读者能够迅速抓住文章的要点和观点，这考验编辑的逻辑思维能力和对文章的驾驭能力。还有的稿件选题新颖、材料扎实，但文章只是停留在史料梳理层面，缺少问题意识，缺少思想见解。这时，就看编辑是否有"点石成金"的本领。也就是说，编辑能否发现文章的闪光点，能否帮助作者提炼出有价值的研究问题和有新意的独立见解。这是对编辑更高的要求和更大的考验。如果能够做到,编辑完全可以把一篇平庸之作打造成精品力作!

## 三、编辑是一种情怀

正如本文开头所言,编辑是一个容易让人没有成就感的职业。编辑忙忙碌碌一生,终究是为学者作嫁衣。学者可以名利双收,而编辑却乏善可陈。学者可以拿这样的头衔、那样的荣誉,而编辑顶多只能赢得一个好口碑。如果只着眼于追逐名利,编辑确实会有深深的失落感。编辑的存在感和成就感,更多地要从精神层面去寻找。没有对学术的热爱和执着,就难以涵养一种为学术而奉献的精神品格。做编辑,需要一种纯洁而又质朴的学术情怀。培养这种学术情怀,就是要将编辑作为一种神圣的责任来对待。

对自己负责。既然选择了编辑行业,刊物就是我们的"饭碗",就是我们的"衣食父母",就是我们的安身立命之本。编辑是一个良心活。我们有没有甘于为别人作嫁衣的学术情怀,直接决定了刊物办得好不好,直接决定了我们手中捧的是"金饭碗"还是"破饭碗"。那种为了图一时的短期利益而置刊物的学术声誉于不顾的行为,伤害的不仅是刊物,而且是自己长远而根本的利益。对刊物负责,就是对自己负责。用心、尽心地办刊物,才能守护好自己的"饭碗"。要像爱护自己的生命一样爱护我们的刊物,绝非陈词滥调、空话套话,而是关系到每一位办刊人的切身利益。

对历史负责。所谓对历史负责,就是要接续好一代代办刊人形成的优良传统,守护好一代代办刊人打下的学术基业,为下一代办刊人留下丰厚的学术家业。换言之,我们要对先辈和后辈负责,不能让刊物毁在我们手中。创刊于1954年的《历史研究》是在毛泽东同志的亲自倡导下创办的,"百家争鸣"这一著名的口号,就是毛泽东同志专门针对《历史研究》而提出的。第一届编委会成员群星璀璨,几乎涵盖了新中国最具影响力的马克思主义史学家。正是在他们的辛勤耕耘和倾力打造下,《历史研究》推动"五朵金花"的讨论,引领当代中国史学的前进方向,成为当代中国史学的旗舰性刊物，在学术界享有崇高的学术声望。我们能加入这个编辑团队，继承这一份厚重的学术基业，实在是无上的荣耀！我们没有任何理由懈怠和彷徨，唯有加倍努力，将刊物的学术声望一直延续下去，方能对得起刊物、对得起历史、对得起未来！

对学术负责。学术乃天下之公器，刊物乃学术之精粹。学术刊物承载着引领学术发展的神圣使命。办刊人对学术负责，就是要让刊物一直"站"在学术最前沿，将刊物打造成为展示优秀成果、引领学术创新的高端平台。习近平总书记说："不忘初心，方得始终。"[1] 对于我们办刊人来说，引领学术创新、服务国家和人民，就是我们不变的初心。我们编辑过的稿件，能否配得上刊物的声望、能否经得起学界的审视、能否接受住历史的检验，是每一位办刊人都要念兹在兹的灵魂拷问。当你编辑的稿件赢得了学界的广泛好评，当你的编辑水平获得了学界的由衷认可，那种获得感和成就感也不失为一种"无与伦比的美丽"。时代的洪流奔腾不止，学术的进步不可阻遏。办刊人只有心存敬畏、如履薄冰，以严肃、认真、忘我的态度奉献于刊物、奉献于学术，刊物才能在时代与学术的相互激荡中巍然挺立、熠熠生辉！

1917 年，马克斯·韦伯在德国慕尼黑大学为即将走上学术之路的青年学人做了一场影响深远的演讲，演讲的标题是《以学术为业》。他鼓励青年学人以学术为天职，发自内心地献身于学科，献身于"使他因自己所服务的主题而达到高贵与尊严的学科"。我们办刊人不也应该以编辑为业，献身于编辑、献身于学术吗？因为编辑也可以让我们达到"高贵与尊严"！

---

[1] 中共中央文献研究室编《习近平关于社会主义文化建设论述摘编》，北京：中央文献出版社，2017，第 130 页。

# 谈谈学术期刊编辑工作中的一些体会

考古杂志社　李学来

李学来，编辑，毕业于中国社会科学院研究生院，1998年进入中国社会科学院考古研究所考古编辑室工作，现为《考古》编辑。

在坚持正确的政治立场和政治方向及正确的学术方向和办刊宗旨的前提下，如何做好学术编辑工作。现结合多年的编辑工作经验，谈谈在工作中的一些体会。

一

作为一名学术期刊编辑，应具有扎实的编辑业务知识，这是首要的、基本的要求。一是要在编辑工作中提升编辑业务素养，首先要熟悉编辑出版专业知识和实务，熟练掌握与出版编辑相关的政策、法规、标准和规范。在编辑加工过程中，要严格遵守相关标准规定，如图表的设计与编排、数字及标点符号的用法以及中文夹用英文的编辑规范等，这样才能保证期刊的质量。其次，编辑前辈们在实践工作中积累了丰富的经验，也形成了许多优良的、具有实践指导意义的传统，我们要继承并在编辑工作中加以运用，提升编辑加工能力。二是要在编辑工作中提升个人的学术素养，这在一定程度上决定了期刊的学术质量。编辑的学术素养是指其在从事专业研究、学术交流和论文发表等学术活动过程中所表现出来的综合素质，包括编辑在原有研究领域、出版领域及其他学科领域积累的知识和经验。编辑要有某一学科的专业知识背景，并有一定的科研能力和论文写作能力，或者在自己的专业领域有所研究、有所建树，对该领域的研究内容及研究方向有较深刻的理解。同时稿件的编辑加工不只是一项工作，也是学习专业知识的机会。在稿件编辑加工过程中遇到不明白的专业问题切忌不求甚解，针对这些问题可向作者或身边的专家请教。弄懂这些专业问题，就能在高质量完成编辑工作的同时，掌握其中的专业知识，日积月累，不断充实自己的知识储备。

## 二

通过这二十几年的编辑工作，我深刻体会到编辑工作不仅需要细心、耐心，更需要责任心。以《考古》为例，细心就是指注重每一个细节，即编校过程中，在深入了解文章的内容、学术价值和存在问题的基础上，每一个环节，如每一篇稿件的所有资料，包括引用的考古发掘材料、主要观点及论据，以及注释、插图及照片，甚至器物的比例、尺寸及编号等，都要反复进行核对和仔细斟酌，并认真、合理地进行编辑加工，使稿件内容和编排形式更加科学、合理，以便更充分地展示其学术意义。同时在各个校对环节中也要细心，以使差错率减少到最低限度，保证编校质量。每期《考古》大约有一半的内容是田野考古发掘资料的报道，其中包括大量的插图，一篇简报多的有五六十个插图，少的也有二三十个插图。插图包括遗迹图和出土器物图，以出土器物插图的排版为例，首先要耐心核对图中每件器物的比例是否一致，再反复调整至版面合适。在排图的过程中，都需要耐心操作，以免比例不对或者图变形，给之后的校对带来麻烦。另外，有些遗迹图因上面的编号过多，在制图及之后校样校对时，也需要耐心核对，以免编号遗漏或错打。

责任心是指既要对作者负责，又得对读者负责，也就是说既能让作者的成果完美、科学地体现，又能让读者充分利用刊物发表的资料。一方面应站在作者的角度考虑问题。每一篇稿子无论是配合课题发掘、进行抢救性发掘还是做专题研究，作者在写作的时候都有自己的目的和所要表达的思想内容。但由于考古类简报的特殊性以及作者水平的差异，有一些文章的思想内容往往表达得不是很清楚或不是很完整，这就需要对稿件进行调整，有时还需要利用作者提供的资料重新组织，以保证资料的完整性和科学性。另一方面则是站在读者的角度加工稿件。考古的稿件多是资料性的，发表的目的是让读者能充分利用这些资料，这就需要确保稿件的完整和准确，但由于各种各样的原因，稿件中难免会出现各种各样的问题，如器物形制描述与图不符，遗迹和器物的尺寸误差较大，器物号重复，前后说法不一，引用资料不准确，注释不规范，等等。总之，各类问题都可能出现在稿件中，有些还是很严重的学术问题。而文章如果就这样发表出来，肯定会影响其科学性，读者也就不能很好地使用那些本来学术价值很高的资料。因此，在平常的插图编排、稿件加工及校样校对等环节中，都需要我们的细心、耐心及责任心，对稿件内容、版式设计等要精益求精，尽最大努力做到最好，不留遗憾。

因此，编辑工作不仅对技术性要求很高，而且还是一个富有创造性的工作。它与科研工作一样，也是一门学问，只不过科研人员的科研成果是以论著的形式发表出来，而编辑的成果则隐含在科研人员的文章内，让科研人员的成果能更好地展示出来。作为一个优秀的编辑，除对稿件进行技术加工外，更重要的是要在学术层面上对稿件进行完善，让作者感觉到自己的稿件"丰满"了，也让读者感受到稿件有很高的利用价值。

## 三

学术期刊要想保持本行业的优势地位，更好地发挥学术引导作用，就要有好的稿源，优良的稿源也是学术期刊学术质量的重要保证。因此，对编辑来说，要具有选题、策划及组稿等意识，而且学术期刊编辑技能的水平体现在选题、策划、组稿等过程中，这个过程是环环相扣、紧密联系的。学术期刊编辑应根据自己的学术专长，积极提出稿件的刊发选题，努力将自己的学术思想与约稿、审稿及编辑等工作相结合。以《考古》为例，近年来，考古新材料不断涌现，考古学研究领域、理论日益拓展，研究方法和手段日益增多，中国考古学的国际地位也在不断提高，尤其是习近平总书记在 2020 年 9 月 28 日以我国考古最新发现及其意义为题举行的第二十三次集体学习上发表重要讲话之后，中国考古学得到高度重视，迎来了新的发展机遇。在这种形势下，我们就更应该做好杂志的选题策划和约稿等工作。因此，在日常工作中，编辑应注意把握最新的学术动态，广泛收集信息，如可参加"中国社会科学院考古学论坛·中国考古新发现"汇报会和"全国十大考古新发现"评审会，了解最新的考古发现及研究成果，并进行约稿。利用编辑的专业背景和学术专长，积极主动地加强对外联系，如可参加编辑熟悉的各省文物考古研究所每年的田野考古汇报会，了解这些省最新的考古发现及研究进展，并就较重要的考古发现进行约稿。还可加强与作者的联系，了解他们的科研动向及最新研究成果。另外，还要把握学科发展的动态和趋势，持续关注诸如中华文明起源、早期国家的形成、都城考古、聚落考古等重大课题和热点问题，围绕重大考古新发现、区域考古新进展、重大学术课题等策划选题和组织稿件，及时推出重大考古新发现和研究新成果，充分发挥刊物的学术引导作用。

## 四

学术期刊编辑在工作过程中，还要紧跟学术进展和信息发展的步伐。

信息化时代给学术期刊的出版带来了生机和活力，同时也给学术期刊编辑带来了挑战。它意味着编辑要永远保持学习的热情和能力，与时俱进，获取与学术期刊出版相关的新信息与新技术。

编辑要随时了解本行业的科研学术进展。期刊的出现就是为了弥补图书出版周期长的不足，它能在较短时间内将最新研究成果呈现给读者。因此，编辑只有时刻关注所编学科的科研进展，才能在编辑稿件时体会到稿件的创新之处，如新发现、新创见及新方法等。

为了提高编辑效率，编辑要善于学习新的信息技术，包括编辑软件、排图软件和网络技术的应用。这在一定程度上影响了学术期刊编辑的思维方式和工作及学习方式，给编辑工作带来了便利。编辑还要不断学习新的出版规范和标准以适应科技成果共享的需要。新信息技术的应用也对编辑规范和标准提出了新的要求，因此学术期刊编辑要不断学习，并和同行进行交流，这样才能将编辑工作完成得更出色。

编辑工作是一种高尚的、神圣的职业。作者由论文发表而成名，这离不开编辑的辛苦劳动。一篇论文、一部专著或一份报告获奖，也离不开编辑的辛勤付出。编辑工作的高尚是让读者读不到编辑的心血和智慧，编辑工作的神圣是把荣誉留给了作者，快乐和幸福留给了有需求的读者。每当一本杂志出版后，我们就像看到呱呱坠地的孩子一样，心中是那么高兴；每当编辑的文章得到作者的认可及感谢，我们感到无论付出多少都是值得的。一期结束了，新的一期又开始了。面对新的稿件、新的问题，就要在总结经验及问题的基础上继续无惧风雨、砥砺前行，做好编辑工作。

总之，在国家倡导繁荣哲学社会科学的指导下，学术期刊编辑应不断加强学习，提高自身素质，为文化和学术的繁荣，科研成果的挖掘、整理及阐释，以及发挥刊物的学术引导作用做出应有的贡献。

嫁衣十年作
甘苦不寻常

《抗日战争研究》编辑部　高士华

高士华，研究员，博士，毕业于东京大学，1987年进入中国社会科学院近代史研究所工作，1995~2012年在日本读书、教书，2012年重回近代史研究所，任所刊编辑部副主任，2013年开始担任《抗日战争研究》主编。

2012年2月，我辞掉日本仙台一个私立大学教授的工作，告别学习、工作了17年的日本，回到近代史研究所工作。出国前我曾在这里工作了8年，留下了不错的印象，所以选择回到以前的工作单位。所里安排我在《抗日战争研究》编辑部工作，先是接任所刊编辑部副主任，2013年正式接任主编。

在此之前，从1991年9月创刊开始，《抗日战争研究》都是由所领导兼任主编，在我之前是由荣维木先生担任执行主编，实际负责杂志的具体工作。我接任的时候，所长王建朗告诉我，他不兼任主编，理由是《近代史研究》一直就不是所长兼任主编，《抗日战争研究》主编也不必由所长兼任，所以所里决定由我担任主编，所长代表研究所担任编委会主任，对杂志进行指导和监督。我个人认为，如果所长业务繁忙很难兼顾的话，这也许是一种不错的、可以选择的方式，这样可以减少所长或者所领导的负担。

在我担任主编的这 9 年里，我们在两个方面下的功夫比较大。

一是召开了 8 届 "抗日战争史青年学者研讨会"。

我接任之初，最大的苦恼是缺少可用的稿子。为此，编辑部决定举办 "青年会"。从 2013 年到 2021 年，举办了 8 届 "抗日战争史青年学者研讨会"，最少的一届也有 12 篇参会文章留下来发表。

"抗日战争史青年学者研讨会" 年年召开，已经成为近代史学界的 "一道风景"。投稿越来越多，其产生的影响越来越大，有一些杂志也参考我们的方式举办类似的讨论会。

"青年会" 事先向参会者提供论文电子版，不设论文宣读、说明时间，直接展开讨论，"论文第一，讨论第一"，这样讨论的时间比较充足，达到了互相交流、学习的目的。"青年会" 倡导创新、彻底讨论、不落俗套的清新之风在学界引起良好反响，也在很大程度上解决了刊物好稿不足的问题。和很多学术刊物一样，《抗日战争研究》来稿并不少，但可用的不多，"青年会" 发掘、培养自己的作者队伍，既有长远的培养抗日战争研究人才的考虑，也能逐步解决 "稿荒" 的问题，一举两得。

对于青年人才的培养，我们的口号是："在你们成长的路上，我们同行。"我们主要是通过召开 "青年会" 的方式，大力培养青年学人，邀请高水平学者与会指导，同时也给青年学人提供充分讨论的空间和时间。通过 8 届 "青年会" 的锻炼，一批青年才俊脱颖而出，高质量论文的发表也获得各方好评，现在 "青年会" 的稿子已经差不多占年发稿量的 "半壁江山"，《抗日战争研究》特地开辟了 "青年会论文" 专栏，专门刊发相关论文。

青年学人的稿子选题新颖，代表着研究的新潮流，但同时，他们的文章往往因为写作经验不够，特别是文字上的问题比较多，这是一个很令人头痛的问题，差不多每篇都需要花费相当多的精力进行打磨，苦不堪言，为此《抗日战争研究》在 2020 年组织了两组 8 篇文章进行讨论，也是为了给青年人提供经验和指导。看来这个问题的解决需要教育系统做出更大努力才行，光靠编辑部是很难解决的。

二是积极在国外召开学术讨论会。

到国外去，召开国际学术讨论会，讲好中国抗战故事，一直是我们努力的方向。我们先后于2015年11月和日本千叶商科大学合作召开了"从战争、对立到和平——来自历史研究第一线的声音"国际学术讨论会，2017年8月与奥地利维也纳大学合作召开了"欧洲和东亚的二战记忆"国际学术研讨会，2018年7月与英国牛津大学合作召开了"第二次世界大战的史实、记忆与阐释"国际学术讨论会，同年8月与澳大利亚昆士兰大学合作召开了"对日战争与亚太社会经济政治变动"国际学术讨论会，2019年10月与日本早稻田大学合作召开了"东亚战时动员的相位——冲击与遗产"国际学术研讨会。抗日战争是中国史的一部分，也是世界史的一部分，这是一场国家间的战争，但其影响超出了中日之间，因为它后来成了第二次世界大战的一部分。召开这些国际学术讨论会的目的，就是利用杂志这个平台"走出去"，向世界讲述中国抗战的世界意义，这些讨论会产生了积极影响，受到了广泛好评。

因为中国社科院期刊预算里没有在国外召开国际学术讨论会的经费，我们每次都需要想办法筹措经费，建议院里在杂志的对外交流资金方面提供更多的支持。不管是在国外还是国内召开国际学术会议或者其他形式的对外交流，院里可根据实际情况加大支持力度，这样会扩大杂志的国际活动空间，争取更多的国际话语权。

对于《抗日战争研究》召开"青年会"大力扶持青年学人和在国外积极召开学术讨论会，中国社科院期刊审读专家都给予了很高的评价，也得到了院里的大力支持。

从回国到《抗日战争研究》编辑部工作、担任所刊编辑部副主任已经10年，担任《抗日战争研究》主编也有9年了，2021年即将退休告别主编岗位，《抗日战争研究》的工作一直得到了中国社科院的大力支持，正是有了院里从经费到具体工作的支持、指导，我们才更有信心做好杂志的工作。

杂志主编的工作，没有最好，只有更好，需要全力投入。在工作中我虽然尽心尽力，但是回头来看，也有很多做得不够好的地方，有些与能力有关，有些与努力有关。我们一直希望就一些问题展开讨论，但是实行起来并不容易，巧妇难为无米之炊，只靠编辑部的努力是不够的，学术杂志说到底还是学术共同体的一部分，不可能自外而存在。杂志的引领作用有一定的局限性，涉及多方面的因素，如何突破是一个难题，需要持续不断地努力。

主编对杂志的工作方式、风格和成果多少都会有影响，因人而异。就我个人来说，虽然坚持"学术乃天下公器"的原则，并为此不惜开罪于人，但只能说水平不错的文章我们都争取发表了。限于能力，工作中多有遗憾，但我已尽力，好与不好，白纸黑字都在那里。你说，它在那里；你不说，它也在那里，留待后人评说吧。"悄悄的我走了，正如我悄悄地来；我挥一挥衣袖，不带走一片云彩。"

关于完善双向匿名审稿制度的几点体会

《世界历史》编辑部　徐再荣

徐再荣，研究员，博士，毕业于中国社会科学院研究生院，1993年进入中国社会科学院世界历史研究所工作，2011年进入《世界历史》编辑部，现为《世界历史》副主编、编辑部主任。

　　我自1993年研究生毕业后来世界历史研究所从事研究工作，1996—1998年任《世界历史》兼职编辑。2010年正式从研究室调入编辑部，先后担任编辑部副主任、主任和副主编。时光匆匆，转眼从事期刊编辑工作已十多年，其间的酸甜苦辣实不足为外人道。做一个普通编辑似乎并不难，但要做一个优秀编辑并不容易。要做好学术期刊的编辑工作，不仅要求编辑具备较高的政治素养和学术素养，而且要求编辑具有较强的学术策划能力和学术判断能力，同时还需要具有良好的团队协作能力和精益求精的工匠精神。作为编辑部的负责人，要管理好编辑部、办好学术期刊，首要的工作就是要加强编辑部的制度建设。只有不断健全和落实相关的制度，才能保障编辑部的正常运转和期刊的长期发展。编辑部制度包括编辑部的日常管理制度、审稿制度、发稿会制度、编校制度和编辑奖惩制度等，其中审稿制度是最重要的制度之一。

为进一步完善《世界历史》的审稿、用稿制度，从 2011 年起，《世界历史》开始全面实施双向匿名审稿制度。从实际效果来看，该制度的实施有助于遏制期刊审稿、选稿过程中的各种不公现象，减轻"人情稿""关系稿"对编辑部的压力，提升刊物的学术质量和公信力。但正如任何制度一样，匿名审稿制度并非完美无缺，在具体实施中会产生诸多问题。如何确保匿名评审制度的有效性和公正性，是学术期刊面临的共同任务。学术期刊在实施匿名审稿制度过程中，需要结合刊物和学科特点，对此逐渐加以完善。在此，我想以《世界历史》匿名审稿制度的实践为例，简要介绍一下《世界历史》为完善这一制度所采取的几点举措。

## 一、建立完备的匿名评审专家数据库

建立完备的匿名评审专家数据库，是有效实施匿名评审的重要保障。编辑部应对本学科范围的专家进行充分的调研，并根据研究特长和研究方向对拟邀请的专家进行分类编排。选择的审稿专家应具备相当的学术水平和学术评价能力，一般应在《世界历史》上发表过相关的学术论文，对《世界历史》的办刊特点和录用标准有一定的了解。同时，列入审稿专家库的专家应具有代表性和广泛性，并根据学科和学术发展情况不断更新和补充。审稿专家队伍中不仅应有资深的权威学者，而且应有学术水平较高的中青年学者，这样才能保证评审时不会长期依赖少数几位专家，从而确保评审的公正性。

## 二、做好匿名评审稿件的前期遴选工作

为保证匿名审稿的效率，减少评审专家的工作量，节省不必要的评审费用，编辑部需要按照刊物的审稿流程和评价标准，对所有来稿进行必要的审阅工作。只有通过一审和二审的稿件才能送外审，在学术规范和学术

质量方面明显达不到刊物标准的稿件，应排除在送审范围。如果一审与二审意见不一，可交由三审决定是否送匿名评审。为了减少本单位同事和其他特殊人员投稿对编辑部的"压力"，避免人情和利益关系造成的负面影响，可考虑将这些投稿直接送匿名评审。编辑部根据同行专家的专业评审意见，并结合编辑的审读意见，决定是否录用。

## 三、规范同行专家匿名评审意见书

为保证匿名审稿制度的有效性，防止匿名审稿流于形式，编辑部有必要制作一份比较完备的同行专家匿名评审意见书。意见书可分四个部分，第一个部分是编辑部致评审专家的信函，详细说明刊物的录用标准，要求评审专家不能将有关评审意见直接告知有可能了解的作者，对稿件中出现的疑似学术不端问题及时告知编辑部，强调有违客观公正原则和专业精神的意见将不予采纳，同时说明返回评审意见的时限。第二个部分是客观评价的具体要素，要求专家从选题价值、分析论证、文献运用、语言表述、学术创见和总体评价等方面进行勾选，具体分优秀、良好、一般和较差四个等级。第三个部分要求专家就文稿的学术创见、存在的问题和修改建议等方面提出详细、具体的审稿意见。第四个部分是文稿的审读结论，包括建议刊用、修改后刊用、修改后复审、退稿四种结论。

## 四、实施匿名专家回避制度和专家意见评估制度

世界史学科研究队伍规模较小，每个研究领域的人数更少，比如赫梯学、埃及学和某些国别史、专门史领域，相关研究人员屈指可数，而且许多来稿在投稿前一般都在相关学术会议上交流过，同行之间对彼此的研究方向、选题特点和写作风格也都比较了解，因此，即使编辑部送出去的稿件做了匿名处理，审稿专家大致都能猜出评审稿件的作者。同时也不排除少数学者会事先跟审稿专家打招呼，个别审稿专家也有可能出于人情关系、利益关系和学术偏好的考虑，未能对稿件做出客观专业的评价。为了防范

上述情况的发生，编辑部可实施匿名专家回避制度。若了解到审稿专家与作者存在同学、同事、同门、亲戚等特殊关系的，一般不选择该专家进行审稿。同时，编辑部应对返回的专家审稿意见进行认真的审读和评估。若发现专家评审意见故意过分拔高和贬低论文质量，有违客观公正原则，编辑部均不予采纳。如两位专家对文稿的审读意见和结论相左，可考虑再请第三位专家审读。同时，若发现审稿专家的评审工作不认真负责，并对期刊的审稿工作造成了负面影响，可将该专家移出审稿专家数据库。对认真负责的专家，编辑部可以不同形式表示感谢，如向审稿专家赠阅期刊、年终时以编辑部的名义给他们发送感谢信、邀请他们参加编辑部举办的学术会议等。

## 五、建立作者对评审意见的反馈制度

编辑部完成审稿流程后，将根据专家的评审意见和编辑部的审读意见，决定是否请作者对文稿做进一步的修改。为确保文稿的修改质量，编辑部发给作者的修改意见不应只有审稿专家的意见，还需加上编辑部的补充意见，同时附上《修改意见反馈书》。该反馈书明确向作者说明编辑部给作者的修改函并非稿件录用函，编辑部将根据修改质量高低决定是否刊用，同时要求作者逐条陈述对文稿的具体修改情况，并在修改文稿上做出相应的标记。如果作者对某些修改意见有异议，作者可不予以采纳，但应充分陈述相关的理由。编辑部在收到作者的修改稿后，应对作者填写的《修改意见反馈书》和修改文稿进行审读，以确定作者是否已经按照修改意见进行了认真的修改、作者异议理由是否充分合理、修改质量是否达到期刊的发表要求。

总之，同行专家匿名评审制度的有效性在很大程度上取决于期刊对这一制度的认知、态度和相应的实施办法，同时也有赖于学术共同体的共同努力。学术期刊需要结合刊物的学科特性和发展战略，在实践中对这一制度不断加以完善，努力促进编辑部与专家、作者之间的良性互动，确保期刊的可持续发展。

《中国边疆史地研究》编辑部　李大龙

# 与刊物一起成长

## ——感恩编辑职业

李大龙，编审，毕业于西北大学，1986年进入中国社会科学院民族研究所《民族研究》编辑部工作，2000年调入中国边疆史地研究中心《中国边疆史地研究》编辑部工作，现为中国边疆研究所国家与疆域研究室主任、《中国边疆史地研究》主编。

从1986年7月毕业分配到中国社会科学院工作以来，35年间在院内换过两个单位，但都没有离开编辑岗位。先是在民族研究所（今民族学与人类学研究所）《民族研究》编辑部工作，后是在中国边疆史地研究中心（今中国边疆研究所）《中国边疆史地研究》编辑部工作。在临近退休的年龄，和众多年轻的编辑一起被评为"中国社会科学院优秀编辑"，有些惭愧的同时更感觉是为自己的编辑生涯提前给出了一个总结，内心还是有少许的喜悦。

编辑并不是我自己选择的职业，是阴差阳错的缘分让我成为期刊编辑并逐渐爱上了这一职业。当年由于家庭成分的原因，我的姐姐和哥哥都没有上大学的机会。1982年，在填报高考志愿的时候，家人出于远离现实的考虑让我填报了西北大学历史系考古专业。当时的西北大学是第一批录取，在河北只有 1 个招生名额。结果却是出乎意料，我顺利地进入了西北大学历史系考古专业，逐渐喜欢上了考古，也期盼着毕业后从事考古工作，为此还利用假期前往河北文物研究所探听是否需要大学毕业生，并得到了满意的答复。令人意外的是，1986 年 4 月临近毕业的时候，等到的不是河北省文物部门要人的消息，反而是中国社会科学院民族研究所前来要人考察的人事处长和《民族研究》编辑部主任。就这样，1986 年 7 月，我来到了当时的中国社会科学院民族研究所《民族研究》编辑部，开始从事期刊编辑的工作，先后担任实习编辑、编辑、副编审，至编辑部副主任。2000 年，《中国边疆史地研究》编辑部主任、主编邢玉林先生退休，我又得以调入当时的中国边疆史地研究中心，出任《中国边疆史地研究》编辑部主任、主编，一直工作至今。

《民族研究》是 20 世纪 50 年代就已经创刊的学术刊物，在民族学界有很大影响，曾经是中国社会科学院认定的民族学类顶级期刊，现在是权威期刊。《中国边疆史地研究》创刊于 1991 年，是院内历史类期刊创刊较晚的一个，我调入的时候还不是核心期刊，发行量也很少，用稿范围与《民族研究》相比更为单一，基本属于历史学类，更符合我的学术研究方向，这也是我愿意接手的一个重要原因。在中国边疆研究所几任领导的大力支持下，随着国内边疆研究又一次高潮的出现，中国边疆研究的作者队伍不断壮大，《中国边疆史地研究》已经是国内三大评价体系认定的历史类核心期刊，而我本人也由副编审晋升编审，个人的研究也取得了一定进步，在中国边疆研究领域有了一定影响，可以说是随着刊物一起成长的。

初入学术期刊编辑行业也曾出过不少笑话。《民族研究》编辑部当时分为两个组，我在历史组，负责西北民族史方面的稿件审读和编辑。记得编辑部历史组第一次让我担任责编的稿件是周伟洲先生的《唐代六胡州与"康待宾之乱"》。周伟洲先生是我母校西北大学的老师，我聆听过先生讲授的西北民族史课程，他是我深深喜爱和崇拜的老师之一。当时和作者联系基本是通过书信，按照要求需要将编辑部的修改意见和作者文稿一起寄挂号信给作者进行修改。因为从事编辑工作伊始能够担任周伟洲先生大稿的责任编辑，我内心充满喜悦，在信中还想和周伟洲先生说点私事，同时为了避免公私不分，我把文稿和修改的信函分开邮寄了，结果给周伟洲先生搞了个"乌龙"。先生接到装有文稿的挂号信后，因为没有看到编辑部的信函，不知道编辑部的意见是什么，揣摩可能是退稿了。好在先生还没有改投其他刊物就接到了我的信件，才知道编辑部要他修改完善，没有导致更严重的后果。

期刊编辑虽然面对的作者和读者不同，但工作是周而复始的，所以我经常把期刊编辑的工作比喻为"驴拉磨"的转圈运动。在没有电脑的铅字排版年代，期刊编辑的工作还是有些苦的，排版、校对和核红等工作都需要跑到印厂才能完成，编辑部的自行车几乎成了我自己的交通工具。虽然在编辑职称晋升等方面，研究所的研究人员比编辑更有优势，但期刊编辑的工作也有着研究人员没有的便利条件，熟悉研究队伍的情况和及时把握研究前沿动态是最突出的两个。作者来源于不同高校与研究机构，编辑认识的研究人员更多，这是研究人员所无法相比的，而编辑工作更多的益处是无形的。其一，通过"被迫"阅读大量的来稿，编辑可以清晰地掌握相关研究的学术前沿和学术动态；其二，为了编辑稿件需要翻阅其他相关的论文和著作，无形之中增加了编辑的知识积累；其三，稿件的刊出需要编辑最少要逐字逐句阅读三遍（三校），不仅对作者的观点和论证思路熟记于心，也加深了对相关史料的理解，甚至每篇刊出的论文或多或少都有编辑的贡献在其中，无形中也是一种研究实践；等等。仔细品味35年的工作经历，我个人的研究成就和编辑工作关系密切，受益于期刊编辑这一职业，甚至可以说是与刊物一起成长。

我最初选择的研究方向是西汉对西域的经略，之所以选择这个方向是和我负责审读和编辑西北民族史方面的稿件有着直接的关系。虽然在大学期间有4个学期设置了中国历史的必修课，我也选修过西北民族史的课程，但有关西北民族史的积累与编辑工作的需要还是有较大差距，研读西北民族史方面的古籍和今人论著就成为工作和生活中一个不可或缺的组成部分。众所周知，历代王朝对西域的经略是从西汉武帝时期开始的，而西域都护的设置是西汉王朝在西域确立有效统治的标志。通过对西北民族史研究尤其是西汉经略西域研究状况的了解，我发现有关西域都护的设置在来源、时间等不少方面学界存在着认识上的歧义，于是我选定了将汉代对西域的经略作为最初研究的对象。1989年，我先后发表了《西汉西域屯田与使者校尉考辨》(《西北史地》1989年第3期)、《略论西汉时期陈汤经营西域》(《民族研究》1989年第5期)、《西汉的郎官及其在治理西域中的作用》(《新疆社会科学》1989年第6期) 3篇学术论文，开始正式走上了民族史研究之路。1996年，我撰写的第一部学术著作《两汉时期的边政与边吏》由黑龙江教育出版社出版，2000年获得了"中国社会科学院青年优秀成果三等奖"，可以视为是对我在《民族研究》编辑部从事编辑和研究工作的肯定，同时也为其后在《中国边疆史地研究》编辑部的编辑和研究工作奠定了稳固的基础。

中国边疆研究历史悠久，也曾经出现过几次研究高潮，且在民国时期就有了中国边疆学、中国边政学等提法，而中国边疆9省区的面积占到了国土面积的61.8%，还有近300万平方公里的海疆，中国边疆研究领域有了极大拓展，但中国边疆学的学科建设迄今仍处于探索阶段。中国边疆研究和国家领土主权等核心利益紧密相连，是我国哲学社会科学研究中不可或缺的重要方面，与此同时，研究成果的敏感性也给出版与发表带来了一定的挑战，《中国边疆史地研究》即是为了满足这一需要而出现的。在中国社会科学院的期刊方阵中，历史类学术刊物占据着重要位置。在创刊时间、选稿范围、作者队伍和读者群等诸多方面，尽管《中国边疆史地研究》和其中的任何一个期刊相比都没有优势，但却有着与国家发展需要，尤其是中国边疆稳定与发展需要、中国边疆研究学科发展需要密切相关等独有的特点。在《中国边疆史地研究》出版百期的时候，我曾经对2001年第1期至2016年第1期《中国边疆史地研究》刊发的文稿做过统计分析。其间，共刊发文章982篇，其中属于历代治边思想与实践方面的文稿298篇，占全部用稿的30.3%；边疆民族方面的文稿106篇，占全部用稿的10.8%；边疆地理方面的文稿86篇，占全部用稿的8.8%；海疆方面的文稿69篇，占全部用稿的7.0%。之所以如此，是因为历代王朝边疆经略、边疆政权与民族兴衰、边界与疆域、海疆等方面的研究以及中国边疆学学科建设是我出任《中国边疆史地研究》主编之后确定的重点选稿和组稿方向。也就是说，为中国边疆的稳定与发展提供学术支持既是刊物的宗旨，也是《中国边疆史地研究》的鲜明特色。在形成刊物特色的同时，也逐渐确立了《中国边疆史地研究》在中国边疆学研究领域的引领地位，并在中国知网的史学类期刊队伍中占有了一席之地。于个人的研究而言，因为中国民族史研究也是中国边疆研究的重要组成部分，从中国民族史转到中国边疆研究看似不会有明显的变化，但实际情况却并非如此，在这个过程中研究视角和研究兴趣都会发生很大变化。

如果说《民族研究》编辑部的工作经历为我的研究奠定了基础，那么在《中国边疆史地研究》的工作经历则拓展和提升了我的研究领域和水平。截至2020年底，我已经出版学术专著10余部，在《中国社会科学》《中国史研究》《民族研究》等刊物发表学术论文130余篇。中国知网引文数据库收录论著78篇（部），总被引用次数为728次，篇（部）被引次数为9.33次。多年来发表的成果尽管研究对象不同、视角各异，但基本集中在以下四个领域并已经形成了相对系统的理论体系。

一是汉唐边疆史研究。汉唐边疆史是我多年来一直重点从事研究的领域，汉唐边疆管理机构、汉唐王朝与边疆民族之间的使者往来则是研究的重点方向。多年来，在《唐朝和边疆民族使者往来研究》（2001年）、《都护制度研究》（2003年）等系列论著的基础上形成了系统的理论体系，代表性成果是《汉唐藩属体制研究》（中国社会科学出版社2006年，获得国家民委优秀成果二等奖），并为中国社会科学院研究生院撰写重点教材《唐代边疆史》1部。

二是中国疆域理论研究。疆域和边疆政权的归属问题是我关注的研究方向。为此，曾经以《中国边疆史地研究》为平台，在联合陕西师范大学西北民族研究院共同举办学术会议的基础上，分两期先后推出了10篇有关疆域的专题论文，对学界的相关研究起到了重要引领作用。在发表20余篇学术论文的基础上，我个人对多民族国家疆域理论研究也渐成体系，最终确定用"自然凝聚，碰撞底定"8个字来高度概括多民族国家疆域形成与发展的轨迹，代表性成果是《从"天下"到"中国"：多民族国家疆域理

论解构》（人民出版社 2015 年），马大正、周伟洲等先生撰文给予了高度
评价。

三是高句丽研究。高句丽是汉唐时期存在东北亚地区的政权，其历史
研究事关国家领土主权和与邻国关系，自 1996 年参与院交办的"高句丽历
史研究"课题以来，先后合作出版了《古代中国高句丽历史丛论》《古代中
国高句丽历史续论》2 部专著，发表论文 10 余篇，独著的《〈三国史记·高
句丽本纪〉研究》（黑龙江教育出版社 2013 年，国家民委优秀成果一等
奖），虽然对高句丽政权形成和发展的历史研究还不全面，但有了自己系统
的观点，尤其是在高句丽早期历史方面。

四是农耕族群与游牧族群交融史研究。在发表 10 余篇系列论文的基础
上，已经有了自己的系统认识，代表成果是《游牧行国体制与王朝藩属互
动研究》（合著，内蒙古大学出版社 2018 年）。

"为人作嫁"是世人对编辑行业的美誉，但"编研结合"应该既是对
学术刊物编辑从业的基本要求，也是造就编辑个人研究成就的必然需要。
"一个优秀的期刊编辑，也应该是一个合格的研究者"，这是我对自己提出
的从业要求，并将其付诸了实践，能够获得认可是人生中的一大幸事！我
感恩学术刊物编辑这一职业！

不忘初心
砥砺前行

《史学理论研究》编辑部　李桂芝

李桂芝，副研究员，博士，毕业于中国社会科学院研究生院，2002年进入中国社会科学院世界历史研究所《史学理论研究》编辑部工作，2019年转入历史理论研究所，继续担任《史学理论研究》编辑。

2002年，我硕士毕业即到《史学理论研究》编辑部工作，作为一名普通编辑，至今已经近20年。这期间既有初次审稿时的忐忑，也有初次校对时的"过度"谨慎与细致；既有评刊时被发现错误的尴尬和愧疚，也有遇到作者对编校质量感谢时的窃喜和满足；既有学术上的获益，亦有工作中的心酸和抱怨。如果让我重新选择，我想我依然愿意选择这一职业。就我个人而言，这个岗位虽平凡至极，但它给予了我开阔的视野、丰富的理论知识和从未宣之于口的内心的成就感。

学术期刊是发表科研文章的重要平台，是传播思想和文化、引导和掌握话语权的重要阵地，期刊在国家战略和科研体系中的重要地位不言而喻。中国社会科学院对期刊的定位是"核心竞争力"。编辑是期刊的实际工作者，承担初审稿件、编辑校对、与作者的沟通联系等具体的事务性工作，是科研体系中的重要一环，可以说，他们的工作最终决定着期刊编校质量，决定着期刊在学界的威望。因此，其重要性毋庸置疑。

作为中国社科院的期刊编辑，因为期刊含金量高，即使是一名普通编辑，你"掌握"着刊发文章的"生死大权"，一般也会受到院外学术团体特别的尊重。

但是，只有真正的编辑人员才会清醒地认识到这虽非假象，但也只是编辑身份的一个层面。回到我们的研究所，编辑普遍是一个略有些尴尬的存在，虽然认真完成了编辑部的各项工作，但如果没有科研成果，自己内心会极度焦虑，如果几年不出成果，更会有"低人一等"的感觉，这种感觉不仅常常存在于自己的内心，也存在于其他同事心中，而编辑可能又因为他人对自身科研能力的轻视，更加焦虑。如果没有发在核心期刊上的文章，即使编辑工作做得再出色，职称评定也几乎不可能。

所以，有时候你会搞不清自己的身份，是编辑？我认真完成了各项编辑工作，为什么别人要用科研人员的标准和体系来评价和衡量我呢？我的职业成就感和自豪感在哪里？如果必须用科研文章的数量来衡量我，为什么我要做编辑，把那么多时间和精力花费在与我不相关的文章上，为他人作嫁衣裳呢？专心做一个科研人员就好了，有能力多写，没能力少写，总归这些成果是自己的。我想，这些动摇、自我怀疑和压抑，不止我，很多普通编辑都会有，也因此科研人员不愿意做编辑，有些编辑也最终转为科研人员。

以我个人为例，因为《史学理论研究》是一个比较特殊的刊物，2019年从世界历史研究所转入历史理论研究所，从研究室的科研人员办刊变为编辑部的专职编辑办刊，我本人也从科研人员转为编辑人员，这种身份的转变伴随着激烈的思想斗争。可能在很多人看来，做编辑实际上就是在向他人公开承认自己科研能力的平庸，而我又不甘心如此"堕落"，于是选择折中方案，即依然坚守自己的研究序列。这一方面是因为我确实认为科研工作很重要，虽然能力有限，但依然不愿放弃；另一方面也是对内心尊严的一种护卫。

　　此外，普通编辑还面临自身编辑工作得不到正确对待的压力。中国社科院期刊实行编辑部三审制和匿名外审制，普通编辑的价值似乎在下降，更有甚者认为，普通编辑就类似于一个初筛的工具，一个只是修改错别字、和注释与标点符号较劲的编校技术工人。可以说，这是对普通编辑工作最大的误解。

　　编校工作实际上是一个非常复杂的工作，尤其对于我们这样以理论见长的刊物而言。查找错别字，纠正语句顺序，修改注释、标点符号等只是常规工作之一，更主要的工作是帮助作者找出和修正史实性错误、逻辑性错误，甚至是政治性错误。比如，某作者以中欧投资协定签订印证自己的观点，但是他没有留意这个协定被搁置了，用它来印证自己的观点就不合时宜了；某篇文章在涉及宗教问题时，某些说法与我国现行宗教政策有出入；某位作者引用他人观点，引用的话没有问题，但是他没有设定前提，那有可能不仅是学术性错误，甚至还会上升为政治性错误；某位作者将欧洲中世纪的诸多基督教哲人的名字完全按照新式音译法翻译，而不考虑约定俗成；等等。类似问题，可以说比比皆是。

　　一篇文章从初审到刊发，编辑和作者之间要进行少则几轮，多则十几轮的沟通，有些作者满怀感激，配合度满满；有些作者则不理解编辑如此精益求精地工作所求为何，将之归为"苛刻""吹毛求疵"。如果碰到粗心和不配合的作者，可能光修改注释就能让编辑苦不堪言，而这种痛苦外人是难以了解的，甚至即使说了，其他人也认为这就是编辑应该做的，有何可抱怨的。所以说，最终一篇文章的面世，蕴含了编辑的无穷心血，但是这样的付出大多是隐形的。做得好是应该，做得不好是工作不到位。所以，出刊后的担惊受怕不光主编有，普通编辑也有。因此，普通编辑普遍职业成就感偏低。

　　面对如此种种，有抱怨、有不满，我想是人之常情，但更多的是如何自处。如何找到编辑工作和未来发展的平衡点。编辑工作需要一定的奉献精神，毋庸置疑，但也并非完全是在单方面付出。编辑每年要审读、编校的稿子通常一两百万字，这些都是潜移默化的科研训练，工作做得越久你越会发现，编辑工作给你提供了开阔的视野，提高了你发现问题的能力。

《史学理论研究》这类理论性强的刊物还能增强你的理论素养。具备了这些能力，即使以后转为科研人员，写作上也会更顺畅，更有理论深度。因此，即使不立志做一辈子的编辑，在做编辑期间，认真地审读、认真地编校，以后也一定会受益匪浅。

此外，普通编辑还应保有"三心"。一是追求心。编辑工作是一项需要鉴赏力和敏感度的工作，因而一定要有自己的科研阵地，关注学科前沿，尽量做到编研结合、专博结合。以我们的刊物为例，刊物涵盖三方面内容：中国古代史、近现代史、世界史。其中，在中国古代史和世界史方面，无论从时间上还是从地域上来说，都十分宽泛，这就要求我们在成为某一领域的专家的同时，不只限于自己的专业，还要尽量成为一个博学家。各方面的知识都要尽可能地关注，如此，才能在工作中发现错误、改正错误。

二是责任心。一是对审读稿件和编校工作的责任心，二是有为国家科研培养青年的责任心和使命感。受社会大环境影响，大学追求发文数量，而期刊则追求所谓的排名、转载率、转引率。为此，各个期刊都在下大力气约稿。我想，力争刊发好文章是期刊的基本追求和使命，期刊有约稿是正常的，但如果大部分或全部都是约稿就是不正常的。一方面，堵塞了其他非著名学者发表文章的机会；另一方面，造成学术权力的垄断和滥用。青年是国家科研的未来，期刊应该不拘一格，不受职称、职位、学校的影响，以文章质量为第一标准，特别是对待青年学者和博士生的稿件，期刊编辑更应该帮助他们成长，《史学理论研究》在这方面一直都做得很好。陈启能研究员是《史学理论研究》的第一任主编，他扶持了很多当时的青年才俊，他们大多也成为今日史学理论研究的领军人物，和杂志也一直保持良好的关系。

所以，在审稿时，编辑在坚持学术质量为第一标准的前提下，应该给予青年学人更多的宽容和耐心，给予其修改的机会，而非简单地直接退稿。期刊的肯定，特别是高规格期刊的肯定，对他们的激励作用是无穷的。

有两位青年学子给我留下深刻印象。一位第一篇学术论文是博士期间在《史学理论研究》发表的，受到学界前辈的肯定和表扬，现在在朋友圈每日都能感受到他的学术热情和"啃"读原典的坚持；另一位是博士后出站前，因发文数量不够，在对自己的学术能力产生怀疑而迷茫时，其文章经过七八轮修改最终在我们杂志刊发后，她重新找回学术自信，并在今后的学术道路上有了不错的发展。

所以我认为，即便中国社会科学院刊物面对各高校和其他研究院所期刊的竞争压力，也应摒弃学界不良的浮躁风气，不能只追求一时的成就，而应眼光长远，有为国家谋利益的责任感和使命感，一定为年轻学者留有一定的空间，在其论文质量符合标准时不能求全责备，应允许他们有成长的空间。我想，这也是中国社会科学院学术定位和政治定位应有之义。

三是平常心。坚守初心，以平常心看待自己的付出，以平常心看待手中的"权力"。

最后，希望中国也能像美国历史学家协会的戴维·西伦 ① 奖那样，哪天也出现一个类似的以某位期刊编辑命名的奖项，以表彰他在推动中国学术发展方面做出的贡献。我想那将是对所有期刊编辑人员工作最大的认可和鼓舞。

---

① 戴维·西伦，1985~1999 年担任《美国历史杂志》编辑。

# 多彩艰辛探索之旅

《经济研究》编辑部　金成武

金成武，副研究员，博士，毕业于中国社会科学院研究生院，2002 年进入中国社会科学院经济研究所《经济研究》编辑部工作，现为《经济研究》编辑部主任。

2002 年 7 月，我研究生毕业后，人生第一份工作就是来《经济研究》编辑部做编辑。19 年过去了，我现在仍然在这里做编辑。

最开始来《经济研究》时，觉得编辑工作相比研究工作与教学工作，还是比较简单的，这应该也是目前许多人特别是研究人员与教学人员先验的想法。很容易也很普遍想到的是，编辑工作最重要的是要更细心与更耐心，此外，要有更多的语文与逻辑方面的能力。至于责任心，无论什么工作，都是需要责任心的。随着工作经历的丰富，我逐渐感到，编辑工作需要的能力与态度远远不止于此。

首先，做学术期刊的编辑，不能把兴趣与专业知识只局限在自己原先擅长的领域。《经济研究》是经济学领域理论类综合型期刊，需要面对经济学领域内各个细分学科或专业的稿件，并且经常是相当具有学术造诣的稿件。做好《经济研究》的编辑，虽然无法做到在各方面都专而精，但是必须做到博而通。具体来说，就是要不停地改造或更新自己的知识背景，从更一般、更底层的经济学思想或理论去理解各类稿件，虽然不能说（也几乎不可能）读懂每篇稿件的每处细节，但是各稿件的大的逻辑框架与关键依据和结论，是需要清楚把握的。编辑不能因为自己对某学科或专业的陌生，而不愿意甚至惧怕去花时间理解相关稿件的内容、熟悉相关的研究主题。对于专职研究人员，关注的问题不集中，可谓大忌。但对于编辑人员，特别是综合型期刊的编辑人员，必须对大量问题感兴趣，哪怕是自己曾经很厌烦与轻视的问题。关注一个问题，从而更好地理解研究该问题的稿件，就必须自觉地去阅读一些相关的经典文献。对于这些文献，不敢求自己有多么精透，但还是要了解其基本的思想与观点，特别是在该问题研究历史中的地位。需要指出的是，这种"广散精力"并不能简单地说成"强人所难"，经济学（其他学科本人并不熟悉相关情况）这门学科的一大特点是底层理论体系的一致性，也就是无论哪个子学科，都会涉及经济学的基本概念与原理。这样，是否把精力放在多个问题上，主要是编辑人员的意愿问题而非能力问题。不难判断，在许多有研究追求的编辑人员看来，从经济学上来说（将经济学用于自身），把自己的精力分散到各处，经常是"得不偿失"的，这至少不利于在既定专业领域内、在较短的时间内做出较高质量的成果。然而，这里就涉及编辑人员的"职业精神"了。从研究成果上说，有研究能力并愿意从事研究的编辑人员，其编辑工作主要是"成全"别人的研究工作，但不能或不能直接"成全"自己的研究工作，这可以说是一种牺牲（经济学里的"机会成本"）。但是，一个优秀的编辑人员，这种牺牲又是必需的。如果这种牺牲不能在机制上有所补偿而形成激励，那么可想而知的结果就是，编辑队伍及其工作状态的不稳定。特别是那些"付出相同时间与精力，研究成果比编辑成果个人收益更大"的编辑人员，他们留在编辑岗位的意愿以及投入编辑工作的精力与时间是很容易打折扣的，并且这种折扣并不容易立竿见影地观测到。如何留住优秀的编辑人员，让他们自觉、自愿地把主要精力放在编辑工作上、放在提高自身编辑能力上，是个长期的机制问题。

其次，做学术期刊的编辑，需要掌握和拥有大量非经济学的专业知识与能力。以语言与逻辑能力为例，表面上看，每个人拥有的能力应对日常生活足够了，但对于学术期刊编辑工作来说，这种能力必须不断地提升。学科的演进，会不断伴随新的概念与新的命题，它们的表述及内在逻辑关系，是编辑人员必须"与时俱进"熟悉的，稍有不慎就会"跟不上时代"，以致出现文字与逻辑上的失误，甚至形式上只是一个字或一个符号的疏漏，所表达的意义则可能完全相反，所谓"失之毫厘，谬以千里"。这种能力的提升，不单是知识存量结构的变化，主要是存量的单调增加，也就是，新能力的增加，并不是舍弃或忽略旧能力的理由，新旧能力都会在未来编辑工作中用得上。

政策法规的学习与判断能力，亦是编辑人员必须掌握的硬实力。中国作为一个发展中国家，社会经济不断发展变化，各种政策法规也不断随着形势而变化，甚至发生极为重大的变化。编辑人员必须熟悉大量的重要政策法规的演变史，编辑工作中要能判断稿件中的各部分内容是就哪个时期的政策法规而言的，是否符合当时与现时的政策法规。平心而论，就笔者的经历而言，不少作者并不很熟悉与自己研究相关的政策法规的演进，特别是不能精确掌握相关文件中的表述，似是而非、不按原文的表述大量存在。编辑人员在这方面必须有自己的判断力，而这种判断力来自自己长期自觉"跟踪"各种相关文件的出台及内容上的变化。同时，必须指出的是，政策法规方面的失误对期刊可能是致命的，编辑人员在这方面的认真与努力，责无旁贷。

文献检索与对比能力，可以说是不同时代编辑人员的跨时空交流能力。学术文章必然大量涉及以往各类文献的引用。而在文献引用上经常遇到历史上的版本更新、所载媒体变化以及多语言转译等极其繁复却不得不认真对待的情况。编辑人员必须对稿件中的文献引用有足够的鉴别与把握能力，而这种能力的基础就是，事先培养强大的文献检索与对比能力。为了一个字乃至一个标点符号而"大海捞针"式地搜寻原著、原文，付出大量时间与精力，是太过平常的事，这亦是编辑人员的素质。在这种工作中，编辑们可以体会到编辑前辈们的思想、原则、态度与能力，仿佛在与前辈们沟通，因为所检索到的文献，绝大部分还是离不开编辑前辈们的编辑加工。也许有人说，这种工作应该交给作者。交给作者是不错的，但即使作者做了，编辑人员还是要把关的。作者所做的文献来源说明及原文引用是否可靠、权威，是否合乎学术规范，仍是编辑人员需要事后认真核验的。而且，无论怎样，其间与作者的互动，经常是要反复几轮并花费不少时间的。编辑人员自己掌握文献检索与对比能力，自己清楚相关文献历史上的各种变化或更新，本质上是提高相关工作的效率，节约个人的时间。编辑人员与作者们在这方面的区别是，编辑人员要掌握各领域、各方面的文献检索与对比能力，也就要比单一作者付出更多的心血。

以上这些能力，只是管中窥豹式地说出来，其实各种能力远不止于此。这些能力都是"奉献精神"的能力。如果机制上的激励不足，许多能力表面上就会让人感觉"望尘莫及"——其实大概率是"非不能也，而无愿也"。

最后，做学术期刊的编辑，要接受社交能力的考验。本来，学术期刊都有自己的定位与取向，从而有自己的评审与选择稿件的标准。然而，目前各高校及科研机构都会把指定期刊上的发表情况作为本单位工作人员的评价标准，这就给学术期刊的工作带来外部冲击。

第一，学术期刊的作者群主要还是高校及科研机构的工作者，他们的研究与写作情况，反过来也会影响期刊的发表及评价情况。众所周知，影响因子离不开"所发表文章对所发表文章的引用"，当某类研究如果有庞大的作者群，该类研究的成果在各类期刊上投稿的比重也就更大，其发表的比重也就可能更大，同时由于同类研究内的参考与引用，此类成果的引用频次也就可能更多，出于对影响因子的追求，许多期刊也就更愿意发表此类成果，而这会形成"正反馈（循环）"的结果，于是更多期刊更愿意发表此类成果。一些不利于影响因子的"小众"或"冷门"研究成果，就可能不是许多期刊愿意发表的。此外，通常所谓影响因子是2年影响因子，这种指标很看重文章发表后较短时期内的引用情况，而许多具有重大且深远意义的研究，有可能在更长的时期才显现其学术价值，但对影响因子的追求，可能让大量学术期刊忽视这类研究。

第二，作者的学术评价几乎被本单位的"期刊目录"所规定，而这种评价又直接与作者的待遇和职业前程挂钩。于是，在指定期刊上发表文章成为众多作者的压力，这种压力则会通过各种方式传递到期刊编辑上。显而易见的是，没有谁愿意接受拒稿的现实，而且作者们基本此时都认为自己研究成果的价值没有被发现。于是，他们经常想尽办法要与编辑们交流一下，说明自己文章的价值，不该被拒稿。这就对编辑人员的个人素质提出了更多更高的要求。

其一，编辑人员要对人情世故、生活冷暖有充分的认知，要懂得许多心理学知识。因为，此时许多与作者的交流，首先是一个心理疏导的问题。作者有着各种专业背景，也有着各种社会地位、职务、职称，还有着自己的地域文化，编辑们只能就每位作者的具体情况来具体与他们交流。这是一个难度甚至专业技术含量极高的工作，也需要编辑们长期的工作经验积累。

其二，编辑人员要从整体上理解每篇文章的具体情况，要让作者明白自己稿件的缺陷或不适合期刊之处在哪里。这亦是对编辑人员专业知识的广博度提出了要求。作者与编辑交流时，经常会自然地（当然并不切实际）假设编辑与自己是同专业背景的，至少是应该熟悉同专业知识的。当每位作者都这么想时，就会汇聚成对编辑人员的强大而又综合的要求。如何将各种领域的文章结合审稿人意见，向作者传达专业性的意见，是编辑人员不可回避的问题。

其三，编辑人员要自觉抵制各种诱惑、缓解各种压力，须知自己处在一个高风险的环境中。毋庸讳言，不排除作者们的压力会转化为对编辑们的诱惑与压力，编辑们其实时时刻刻都在接受各种考验，甚至可以说每一步都走在深渊边的峭壁小径上，稍有不慎，就会失足而无后悔的机会。

综合以上而言，学术期刊其实对编辑的个人素质提出了非常具体、非常广泛又非常高端的种种要求。相同职级下，对编辑的要求要远远多于、远远高于、远远广于对研究人员的要求。培养一位好编辑，其实比培养一位好研究员更复杂、更困难、更耗时间。然而，编辑人员被要求的种种素质，大部分并不能直接像研究人员那样量化到某一套易于观测的指标体系中，也就不能以此获得相应的收益上的激励。编辑之路确实是多彩的，可以领略太多学术成就与世间百态，但也可以尝尽人间冷暖甘苦。编辑工作是一场艰苦的修行，内心要有对学术与道德的追求和对政策与法规的坚守，面对外部的诱惑、压力与不确定性，还要平静而熟练地处之应之。

《经济学动态》编辑部　李仁贵

# 我的编研结合之路

李仁贵，编审，博士，1988年中国人民大学研究生毕业后进入中国社会科学院经济研究所工作，最初入职于《经济学译丛》编辑部，1990年起就职于《经济学动态》编辑部至今，现为《经济学动态》编辑部副主任。

　　1988年我于中国人民大学研究生毕业后入职中国社会科学院经济研究所，最初就职《经济学译丛》编辑部。1990年，随刊物调整至《经济学动态》编辑部，至今已从事学术期刊编辑工作30余年。

　　入职之初，经济研究所主办的刊物众多，主要有《经济研究》《经济学动态》《经济学译丛》《中国经济史研究》，此外还办有两份内刊《经济研究资料》《经济文献信息》。不久，《经济学译丛》被并入《经济学动态》。当时采取的整合方式是，对《经济学动态》进行扩版，扩充的版面用于开辟"外论摘译"专栏，使其兼有《经济学译丛》的刊物风格。但随着我国于1992年加入《伯尔尼公约》，译文专栏因涉及复杂的版权程序而停办。与此同时，两份内部刊物也陆续停办，因而经济研究所形成了《经济研究》

《经济学动态》《中国经济史研究》"三驾马车"的办刊格局。

《经济学动态》创刊于 1960 年，"文革"期间一度停办，1977 年复刊。刊物在较长一段时期内的基本定位是：既要反映国内经济理论动态和现实经济发展问题，又要跟踪国外的最新经济理论动态和经济政策实践。因而，编辑部内部主要按"国内经济理论动态"和"国外经济理论动态"编辑业务分为两大组。我随《经济学译丛》编辑部并入《经济学动态》编辑部后，考虑到编辑工作的延续性，选择了国外经济理论动态编辑组。

入职之时还属于传统纸媒占主导地位的时期，甚至刊物还沿用铅字排版印刷。人们获取信息资源的渠道比较有限，而了解国外经济理论动态的渠道更是寥寥无几。《经济学动态》根据其刊物定位与分工，除了承担学术交流平台的功能，更多地侧重于信息传播窗口的功能。鉴于国内经济学期刊大多定位于中国现实经济问题研究的状况，《经济学动态》则通常以较大篇幅报道国外经济理论动态，因此，在传统的纸媒时代，刊物自然成为学界了解国外经济理论前沿的重要窗口。作为重要的信息传播窗口，刊物除从来稿中筛选和录用相关稿件外，编辑部也需适时策划重要选题，并就相关选题进行组稿或约稿。实际上，为体现刊物的学术前沿特色，相较于从来稿中选稿和审稿，选题策划显得尤为重要。当然，选题策划工作应建立在一定的学术研究基础之上，因而能更好地体现科研与编辑工作的合二为一。

就国外经济理论动态而言，最受学界关注的热点无疑首推每年一度的诺贝尔经济学奖，对获奖者及其学术贡献进行解读自然成为《经济学动态》的惯例。然而，令当时学界非常困惑的问题是，每当诺贝尔经济学奖揭晓，获奖者及其学术贡献大多并不为国内学者所熟悉，有时甚至连获奖者的名字也知之甚少。只是在奖项揭晓之后，陆续才有国内学者对获奖者及其学术成就进行事后研究，因而刊物也是被动地对其进行事后报道。其实，《经济学动态》一直对国外著名经济学家有所关注，复刊初期就开辟了"经济学家评介"专栏，尤其是，编辑部曾组织国内学者编撰了《当代外国著名经济学家》《当代外国著名经济学家续编》（中国社会科学出版社 1984 年版、1988 年版）两部著作，集中评介了 130 多位国外经济学家。令人遗憾的是，后来所揭晓的获奖者却无一出自这些经济学家之列。面对学界关于诺贝尔经济学奖的这一困惑，同时也是出于编辑业务的需要，我开始思索诺贝尔经济学奖授奖是否存在一定规律这一问题，并由此开始了关于诺贝尔经济学奖预测分析的工作。

从事诺贝尔经济学奖的预测分析工作其实是了解国外经济理论动态的一种行之有效的途径。事实上，为了探讨诺贝尔经济学奖的授奖规律，首先要求对历届诺贝尔经济学奖得主及其获奖成就均有一定程度的了解，才能据此通过对比分析找到获奖者之间共同的基本特征，同时也需要及时追踪最新的诺贝尔经济学奖的动态，以便及时了解授奖风格上的变化。为了能够比较准确地对未来的诺贝尔经济学奖进行预测分析，更需要全面、系统地把握当代"重要经济学家"的总体状况，并从中鉴别出具有竞争力的潜在诺贝尔奖得主。鉴于并无现成的重要经济学家名录可资参考，我考虑到应考察各类重要的经济学团体或学术机构颁发的重要荣誉或著名奖项，或者重要科学院授予的经济学院士或外籍院士，以及经济学家被引证频率排行榜等相关信息，从中进行对比分析和综合研究。此外，还需要综合考察诺贝尔奖评委会近期可能关注的热门经济学研究领域，以及各种社会、政治等因素的影响。所有这些学术探讨均属于国外经济理论动态关注和研究的范畴。不仅如此，由于在传统纸媒时代，有关当代重要经济学家的相关信息大多无法直接获取，需要查阅大量外文书刊资料进行考证，及时关注外文经济学书刊最新动态也是直接了解和把握国外经济理论前沿的重要途径。

当然，对于诺贝尔经济学奖的预测分析也是一项具有编研结合性质的研究课题。从组稿的角度来看，通过寻找诺贝尔经济学奖的授奖规律，并据此对未来的获奖者做出预测分析，可以提前组织相关学者对潜在获奖者及其学术成就进行事先研究，并在刊物上对潜在的获奖者予以提前报道。而且，由于选题不再局限于实际的诺贝尔奖得主，而是将其拓展到更广的潜在获奖者范围，刊物因此可以更全面地反映国外经济学界的新近理论发展动态。从审稿的角度来看，通过从事诺贝尔经济学奖的预测分析这项研究工作，可以进一步加深对当代经济理论前沿的全方位了解和掌握的程度，并提高对国外经济理论动态稿件理论水平和学术价值的鉴别能力。

　　我最早发表的有关诺贝尔经济学奖预测的论文是《理性预期诺贝尔经济学奖》(《经济学动态》1996年第9期)。该文随后进行了两次补充和完善,最初以《超越诺贝尔经济学奖的视野》为题,作为主编的《挑战诺贝尔奖的经济学大师们》(中国经济出版社2001年版)一书的"代序",随后又以《谁将摘取诺贝尔经济学奖桂冠》为题,作为《诺贝尔奖经济学家学术传略》(广东经济出版社2002年版)一书的"跋"。历经多年的实践检验,当年归纳总结的诺贝尔经济学奖授奖规律至今依然成立,尤其是,在《谁将摘取诺贝尔经济学奖桂冠》一文所预测的70位潜在诺贝尔经济学奖得主名单中,截至目前已有20位经济学家获奖。而且可以预见,随后还将陆续有诺贝尔经济学奖得主出自该名单。当然,鉴于诺贝尔奖的授奖原则是奖励"特定成就"而非奖励"杰出人物",因此,还有必要从获奖成就的角度对诺贝尔经济学奖进行预测分析。我所发表的《从诺贝尔奖百年论坛看诺贝尔经济学奖颁奖趋势》(《经济学动态》2002年第9期)就是从获奖领域的角度预测行为与实验经济学可能问鼎诺贝尔经济学奖,而当年的颁奖结果很快印证了这一事先判断。

　　我于2000年开始负责主持刊物国外经济理论动态版面的组稿与发稿工作,自此,以对诺贝尔经济学奖所做的预测分析为基础,陆续推出了"潜在诺贝尔经济学奖得主学术贡献评介系列"专题论文。自该系列专题论文推出以来,共计有30多位诺贝尔经济学奖得主及其学术贡献均在其获奖前被提前报道或预先组稿,占这一期间实际获奖者人数的近九成。与此同时,我也从潜在的获奖成就角度,先后组稿刊发了行为与实验经济学、实际经济周期理论、机制设计理论、职业搜寻理论、新贸易理论、新经济地理学、新增长理论、新规制经济学、气候变化经济学等专题评论文章,所评介的经济理论成就与随后颁发的诺贝尔经济学奖获奖成就基本吻合。自从潜在诺贝尔经济学奖研究系列文章推出以来,学界已逐渐不再对每年的诺贝尔经济学奖得主及其获奖成就感到陌生。不仅如此,通过这个窗口,学界还可以据此了解更多能媲美诺贝尔奖得主的重要经济学家及其学术成就,即便他们仍未获奖甚或与诺贝尔奖失之交臂。

  非常巧合的是,《谁将摘取诺贝尔经济学奖桂冠》一文于 2002 年推出之后,据称是"使用量化数据来预测诺贝尔奖得主的唯一机构"的汤森科技信息集团,即后来的汤森路透集团或现在的科睿唯安公司,也从 2002 年开始,每年在诺贝尔奖颁奖前夕通过官网发布具有"诺贝尔奖风向标"性质的"引文桂冠奖",具体包括与诺贝尔科学奖和经济学奖相对应的生理学或医学奖、物理学奖、化学奖、经济学奖四个奖项,以便预测"当年及未来"的诺贝尔奖。截至 2020 年,共计有 87 位经济学家入选"引文桂冠奖"名录。但即便已有"引文桂冠奖"名录可供参考,并且截至 2020 年已有 19 位"引文桂冠奖"入选者获得诺贝尔经济学奖,该名录也只能作为预测诺贝尔经济学奖的参考依据之一,并且尚有许多值得商榷之处,事实上,已有不少获奖者超出了"引文桂冠奖"的范围。为此,我依据诺贝尔经济学奖授奖规律所从事的诺贝尔奖预测分析工作依然具有学术价值,对此,我在《从引文桂冠经济学奖到诺贝尔经济学奖》(《经济学动态》2016 年第 11 期)一文中也进行了讨论。

  随着互联网的发展,人们获取信息的渠道更加便捷和多元化,刊物作为信息传播媒介的功能已大大减弱。为此,《经济学动态》的期刊风格也相应有所调整,强化了其作为学术研究交流平台的功能,弱化了作为学术动态传播窗口的功能。就国外经济理论动态版面而言,则更进一步强化了其对国外经济理论动态的深度解读。然而,诺贝尔经济学奖作为经济学前沿的风向标,仍然受到刊物的重点关注,而潜在诺贝尔经济学奖得主研究系列更成为刊物的特色选题。

  一位称职的编辑必须做到亦编亦研,编研相长,相辅相成,相得益彰。然而,编研之间难免存在着一定的矛盾,主要表现为:编辑工作要求涉猎领域"广博",学术研究则要求研究问题"专深",二者间很难协调统一。为此,我结合所从事的国外经济理论动态编辑工作的特点,尝试通过带有编研结合特点的诺贝尔经济学奖的预测分析工作,在一定程度上达到了编辑业务与研究工作的相对统一。虽然,每种刊物各有其特定的分工和定位,但作为学术期刊的编辑,若能结合刊物的专业分工特点,从事相关专业领域的学术研究,也可实现以编助研、以研益编的良性循环。

# 编辑还能为学术界做点什么

《中国经济史研究》编辑部 高超群

高超群，研究员，毕业于北京大学，1995年进入中国社会科学院经济研究所工作，同年进入《中国经济史研究》编辑部，现为《中国经济史研究》编辑部主任。

1995年，我从学校毕业后到《中国经济史研究》编辑部工作。转眼20多年过去了，我也从编辑"小白"成了"老编辑"。从进编辑部的大门开始，前辈老师就一再教育我，"编辑要有奉献精神，甘做绿叶""这是个为别人作嫁衣裳的工作"。好心的老师还私下叮嘱我："一定不要放下自己的研究，否则将来会吃亏。"平心而论，20多年来的从业经历佐证了前辈们的好心叮嘱是有道理的。在中国社科院这样以研究工作为重心的单位，编辑多少有些吃亏，不只在职称评定上如此。由于大部分的考核指标最终都是落实到个人头上，考核方法也越来越量化，而编辑的工作是团队作业，其成效很难量化。而且，以研究工作为对象的考核制度，主要衡量的是工作的创新性（不仅是机构的考核标准，还包括周围同事、学界同行的口碑评价），而编辑工作最重要的不是创新（虽然也有一些栏目、选题、设计等方面的创新），而是避免犯错。因此，编辑耗费大量时间、心血的工作，往往是默默无闻，不被"发现""看见"的。这是编辑的职业生涯中，最常见的"不平"。自己所从事职业的专业能力不被认可，这就意味着越努力，边际效益越小，也就是"内卷"。

不过，和所有的职业一样，编辑这行有利也有弊，有吃亏的地方，也有"占便宜"的地方。

## 一、在编辑中学习

在编辑工作中，我最大的收获是"学习"。作为编辑，审稿、责编、校对是日常工作。我在编辑部负责中国近代经济史领域，要完成初审工作，对稿件的学术价值、质量进行初步判断，就不得不了解相关领域的研究进展、资料情况、方法和理论的运用情况等，就近代经济史而言，会涉及财政、工业化、贸易、金融、企业、经济地理、区域经济、市场体系等。在校对时，还要对杂志所刊登的并非自己研究领域的论文（对我而言，比如古代、现代经济史或者经济思想史）进行认真仔细的阅读。这种长期大量"强制性"地精读文献的"机会"，是一般专业的研究者很少有的。我本人是研究近代中国企业史的，在这个领域之外，即便是近代经济史的研究论文，如果不是作为编辑，几乎很少会花时间去认真研读。责编稿件，需要深入论文的框架结构、论证逻辑、资料引用、文字注释等细节方面，消除所有错误、不合理和容易引起误解的地方。一期杂志做下来，有的文章会读上四五遍。除此之外，外审专家和作者关于稿件修改来回沟通交流，有可能会更加深入地触及该领域的难点、创新点，或者争议的核心焦点，编辑不仅要理解他们讨论和交流的关键问题，还要形成自己的判断。

虽然《中国经济史研究》是一本专门史的专业刊物，领域已经比较集中了，但在中国经济史领域，还分为古代、近代、现代、思想史等不同的研究领域，它们分属于不同的学术共同体，相互之间在基本问题、核心研究范式和研究方法上存在较大差别。很少有研究者能同时熟悉这些不同的领域。我常常反思，20多年来，这些"不务正业"的阅读，除了满足我的知识兴趣之外，究竟给我带来了什么？首先想到的是，对自己研究工作的帮助。比如，开阔了视野，能把握住关键的研究前沿，对于选题、研究视角的选择都会有潜移默化的帮助；自己写论文的时候，也会更加注意结构、规范等问题。不过，客观地说，这些帮助是比较间接的，在研究和写作实践中，很难真正用得上。毕竟"吃猪肉"和"看猪跑"不是一回事。从实际结果也能看出这种区别：很少有好的研究者是编辑出身，或者正在从事编辑工作。而且，编辑工作还会影响研究工作。首先是时间、精力的牵扯。其次，编辑、刊发的论文是经过精心挑选的，一般来说水平较高，这也会给编辑的研究、写作带来压力，"眼高手低"的现象在编辑中很常见。编辑们能迅速捕捉到别人研究中存在的问题和应该提高的地方，但自己真正出手时却往往还达不到别人的水准，让同行，特别是让自己很失望。久而久之，编辑就会对研究、写作失去兴趣和信心，不无遗憾地放下自己的专业和研究。因此，在我看来，编辑工作对于研究的帮助是有限的，仅仅是理论上的，要成为现实，还需要在多个环节更加努力，去克服额外的束缚和限制。那么编辑所掌握的这些知识和技能，是否就是没有价值的呢？我认为恰恰相反。

## 二、编辑还能干什么

我们先来看看编辑掌握了哪些独特的知识和技能，就我个人有限的经验来看，我认为或许可以归纳为以下几个方面。第一，广阔的学术视野。由于职业需要，编辑往往对本学科多个研究领域都有所涉猎，虽然未必都有很精深的研究，但对于相关领域的研究前沿、深度，以及正在从事相关领域研究的较为重要的学者、团队都有较为精准的了解和把握。第二，准确的学术判断力。编辑的职业特性之一就是挑选稿件。对于一篇稿件，其有何可取之处？存在哪些方面的缺陷和问题？如何改进？对于现有研究能否有所贡献？这都是在审稿过程中不断面对、时时讨论、思考乃至和编辑部同人争辩的问题。长期的磨炼，自然会使编辑的学术判断力比一般的学者要更为敏锐、准确。第三，较少的学科、专业领域偏见。这种学术态度对于交叉学科，或者跨学科的研究来说尤其重要。中国经济史研究就是一个多学科研究的领域，有历史学、经济学、社会学，有时还会有管理学、人类学的学者涉足。不同的学科背景，有着不同的问题预设、研究方法和基本规范，而不同学科之间，往往存在较高的"门槛"和明显的畛域，沟通和了解的成本很高。但编辑为了判断这些稿件的质量和水平，势必要对相应的学科有所了解、和相关的学者有所接触，这样才能更好地理解这些论文，因此，他们多会在学科之间持一种更开放和包容的态度。

对于学术共同体而言，编辑的这些知识和技能，也就是我们通常所说的学术鉴赏力和学术判断力，是非常稀缺的能力，学术界几乎没有其他职业像编辑这样，专门训练和培养这些能力。那么，这些"闲置资源"能够提供什么服务呢？

理论上来说，研究项目的评估、学术成果的鉴定，是学术生产体系中最重要的环节之一。目前，各个机构大多委托著名专家、学者来完成，这样做可以保证评估、鉴定结果的权威性，让别人不好非议。不过，这种做法也有一些弊端。我们知道学术评价与学术研究虽然有相通之处，但本质上是两回事。学术研究需要在一个专业领域长期耕耘、心无旁骛，富于创新精神，力求完美。学术评价则需要对于多个学术领域有所了解，而且熟悉这些领域的研究前沿，并善于从评价对象中发掘出闪光点和贡献之处，特别是不能有过强的专业偏见。此外，给评估和鉴定对象提出可行的、建设性的意见，对于项目的顺利完成、成果质量的提高，也具有重要意义。在现实中，我们常常见到有的专家虽然在自己的专业领域成就卓著，但其实并不适合从事评估和鉴定工作。他们勉为其难地承担此类工作，无形中增加了他们的负担，也在客观上影响了评估和鉴定的严肃性和客观性。

评估和鉴定这类工作与编辑的日常工作有高度重合，或者说，编辑长年累月积累的知识和技能在这些工作中得到充分发挥。因此，如果评估和鉴定工作有较为资深的编辑参与，会是一个双赢的局面，既可以使这些资源不被浪费，也可以改善评估和鉴定工作。除此之外，一般来说，由于编辑与学术界的师承、机构、学派关系较为疏离，也没有太深的利益瓜葛，他们的参与也能提高鉴定和评估结果的公正性。遗憾的是，由于各种各样的原因，目前我们还很少看到编辑或者编辑部参与评估和鉴定工作。一代一代编辑积累的这些知识经验，随着他们退休都消散在风中，令人痛惜。

20多年的从业经历，使我对编辑这份工作由懵懂无知到逐渐熟悉，并产生了感情，同时也深感这份工作给予我的要远远多于我的付出。如何更好地完成自己的工作，发挥自己的作用，提高业务能力，是我常常思考的问题，也是和年轻的、刚入门的编辑讨论他们的职业前景时，不时要面对的问题。以上是我思考的一点心得，一孔之见，肯定有不少偏颇之处，仅供同行参考，批评指正。

《中国工业经济》编辑部　王燕梅

我在《中国工业经济》做编辑

王燕梅，编审，博士，毕业于中国社会科学院研究生院，1998年进入中国社会科学院工业经济研究所《中国工业经济》编辑部工作至今，现为《中国工业经济》编辑部主任。

　　我1998年硕士毕业到中国社会科学院工业经济研究所工作，报到后直接就进入了《中国工业经济》编辑部，不知不觉地在一个部门干了20多年。变化都是一点点发生的，当时不容易体会到，但是当有一个契机回望走过的路，还是会有穿越时光隧道的感觉：恍然，已经走过了这么多年。

## 一、时光积淀下的传承与改变

　　我刚进编辑部的时候，工业经济研究所还在月坛北小街2号院2号楼，那是一个"U"字形的4层楼，有老旧但宽阔的楼梯和木质扶栏，楼门朝北，有东西两翼。《中国工业经济》编辑部就在4层东翼最北的两间房。我的办公桌在东面的那间，同一办公室的还有卢世琛老师和两位编务大姐。卢老师自然成了我的领路人，我很快就做上了责任编辑，名字也写在了文章末尾的右下角。编校稿件之外，卢老师还经常带我骑上自行车去约稿，我们去过当时还在府右街的国务院发展研究中心，也去过1998年国务院机构改革后成立的国家煤炭工业局、纺织工业局、冶金工业局。

约稿对象反映了当时的作者群和读者群。如果把20世纪90年代末期作为一个截面，20多年后的今天作为另一个截面，两相比较，就会发现作者、读者以及文章内容风格的改变非常之大。当时的文章以反映中国工业经济的现实问题为主，现状、问题、对策的三段论结构最为常见，用现在的眼光看会感觉"学术"不强，但是非常"接地气"。文章题目中虽然也有"实证分析"，如《安徽省所有制结构效益的实证分析》等，但基本上都是用数据直观反映和解释现状，甚至连表格也没有。作者中不乏大学教师，但国家各工业部门的研究机构、各地社科院是重要作者来源。当时的不少作者目前仍然活跃在学术圈，并且已经成为学术大家。一些作者发表第一篇论文的时候还是博士研究生，后来走上了职业学者的道路，成长为副教授、教授。

相对而言，编校流程中有较多的传统保留了下来。由于当时还没有外审制度，来稿主要在编辑部内部挑选，编校流程相对更为紧凑。作者通过邮局寄来稿件，编务负责拆信封、整理稿件并交给编辑部主任，编辑部主任做初步筛选后分给编辑。编辑部每周开一次审稿会，确定每篇论文的去向，讨论挑选出来的稿件存在的问题以及修改建议，这一制度目前仍然保留了下来。审稿会之后，责任编辑联系作者修改，可能改一遍，也可能需要几次来回，编辑与作者之间就这样渐渐建立起联系。随着这些作者的成长，他们也成为期刊的忠实作者、读者，以及建立外审制度后的审稿人，成为一本"有历史"的期刊的宝贵资源。

作为新入职的小编辑，约稿的事情还不用我操心。我主要的工作就是挑选来稿、联系作者修改以及润色文字，甚至直接动手删改文章。虽然是理工科出身，但自己的文字功底还是不错的，记得有一次郭克莎老师还表达过"你删改我放心"之意，"放权"让我放心大胆地改，也算是激发了我职业生涯里小小的自豪感。

还有一个明显的变化是期刊的面貌。1998 年的《中国工业经济》已经是月刊，但每期只有 80 页，每篇文章也就 3~5 页，所以每期会有十六七篇文章。在此之后，期刊不断扩版，2008 年总页数增加到 160 页，2017 年增加到 196 页；单篇的篇幅也不断增加，2015 年还是 13 页左右，目前已经是 18~19 页。这种变化也与同期中国经济学、管理学学术期刊发展变化的大势相一致，在期刊不断扩版的情况下，发文量下降，单篇论文更加趋于厚重化。

## 二、学术期刊的使命回归与践行

《中国工业经济》创刊于 1984 年，主管单位为中国社会科学院工业经济研究所。工业经济研究所自建所以来就高度强调理论联系实际的治学风格，由首任所长马洪曾提出，工业经济研究所的研究要与大学有所区别，以任务带学科，从问题出发而不是从原理出发，既要有理论功底，又要有对实践的研究和分析能力。对此，我作为初入职的年轻编辑感受并不是很深，又由于当时的文章都极其"接地气"，所以对理论联系实际的理解还停留在文章内容层面，并没有上升到办刊理念的高度。

2013 年前后，院属学术期刊实行"五统一"制度，为期刊集中精力回归学术提供了制度保障。"统一经费、统一印制、统一发行"使杂志社的功能向编辑部收缩，不再需要经营创收和印制发行，编辑部的任务向学术期刊的基本功能，即向提高内容质量回归。在此背景下，编辑部开始更多地思考为什么办刊？办刊是为了服务于时代、国家、社会、人民，服务于中华民族伟大复兴和全面建设社会主义现代化国家，服务于构建中国特色哲学社会科学"三大体系"。当时的编辑部主任李海舰老师提出了"致力中国本土理论构建，引领学术领域'中国创造'"的办刊理念。

在明确的办刊理念下，近几年编辑部把提供高质量内容进一步具体化为"以更高效率提供更好的知识产品并推动学术发展"。"更高效率"来源于编辑的责任心、编校制度、新技术的应用；"提供更好的知识产品""推动更好的学术发展"是指通过编辑部提供的多元化产品，推动中国经济学、管理学做扎实的研究、做有用的研究。

为践行办刊理念，坚持正确的办刊方向，编辑部近几年持续对内加强制度建设，对外加强多渠道学术平台建设。第一，坚守意识形态底线、学术道德底线。提出"三大评价"（"政治评价""道德评价"和"学术评价"）的论文评审基本原则；高度重视期刊在意识形态阵地方面的责任，坚持问题导向，服务于"三大体系"建设，坚决反对学术不端。第二，立足于现实性、规范性以及创新性，不懈追求学术质量，高度关注时代选题。第三，严格把控编校质量，编制了《编校手册》，实施"六审七校"制度。第四，不断开发新渠道，大力传播学术成果。通过官方网站、中国知网以及微信公众号及时发布最新论文及论文观点精粹。第五，推动学术发展和良好学术生态的形成。《中国工业经济》的"两个公开"——公开论文原始数据和程序、公开部分论文评议过程，开国内中文经济学、管理学期刊之先河；构建了由学科会议和专题会议组成的学术会议矩阵，学科会议目前有"应用经济学高端前沿论坛""管理学高端前沿论坛""发展经济学论坛""产业经济学论坛"，专题会议及时回应经济重大问题、热点难点问题。

制度建设中最重要的内容是双向匿名审稿制度。我们的双向匿名审稿制度确实起步较晚，但坚持高起点、高效率以及精准匹配原则。短短几年内就形成了以中青年学者为主的超过600人的外审专家队伍，成为《中国工业经济》高效、高质刊发优秀论文的强有力支撑。在具体实施中，一方面，我们充分发挥责任编辑和编辑部集体审稿的作用，尽可能减少专家的审稿工作负担，每位外审专家年审稿篇数一般控制在3篇以内；另一方面，通过稿件与专家领域的精准匹配，以及及时跟踪流程，努力提高审稿效率，在给专家发送的《外审邀请函》中，邀请填写尽可能详细的审稿学科领域、擅长的方法工具，对审稿时间提出初审10日、复审7日的要求，同时编辑部及时跟踪审稿进程、提醒返回意见。

## 三、期刊编辑的责任与奉献

对于学术期刊而言，这是一个最好的时代，学术期刊受到了前所未有的重视；这也是一个更加艰难的时代，学术期刊之间的同质化竞争加剧，办刊如逆水行舟，不进则退，期刊编辑肩负了更多的责任与担当，而为人作嫁的职业性质并没有改变。

学术期刊的使命践行要落实到编辑部的每一位编辑身上。从期刊提供的内容来看，我们肩负的责任是：坚持正确的办刊方向，不断提升学术质量，保持编校质量。这三方面的责任对应的工作量和成就感是不同的。具体到编辑部的审稿与编校环节，对一篇论文做出价值判断相对容易，指导内容修改就需要投入更多的精力，但是如果说与自己的学术领域对接还是能够编研共济、相互促进的话，文字修改润色则是又烦又累还最没有成就感的工作环节。而从期刊编辑个人发展来看，社科院的期刊一贯强调编研结合，也就是要求期刊编辑既要做学术研究又要做编辑工作。从个人能力来讲是没有问题的，以我们编辑部来看，目前的 5 位责任编辑都具有博士学位，但在时间和精力分配上就存在冲突。按照期刊提供高质量论文内容的要求，"学者办刊"在一定程度上可以与坚持正确的办刊方向、提升学术质量对接，但保持编校质量需要耗费大量时间，是致力于"做学者"的人所不愿意做的苦活儿、累活儿，从这个角度来看，"学者办刊"遭遇了美好理想与骨感现实的激烈冲突，甚至还会出现部分编辑"搭便车"，靠编辑部其他人员的工作叠加弥补少数人偷懒的情况。

付出与得到不对等，这是期刊编辑的工作性质所决定的，就如同长期以来对这个职业的评价——"为人作嫁"。站在期刊的角度，我们编辑部前几年就提出了对编辑的职业要求："用心、用时、用力。"站在编辑的角度，做编辑工作需要有奉献精神，但空洞的奉献精神无法支持长期的付出，需要将其落在实处。我们将其落实到责任心、团队精神和职业满足感上，对自己署名责编的文章负责，对自己编辑部团队负责，同时在与作者、学界的交流中得到了职业满足感。

# 从喜欢到热爱

《经济管理》编辑部　刘建丽

刘建丽，研究员，博士生导师，毕业于中国社会科学院研究生院，2008 年进入中国社会科学院工业经济研究所工作，同年进入《经济管理》编辑部工作，现为《经济管理》副主编、编辑部主任。

日本实业家稻盛和夫说过，要想拥有一个充实的人生，你只有两种选择：一种是从事自己喜欢的工作；另一种是让自己喜欢上工作。对于我们大多数"70 后"而言，在真正步入工作岗位之前，很难有机会真正了解自己的喜好所在，自然也很难一开始就"从事自己喜欢的工作"，或者自己也不确定自己将从事的工作是否是自己喜欢的。回想 13 年来在《经济管理》编辑部的工作经历，感觉自己是幸运的，随着时间的推移，我发现自己喜欢上了编辑部编研结合的工作，这份喜欢甚至可以称得上是"深沉的爱"，虽然这么说难免有点矫情。

# 初　到

2008 年 4 月的一天，我接到工业经济研究所人事处的电话，问能否在正式入职之前，先到《经济管理》编辑部实习。我那时候已经完成博士学位论文，想着提前熟悉工作环境也是一件好事，便直接到所里来报到了。彼时，工业经济研究所和经济研究所、财政与贸易经济研究所都在月坛北小街 2 号院 2 号楼办公，但由于历史原因，《经济管理》一直"游离"在外，在旁边的 1 号楼办公。报到时，所人事处大樊主任热情接待了我，告诉我："编辑部目前缺年轻人，你赶紧过去吧。"于是，我进入同样是苏式建筑的 1 号楼，穿过略显幽暗的楼道，来到四层西侧《经济管理》编辑部。编辑部主任周文斌老师了解到我生肖属马，告诉我编辑部除了他也属马外，还有一位资深编辑周淑媛老师也属马，我们仨两两相差都是一轮，笑称："现在编辑部已经有'三驾马车'了。"在此后 10 来年的时间里，我作为编辑部最年轻的"小马"，跟着编辑部各位资深编辑"打怪闯关"。记忆犹新的是，我看到办公室里一把棉花外翻的布艺椅子，脱口而出："咱们编辑部这么艰苦朴素啊？"周老师郑重其事地跟我说："你可别小看这把椅子，这是镕基总理坐过的椅子啊！"我心中一颤，心想："这个编辑部不简单啊！"另一间办公室墙上则挂着一块装裱好的镜框，内书"与有肝胆人共事，于无字句处读书"，后来得知，这是曾经在编辑部工作的胥和平老师所书。这几间朴素的办公室，在将近 30 年的时间里，一定发生过不少有趣的故事吧。

# 了　解

《经济管理》的主办单位工业经济研究所是 1978 年 4 月 5 日正式成立的，成立后不久，也就是同年 7 月 20 日，《经济管理通讯》出刊，1979 年 1 月《经济管理》月刊正式创刊。当时，许涤新、马洪、蒋一苇等学术大家和高层领导联合 9 家单位共同创办了这份刊物，编辑部设在工业经济研究所。1979 年 3 月，中国企业管理协会也参与了刊物的出版工作。由此可以看出，当时的所领导、学术前辈对创办一本经济管理类理论刊物非常重视。创刊后，《经济管理》迅速成为经济管理领域重要的兼具引导学术讨论和实践指导作用的理论刊物，党政机关、厂矿企业、高校等单位争相订阅，发行量曾经超过 30 万册。及至 2009 年初，我进入编辑部刚刚半年，《经济管理》迎来创刊 30 周年，有机会翻阅《经济管理》自创刊以来的每期内容，令我颇为激动，看到各位学术大家和钱学森这样的科研工作者在《经济管理》发表的有关体制改革和管理学的文章，顿时感觉泛黄的陈年期刊熠熠闪光，《经济管理》的办刊历史，也是无数前辈为改革开放探求路径的历史。了解到期刊更多的历史，也使我对看似不起眼的编辑工作产生了更多的认同感、自豪感和使命感。也许初来编辑部的时候，自己并没有想过能够在这里坚持多久，毕竟，编辑部多数成员都只做编辑工作，而我是作为研究人员进所的，我内心知道，在编辑工作基础上兼顾科研是一件不容易的事情。曾经有人劝我："如果想做科研，建议趁早离开编辑部。"但我内心在最初那几年没有任何犹疑，可能是从小怀揣的文学梦，让我觉得编辑部是一个飘着书香的地方，在这里可以找到沉静下来游弋精神世界的自由；也可能是小时候看的《编辑部的故事》，让我内心期待这种时而安静、时而热烈的氛围；更深层次上，还有内心的一点不甘，想着还是挑战一下自己，看看能否兼顾编辑与科研，在这里跟各位编辑老师一起，将这份刊物的优良传统传承下去。

## 探　索

2016 年以后，由于有老师陆续退休，编辑部"缺人"的矛盾日益突出。在短时间招聘不到合适人员的情况下，所领导先后让一名进站博士后和一名新入职研究人员来编辑部实习，这大大缓解了编辑部的工作压力。2017 年底，我有幸通过了中国社科院青年外语培训项目的考核，得以赴美国马萨诸塞大学访学一年，其间拜访了哈佛大学著名亚洲研究学者 Perkins 教授和麻省理工学院（MIT）的 Peter Gloor 教授，介绍了《经济管理》的办刊理念，并成功邀请他们担任《经济管理》编委会成员，2018年邀请国外编委 MIT 的 Peter 教授做讲座。在美国一年，我和美国教授也研究了美国管理学学术期刊的发文内容和审稿流程，我们发现，一些国内高校推崇的影响因子较高的 SSCI 期刊，发出的部分文章内在逻辑和规范性都存在很大问题，发文质量也不及一些中文期刊。但现实情况是，国内多数高校仍然在学术评价方面给予英文成果很高权重，一些学者更是在发表了个别英文文章之后，"傲慢与偏见"日增，对中文期刊不屑一顾。回国后一段时间，我都陷入一种痛苦之中，有时候感到高校老师都在被推着走，已经失去了做研究最本真的乐趣和追求。如果学者将研究和发表文章功利化，那么期刊必然沦为学者功利化追求的工具。作为期刊编辑，我们有责任同作者一起改善文章的质量，并为此投入大量精力。但我们希望所编辑的每一篇文章，都是从实际出发，是具有现实意义的经世致用之作。于是，在一些会议上，我会发出自己的呼吁，让研究回归研究本身，而不是不断"内卷"。虽然感觉人微言轻，但还是希望通过各种机会传递我们的价值观，使真正有意义、有思想、有价值的成果能够优先发表出来。编辑的价值，不在于文字处理，而在于价值引导。于是，我们也尝试组织一些笔谈和主题约稿，突出文章的思想性。虽然《经济管理》的影响因子近年来呈上升趋势，但我们也反对单一地以影响因子评价期刊的做法，我们也很高兴看到中国社会科学评价研究院在构建中国特色哲学社会科学评价体系方面所进行的探索和做出的贡献。

## 融　合

尽管偶或涌现"形而上"的痛苦，但《经济管理》编辑部总体上是一个充满欢乐的集体。2018年之后，在所领导的关心和支持下，编辑部陆续进来三位"80后"新人，有研究室招聘人员来编辑部实习后决定留在编辑部的，有专门应聘编辑岗而进入的专职编辑，他们有一个共同点就是都是"博士后"。在院、所领导之下，明显感觉中国社科院主管的期刊，对高素质人才的吸引力越来越大。当前，在中国社会科学院创新工程和国家社会科学基金资助之下,《经济管理》迎来了持续发展的大好时机,我们编辑部成为最纯粹的学术型编辑部,"五统一"之后我们轻装上阵,只需组织、打磨文章内容,无创收压力。与刚刚工作时相比,编辑们的工作内容更加纯粹。责任编辑可以在编辑文章和内部讨论时有很多收获,进而促进研究能力的提升。目前,编辑部5名编辑,有2名研究员、1名副研究员,1名编辑岗同事刚工作一年就拿到了编辑资格证,另1名编辑岗同事也顺利通过了出版专业岗位职业资格考试,大家确实做到了"编研结合、编研相长"。当然,编辑岗在评职称时仍然面临一些困难,在研究系列和编辑系列混杂在一起评价时,由于标准不一致,评委其实很难判断编辑的业务能力,这种情况下资历很容易成为主导因素,不利于对年轻编辑的激励。总体上,我个人认为,编研结合的编辑队伍是社科院期刊的一大优势,允许研究人员进入编辑部工作,同时打通编辑岗和研究岗的贯通序列,有利于各编辑部的良性发展。我有时候会想,这些年轻人,有这么好的条件和素质,一定要为他们创造良好的工作氛围,让他们工作舒心、开心,才能使他们更有归属感、更有创造力。2020年底,随着所里搬家到王府井办公区之后,编辑部长期"游离"在外的历史彻底结束了,我们的工作环境大大改善,与所里各位老师交流更加方便,编辑部同事工作的热情更加高涨。我感觉,他们跟我一样是"喜欢"这份工作的,是"热爱"这本期刊的。有了一份份"热爱",有理由相信,《经济管理》的明天会更好。而我,还在期待编辑部更多精彩的故事。

《中国经济学人》编辑部　梁泳梅

# 风雨同舟共前行

梁泳梅，副研究员，博士，毕业于北京师范大学，2009年进入中国社会科学院工业经济研究所《中国经济学人》编辑部工作至今，现为《中国经济学人》编辑部副主任。

日子总是在不知不觉中匆匆流逝，沉静下来，回顾自己在编辑部工作的起始，才发现恍然间时间已过去一纪。这些年来，我与期刊，像舟子与船，我努力划桨，它载着我，在这盛世繁华中齐心前行。借此记录下心中的感慨，资以新的旅程之鼓励。

## 一、与编辑部结缘

博士毕业之前，我的职业规划中其实并没有包括成为一名编辑。当时最心仪的去向是到有马克思主义的坚强阵地、中国哲学社会科学研究的最高学术殿堂、党中央国务院的思想库和智囊团之称的中国社会科学院从事科研工作。结果无心插柳，在社科院做博士后时，我被分到了《中国经济学人》(*China Economist*) 编辑部。仍记得时任编辑部主任李钢老师问我的一句话："编辑工作是比较枯燥的，你觉得能适应吗？"我心想："每天看不同的稿子，这有啥枯燥的！当年帮导师检查和校对书稿，一本两三厘米厚的书稿，我反反复复检查了十几遍。编辑期刊文章，每篇文章的重复程度也不过如此吧。"于是，我一口回答："我觉得没问题！"与编辑部的缘分，就这样结下了。

后来，在长期的编辑工作中才发现，枯燥其实不算什么，期刊编辑真正的困难远不止这些。

## 二、与期刊共面挑战

刚进入编辑部时，对于编辑工作我基本算是个"门外汉"。我所在期刊《中国经济学人》也是一本刚创刊 3 年的新刊，而且是完全自主办刊、面向全球发行的英文学术期刊。这在当时几乎没有太多的经验可供借鉴，而且编辑人员也很少，正式在编的工作人员只有编辑部主任和我。我们只能齐心合力，"摸着石头过河"。我一边学习和培养编辑能力，一边思考期刊的发展问题，开始了我个人和期刊共同成长的旅程。

一路走来，无论是期刊还是我个人，都遇到了不少困惑和挑战。对于期刊而言，主要的挑战在于它是一个较新的事物。当时，中国社会科学院只有两本面向全球发行、正式出版的经济类英文学术刊物，一本是《中国与世界经济》，创刊于 1993 年，已与美国学术出版商合作出版，在国际出版与发行中能够获得一定的帮助；另一本就是《中国经济学人》，未与任何国外出版机构合作，完全自主办刊。在没有国外出版社成熟模式的帮助下，编辑出版的每一个环节都得靠自身摸索。另外，更重要的是，应该把什么类型、什么主题、什么内容的文章推向世界，文章的选题和学术性水平如何平衡，这些更需要在前行中不断地摸索和总结。在 21 世纪的前 10 年，推动中国文化"走出去"、提升国家软实力的意识和观念还不像今天这样普遍深入人心，英文期刊能够获得的支持并不多，而且经常面临两难选择。

例如，要想向全世界介绍和推广关于中国发展道路的研究和阐释，尽可能多地让中国学者在世界上发声，就意味着我们需要多刊发中国学者的文章，但这样做就会导致期刊达不到 SSCI 对作者国际化程度的要求，从而使期刊无法被纳入 SSCI 索引体系。当时国内还没有针对英文学术刊物的评价体系，高校、科研等机构"唯 SSCI"的现象也比较普遍。既未加入 SSCI，也没有国内权威的评价体系可供参考，导致期刊在国内学术界中的吸引力相对较弱，组稿困难。面对这种两难困境，要调整吗？要妥协吗？要坚持吗？调整后对期刊发展的得失是什么？我们多方思索后，最后决定还是坚守初心，不过分地追求进入 SSCI，而是选择做好中国对外宣传学术思想的窗口，给中国学者更多发声的机会。

对于我个人而言，主要的困惑来自单位的评价。中国社会科学院是一个以科研为主的机构，这种倾向在各种考核中都有体现，尤其是在职称评定环节更为明显。按照研究系列参评，评委们并不会因为你是编辑就降低对学术成果和学术水平的要求，尽管繁重的编辑工作的的确确会使研究工作大大受限；按照编辑系列参评，现有评审标准主要是为中文期刊量身定制，而并未考虑到英文期刊的特点和现状，例如，"编辑的文章被《新华文摘》《高等学校文科学术文摘》《红旗文摘》转载"这种条件，英文期刊的编辑在当前环境下是不可能具备的。因此，英文期刊编辑人员在职称评定中常常处于劣势。在很长一段时期内，每年的职称评定都是我心中的痛。

## 三、与期刊共同成长

然而，不管怎样，我们都需要不断前行。在与期刊共同面对挑战、克服困难的过程中，前行的道路也慢慢变得宽阔且畅通了。随着党中央和政府有关部门对于积极推动中华文化"走出去"、提升我国学术国际话语权和影响力的要求越来越明确，我们期刊的做法也得到了越来越多理解和认同。《中国经济学人》连续被纳入了 EconLit、EBSCO、ProQuest、Scopus 等世界重要的学术文献数据库和索引系统。2018 年，中国社会科学评价研究院在全国首次对国内主办的英文期刊进行了评价,《中国经济学人》也很荣幸地被评为核心期刊。在院部领取证书的那天,正好是我去的。当我把证书照片发到编辑部工作群时,大家都感到非常欣慰和开心!

对于我个人而言,应对职业生涯的挑战的方式就是坚持"编研结合、经编带研、以研促编"。当然,困难可想而知。编辑工作放首位,我只能利用编辑工作之余来进行科研,调查、研究和写作的时间非常有限。遇上出刊前的紧张阶段,科研工作难免会被长时间搁置和打断,再拾起时,有些思路已然忘记……但无论如何,我心里打定主意,科研还是不能放弃的。否则,跟不上学术前沿的进展,学术水平远远落后于作者,就无法对论文的质量做出独立而科学的判断,同样做不成一名好编辑。于是,周末、节假日和平时孩子睡着后的夜晚,我都尽量地用在科研工作上。功夫不负有心人,我先后发表了40多篇学术文章,其中有多篇发表在顶级期刊和权威期刊上。更让我欣喜的是,2020年我被评为了"中国社会科学院优秀编辑",这不仅是对我个人作为编辑的认可,更是对《中国经济学人》这份期刊的认可!因为我知道,编辑人员所有的工作及取得的成绩,都不可能离开所在期刊这个平台。编辑的业绩就是期刊的发展!组织和管理部门对《中国经济学人》的发展道路和发展模式的认可,对于我们这样一本一直在"摸着石头过河"、不断探索的期刊而言,其意义不言而喻。对我而言,相比于对我个人的奖励,对期刊的认可更让我感到高兴与自豪!

## 四、新征程下的新任务

中国已经进入全面建设社会主义现代化国家的新征程,提升国家文化软实力、提升国际传播能力、在全世界更好地构筑中国价值与中国力量从来没有像今天这样重要。作为一本走向世界的经济类英文学术期刊,恰恰应该可以在其中发挥重要的作用,做出自己应有的贡献。我们编辑人员,责任重大。

我们编辑部的同事常常一起聊天,李钢副主编是我们的老前辈,他常对我们说："我们办刊要格局大一些，最重要的是要看我们的刊物能不能为国家和民族做出贡献，其他的虚名不用太在意。"我对此也深以为然。一个人在漫漫历史长河中，只有真正为国家和民族做出过贡献，才算不枉此生。从这个角度来看，我能与《中国经济学人》期刊结缘，风雨同舟，努力使其更好地向全世界弘扬中华文明，何其幸也！

# 编辑中的三个「三」

《中国农村经济》编辑部　陈劲松

陈劲松，研究员，毕业于中国农业大学，1989年进入中国社会科学院农村发展研究所工作，1995年进入《中国农村经济》《中国农村观察》编辑部，现为《中国农村经济》副主编。

我于1989年入职中国社科院农村发展研究所，计划到2022年退休，工作33年，于是与"三"就结下了不解之缘。我先从事了6年科研工作，于1995年转入编辑工作，除了做普通编辑人员，还先后担任农村发展研究所《中国农村经济》《中国农村观察》（合称"两刊"）编辑部副主任和主任、创新工程总编辑、《中国农村经济》副主编。学术刊物编辑成为我终身职业，算到退休从业27年，"$3^3$=27"，还是离不开"三"。其实，编辑工作很有趣，本身就存在很多"三"，比如"三审""三校"。在我的编辑生涯中也有不少"三"，好像冥冥之中，注定要遇到。

# 一、"三者"——读者、评者、编者

首先应该声明的是，这"三者"说法的"知识产权"并不是我的，而是农村发展研究所原所长李周的。他在担任主管刊物工作的副所长时曾经对我说："学术刊物编辑在处理稿件时，首先是读者，然后是评者，最后才是编者。"李周曾在林业出版社做过编辑，这话应该是他的经验之谈。

作为"读者"，要把稿件读懂。编辑要搞明白作者研究的是什么问题，是在什么背景下、基于什么理论、采用什么方法、使用什么数据研究这个问题，得出什么结论，提出什么观点，等等。这是编辑工作的基础。我曾经问过浙江工商大学何大安教授，一位做研究很严谨、很认真的学者，也是我的老朋友，在我们刊物上发表的论文，他要做多长时间的研究。他深深地吸了一口烟，想了一下说："大概一年吧。"所以，编辑要在很短的时间里把作者一年甚至更长时间做出的研究成果看明白，确实不容易。当然不能要求编辑把稿件中的细枝末节都搞得一清二楚，既没有那个必要，也不现实，何况是在来稿数量多、初审工作压力大的情况下。

作为"评者"，要把稿件看准。编辑要在读懂稿件的基础上，从学术性和规范性两个方面对其做出评判，确定其有无发表的价值。前者涉及选题、理论、方法、数据、观点、角度等，核心是有无创新或有无新发现；后者涉及逻辑性、表述方式、文章结构、语言文字等，核心是是否合乎相关标准。因此，编辑不仅要具备良好的文字功底，还要熟悉所编刊物的发稿标准和体例规范，更要熟知所编文章学术领域的最新状况，特别是学术前沿在哪里。目前，学术刊物大多采用专家审稿制，借助编辑部外部相关学术领域的知名专家"把关"。这对于公平、公正、全面评判稿件质量，提高学术刊物质量是有好处的。它是在审稿环节增加了一道"保险"。但是，专家审稿绝不是对编辑审稿的替代，二者应是互补的关系。现在学术刊物的编辑人员大多具有博士学位甚至有博士后经历，也大多具有高级职称，加上长年的经验积累，对所熟悉领域的稿件质量基本上能做出"八九不离十"的判断。那种认为把"评"交给审稿专家，"编辑人员只要做好编辑工作（指文字、技术方面）就行了"的观点，既会降低编辑工作的价值，也会削弱编辑人员的兴致。正如李周对我说过的，引入专家审稿制，对编辑不是要求低了，而是要求高了，要把专家的审稿意见同编辑的审稿意见对照，看谁的更好、更准确。

作为"编者"，要把稿件编好。编辑要在前"两者"的基础上把准备采用的文章，按照编辑工作规范处理好，包括润色文字、调整结构、修正错误、理顺逻辑、规范表述、调整格式等，就是给文章穿上"嫁衣"，美美地去"见人"。尽管这是编辑的基本工作、是底线要求，但与一般的文字编辑不同的是，学术刊物编辑更重要的作用是"慧眼识文章"，这样"识"出来的高质量文章，编辑起来也会省力；与一般的文字编辑还不同的是，学术刊物编辑在编辑文章的过程中还要处理文中存在的学术问题，包括检查作者是否按照专家和编辑提出的审稿意见修改了，如果没有修改，作者有什么理由。依我的经验，在编辑过程中，与作者直接沟通至关重要。早年做编辑工作时，我经常约作者见面，有时是在我办公室，有时是在茶馆，有时甚至"上门服务"到作者办公室，去外地出差时也经常约当地作者见面。我和作者面对面，把文章从头到尾捋一遍，大到其中的理论、概念问题，小到文字、标点符号，统统处理一遍，对于有争议的问题，也达成一致。我也常常采用"煲电话粥"的方式，一谈就是一两个小时甚至更长，偶尔作者在国外，还要打越洋电话。直到现在，有的作者见到我时还会谈到这些往事，说是历历在目。另外，从作者的角度看，与编辑直接沟通也极其重要，因为编辑往往是作者论文的"第一读者"。作者长期写一篇论文，"不识庐山真面目，只缘身在此山中"，可能发现不了自己文章中的问题，而编辑与作者"换位"，可以发现作者没有意识到的问题，并从专业特别是写作的角度提出建设性意见。编辑理应得到作者足够的尊重。

## 二、"三家"——思想家、学问家、活动家

首先还是应该声明，这"三家"说法的"知识产权"也不是我的，而是中国社科院副院长高翔的。他在一次全院期刊编辑部负责人会议上说：

"学术期刊编辑首先是思想家,其次是学问家,再次是社会活动家。"高翔曾长期担任《中国社会科学》杂志的负责人,这话应该是他的肺腑之言;他又是院领导,这话也是对学术期刊"掌门人"的要求。"家"不同于一般的"者",是行当里的佼佼者。

做思想家,其核心是为刊物发展"掌好舵"。第一,在政治上,要牢记"政治家办刊"。这既是我们党长期办报办刊的宝贵经验,也是因为哲学社会科学具有鲜明的意识形态属性。第二,在编辑上,要形成独具特色的办刊理念,用于指导刊物发展。比如,《中国农村经济》的办刊理念是"追求卓越,砥砺前行;学术为本,观照现实;立足中国,放眼世界"。第三,在学术上,要懂得学术发展规律,并熟悉学科现状,了解学科过去,预测学科未来。

做学问家,其核心是处理好编辑和科研的关系,做到"编研结合"。一方面,在编辑工作中了解学科最新进展,尤其是新理论、新方法以及新思路,增强自己的学养,同时,发现既有研究中存在的不足,培养自己的"问题意识";另一方面,将发现的研究薄弱领域选作自己的研究方向,运用在编辑中新学到的理论和工具加以研究,同时,只有自己亲身去使用这些理论、工具,才能真正理解、掌握,从而提升自己的学术水平,进而提升编辑水平。中国社科院的学术期刊质量高,得到学界普遍认可,成为中国社科院的"金字招牌",我认为,"编研结合"是其中很重要的一个原因,也是社科院办刊中的优良传统。"编研结合"可以有两种方式。一种是研究选题与编辑选题紧密相关。这样可以"近水楼台先得月",编辑工作直接为研究工作提供便利。比如,我结合编辑工作的特点,先后做过国内农村经济研究进展跟踪、农村税费改革、加入WTO与中国农业、中国农业国际竞争力等方面的研究,以及中国农村经济形势分析。另一种是研究选题与编辑选题无关,而是根据自己的研究兴趣、既往的研究经历选择研究题目。这虽然看上去与编辑工作的关系比较小,但实际上,不同领域、不同选题的研究在背后都是相通的,尽管所用理论、方法等可能不同,然而研究的范式是一样的,对编辑研究能力的锻炼是一样的。比如,我也"打酱油"似的做过农村合作经济与金融的研究,还颇有收获。"编研结合"对编辑人员知识结构的要求也与纯做科研对研究人员的要求有所不同。虽然二者都要求"T字形"的知识结构，其中的"一横"代表具有广博的知识面，"一竖"代表在某一领域有非常深入的研究，"术业有专攻"，但是，研究人员的那"一竖"相对更深，编辑人员的那"一横"相对更长。

做活动家，其核心是扩大刊物的社会影响力。第一，积极参与或者组织学术活动。通过参与学术活动及时了解学科动态，通过组织学术活动推动学科发展，但对于学术刊物而言，最重要的是由此获得高质量的稿源。规范的学术研讨会，一般都会安排"专家点评"环节，对达到标准的入选论文在作者宣读后进行点评，特别是指出论文中存在的不足并提出改进建议。这类似于编辑中的专家审稿，但一般没有专家审稿那样细致和系统。经过点评的稿件如果投到刊物上，等于是在投稿前增加了一道专家把关，无疑有助于提高来稿质量。这里也有"弦外之音"，就是论文需要反复修改。我认为，一篇论文，"七分靠写做，三分靠打磨"（注：这里故意用"做"，指的是"做研究"，在这"七分"中，"做"又占七分，"写"只占三分）。这还只是对质量比较好的论文而言的，对质量不太好的，"打磨"的功夫还会更多。这就像铸剑，先做出毛坯，再反复锤炼、淬火，最后打磨出利剑。从国际学术期刊的情况看，投稿从被接受到刊发平均要2年时间，其间要经过无数次修改。但国内不少论文作者，恨不得今天投稿，明天就见刊，而且"为了发表而发表"，急功近利倾向暴露无遗，因此不情愿认真修改，不是把修改当作提高自己学术水平的过程，只是应付差事。

第二，主动宣传刊物。"桃李不言，下自成蹊"。学术刊物的读者群有限，刊物办得好，自然就会吸引读者注意。但这并不意味着学术刊物不需要自我宣传。一是现在学术刊物之间的竞争十分激烈，刊物都在"抢作者""抢读者"。就拿"两刊"关注的"三农"领域来说，"三农"研究近些年来热度很高，很多过去不重点研究"三农"问题的机构都纷纷进入这个领域，相应地，很多刊物也加大关注"三农"问题的力度。反过来说，"两刊"也不能仅仅关注"三农"领域中的传统选题，还要关注一些新的选题，更要关注与"三农"有关的其他领域中的问题，将这些领域的研究同"三农"研究结合起来。因此，"两刊"既要"守住地盘"，又要"开疆拓土"。

二是尽管读者会在研究方向、研究选题、研究规范等方面受到学术刊物的引领，但是，读者这种"被引领"往往是直觉性的而不是自觉性的，学术刊物编辑会在长期的编辑实践中对科学研究和论文写作中的共性问题有全面系统的了解，因而编辑与读者之间的交流就十分必要。自2005年以来，我以"学术研究创新与学术论文规范"为主题，在一些高校和科研机构做过大大小小的讲座不下百场，听众主要是年轻教师和科研人员以及博士生等，有些高校甚至把它当作方法论课程的一部分来安排。此外，我还利用这样的讲座和学术会议的边会，直接与读者对话，答疑释惑。这些活动不仅让读者了解了学术刊物的要求，也对他们做好研究、写好论文起到了一定促进作用。

第三，承担社会责任。发现和培养学术新人，学术期刊责无旁贷。从"利己"的角度看，这是刊物可持续发展的需要，因为只有学术新生力量不断补充进来，新成果才会不断涌现，从而满足刊物的稿源要求；从"利他"的角度看，这也是学科发展的需要，很多学术名家、大家的"处女作"都是在学术刊物上发表的，由此逐步积累，最终有所成就。这是因为，相对于形成系统性的学术观点，学术论文比较"聚焦"，一篇论文把一两个观点讲清、讲透即可，而且更突出前沿性、突破性、创新性、及时性；相比于撰写系统性强的专著，撰写学术期刊论文更能锻炼与提高研究人员的科研和写作能力。这也是为什么科研机构在评价研究人员的业绩时，更看重研究人员发表的学术论文而不是学术专著。所以，学术刊物对年轻学者要多一分包容，多给他们提供机会。

第四，要广交朋友。人类是一种社会动物，天然地有交朋友的需要。编辑工作通过"以文会友"天然地提供了更多交朋友的机会，而"文如其人"，通过文章可以窥视作者的内心世界，编辑更容易结交合适的朋友。我在20多年的编辑工作中结交了一些志同道合的朋友，可以说是一大意外收获，也从中得到很多乐趣。有的人可能会"忌讳"在工作中结交朋友，认为这样会影响编辑工作的公平性、公正性，比如"关系稿"之类的问题不好处理。但我从来都不这么认为。交友有道，即"友直、友谅、友多闻"。具体而言，"友直"不仅是指要结交品行好的人，而且要有共同的志趣（比如探讨学术问题），不是为了利益结交，而是有话直说。"友谅"，就是要相互理解，比如来稿因达不到刊物要求被拒绝，作为朋友，编辑对作者直言不讳地指出问题所在，作者欣然接受，而不会责怪编辑"不够意思"。拿我自己来说，跟一些人的理解相反，越是朋友、熟人的文章，我往往要求越高，越不客气，因为正是彼此熟稔，才可以不见外，敞开说。"友多闻"，就是在编辑文章的过程中把作者当作自己的"老师"，通过与作者交流"涨知识"。正所谓"君子之交淡如水"，这是一种精神上的需要。

## 三、"三重境界"——做一个编辑、做好一个编辑、做一个好编辑

这次可以说，这个"三重境界"说法的"知识产权"是我本人的了，但毫无疑问是受到王国维在《人间词话》中提出的古今成大事业、大学问者必须经过的"三种境界"的启发。王国维的"三种境界"分别是："昨夜西风凋碧树。独上高楼，望尽天涯路""衣带渐宽终不悔，为伊消得人憔悴""众里寻他千百度。蓦然回首，那人却在，灯火阑珊处"。我说的是做编辑的"三重境界"：首先是做一个编辑，其次是做好一个编辑，最后是做一个好编辑。我于2020年荣获"中国社会科学院优秀期刊编辑奖"，这是我的"获奖感言"。

做一个编辑，不难。学术期刊编辑的"门槛"并不是很高，只要具备较好的文字水平和一定的专业知识，都容易"上手"。由于存在"为他人作嫁衣裳"等社会偏见，而且编辑待遇低，很多人不愿意从事这项工作，也为"想"做编辑的人提供了相对较多的机会。另外，编辑工作按部就班，内容单一，考核压力不太大。因此，编辑很容易发生不求进取、"混日子"、"只要不出大错，就行"的情况。这是把编辑当作"谋生手段"，虽无可厚非，但于编辑本人、于所编辑的刊物都无益，绝不是我追求的目标。

做好一个编辑，不易。编辑工作有一套严格的规范，包括学术、文字以及技术三个方面，但具体内容非常多、非常细，完全掌握并熟练运用绝非易事。同时，编辑过程中还会遇到大量"硬伤"（理论错误、常识错误、

逻辑错误等）需要处理。因此，编辑需要"上心"，不但要熟悉编辑规范，具备深厚的学术基础、扎实的文字功底、广博的百科知识、严谨的逻辑思维，更要踏踏实实、认真负责，一丝不苟、精益求精，还要熟能生巧、编"技"精湛。这是把编辑当作"工作""职业"来做，"守土尽责"，不辱其身，按照现在大力倡导的"工匠精神""绣花功夫"，把工作做到位、做到极致。

做一个好编辑，很难。不但要"上心"，而且要"上智"（指"智慧"）；依从于学术刊物"求新"的本质要求，不断追求更高目标，"没有最好，只有更好"；"编研结合"，虚怀若谷，不断增强自身的学术素养，提升自己的学术水平；淡泊名利，有定力、有情怀，"不畏浮云遮望眼"。这是把编辑当作"事业"来做，是我所追求的目标。高尔基说："书籍是人类进步的阶梯。"那么，编辑就是阶梯的"铺路工"，编辑是平凡的人，而编辑工作是崇高的事业。我为从事这样的事业而自豪！

编辑中的这三个"三"，三三得九，"九"是最大的一位数，代表圆满。27 载编辑生涯，历尽千辛万苦，但我无怨无悔！

新时代编辑的思考和情怀

《财贸经济》编辑部　王振霞

王振霞，副研究员，博士，毕业于中国社会科学院研究生院，2010 年进入中国社会科学院财经战略研究院工作，2016 年进入《财贸经济》编辑部，现为《财贸经济》编辑部主任。

我于 2016 年底到《财贸经济》编辑部工作，算是新手编辑。最初的工作安排主要是协助编辑部创办新刊《财经智库》，与此同时也兼顾《财贸经济》的初审工作。在这之前，与所有科研人员一样，编辑部的工作于我而言像是个"黑箱"，神秘也神圣，对编辑工作的性质了解得也不多。从事编辑工作之后，我发现，做好期刊编辑的难度是超乎想象的，不仅要求个人具有较强的科研能力，也要求有高度的奉献精神和情怀。经过几年的锻炼，我对编辑工作有了很多新的认知。

第一，办期刊要不忘初心，鼓励"百家争鸣"。办刊的目标是鼓励讨论和传播知识，是否做到"百花齐放、百家争鸣"是衡量期刊质量高低的重要标准，而促进不同观点之间的"争鸣"是发现真理、探索真理的重要手段。林毅夫等曾提出，纵观中国改革的历程，虽然一直没有形成与主流意见相抗衡的共识集团，但是在改革的力度、时机和措施的偏好上仍然存在分歧，表现为以稳定为主的改革主张和以速度为主的改革主张，在两种主张具有均等的影响力条件下，他们的同时存在和相互制衡是十分有必要的，这既可以保障改革的非激进性，也可以保障改革的不可逆性。[①] 可见，中国改革开放以来的发展史，也是不同学术观点之间的争鸣史，为学术讨论提供合适的平台是学术期刊的使命和责任。

但是，当前经济学期刊的发展有偏离初衷的迹象，主要表现在：一是刊发文章有"重定量、轻定性""重技术、轻思想""重短期、轻长期"的倾向，导致不同期刊之间的同质化现象非常严重，对理论创新和现实问题的关注不够；二是对学术研究的引领不足；三是在培养青年学者方面的投入不足；四是对期刊定位的坚持不够，对优秀历史的传承不足；五是对历史的回顾不够，不能从办刊的历史中汲取经验，也很难做到与时俱进。导致这些问题的原因，既有期刊自身发展定位的问题，也有社会评价机制方向性错误的问题。

第二，期刊应鼓励研究新问题、真问题。当前一些学科期刊定位的雷同，导致广大作者将主要精力放在如何把文章做得更加"精致"上，对现实中出现的新问题、真问题关注不够。为了更好发挥学术期刊的平台和阵地作用，2018 年 5 月，《财贸经济》发出关于"关注新问题"的倡议，号召广大作者积极关注新动态、研究新问题，编辑部将对新问题研究与传统研究做一定区分，并对新问题研究予以适当倾斜。编辑部深知，新问题是稚嫩的且有欠缺的。因此，对研究新问题的文章应适当提高容忍度，鼓励作者修改并提供发表平台。

同时，编辑部也关注研究数据的真实性和准确性的问题。掌握真实、有效的数据是开展科学研究的重要前提。在数据准确的基础上，借助合理的分析工具，才能得出可靠的研究结论和提出有针对性的政策建议。当前，诸多研究严重依赖"成熟"的数据库，使用前并未认真核实数据的时效性

---

① 林毅夫、蔡昉、李周：《论中国经济改革的渐进式道路》，《经济研究》1993 年第 9 期。

和真实性，这可能导致研究结论存在明显偏误，未能反映现实情况，甚至出现与现实相背离的情况。这将使我们对所研究问题的"真""假"产生质疑，结论更是无法支撑政策制定。

第三，期刊要建设自己的朋友圈，真心为作者和读者服务。做一个有温度的编辑部，是关系到期刊未来发展的重要方面。有好的作者，才有好的期刊，与作者、外审专家和读者做朋友，真心地关心他们的需求，是《财贸经济》编辑部长期以来的坚持和追求。在日常的工作中，编辑部尽力做到对作者的来电、来信一一回复，提供尽可能的帮助，特别是在新冠肺炎疫情防控常态化时期，为了协助作者尽快拿到纸刊，以便顺利毕业和就业，编辑部工作人员承担大量的额外工作，但也确实拉近了我们和作者之间的距离。

在与作者和读者的深入交流中，我们了解到作者最关心的问题：一是对选题的把握，二是外审制度的完善。为此，《财贸经济》编辑部坚持对热点问题提供研究指引，鼓励学者对高铁开通问题、地方债问题等深化研究。针对外审制度完善的问题，早在 2018 年，编辑部就召开执行编委会议，发出关于"外审不超过两轮"的倡议。该倡议主要是针对学界普遍反映的审稿周期长，一篇稿件因迎合多轮审稿和不同审稿人意见而过度修改等问题，建议审稿人应把更多精力放在第一轮审稿上，第二轮审稿不应提出过多第一轮未指出的问题，审稿意见应具体明确、富有建设性，杜绝"三言两语"式及缺乏针对性的意见，编辑部将在征求审稿人和作者意见的前提下，择机公开审稿过程，包括审稿意见和作者回复等。此外，编辑部不断完善审稿制度，逐渐形成了公正、严格以及规范的稿件质量管理体系。从 2018 年开始，编辑部建立初审集体讨论制度。初审集体讨论每两周召开一次。全体初审编辑要对送审稿件的质量和增量贡献进行集体讨论。论文最后是否送外审，要经全体编辑的一致同意，方可送审，以保证稿件遴选的公平性与公正性。同时，编辑部坚持对匿名审稿专家库实行动态调整，加强审稿专家队伍建设。一方面，充分利用学术交流会等平台，积极寻找和发现优秀审稿人，同时，全面考察当前顶级和权威期刊的发文情况，筛选出学术发表较为突出的中青年学者，充实到外审专家队伍中；另一方面，集体讨论筛选审稿人，淘汰了一批水平不高、责任心不强以及时间观念薄弱的审稿人。所有这些工作的目的，都是为了给作者和读者提供更好的刊物体验、营造更加友好的学术研究氛围。

第四，期刊要加强对作者中文写作能力的培养，以保护文化的传承。青年学者的成长关系到未来科学研究的前景，培育青年学者是编辑部需要承担的重要工作。从当前来看，很多青年学者缺乏的不是对先进理论和前沿方法的掌握，而是对中文写作能力的掌握。很多青年学者甚至认识不到中文表达能力的重要性，长此以往将对国家文化传承产生影响。《财贸经济》编辑部历来重视中文表达的重要性，经常通过电话、邮件的方式对作者进行一对一的指导。未来编辑部要深入探索多种途径，提高刊文的中文表达水平，为增强文化自信做出贡献。

第五，期刊要重视国际化建设，要在世界舞台上讲好中国故事。中文学术期刊"走出去"是我国出版业"走出去"的重要内容，也是落实习近平总书记《在哲学社会科学工作座谈会上的讲话》精神的一项重要工作。《财贸经济》是国家社会科学基金首批资助期刊，近年来在国际化和"走出去"方面进行了若干探索。2017 年 11 月，《财贸经济》正式成为美国经济学会（American Economic Association，AEA）EconLit 数据库来源期刊。本次入选是《财贸经济》提高国际影响力的重要途径，也是期刊建设过程中的标志性事件。2018 年，*A New Era: China's Economy Globalizes*（《新时代：中国经济全球化》）由社会科学文献出版社出版发行，该书的主要内容为《财贸经济》已经刊发的文章，包括国外读者关心的房地产、雾霾治理、防范金融风险等问题，为世界提供了了解中国经验和中国模式的平台，同时也进一步提升了《财贸经济》的国际影响力。

2018 年 6 月 13 日，基于英文论文集《新时代：中国经济全球化》的出版发行，《财贸经济》编辑部与社会科学文献出版社国际分社联合举办"中文学术期刊'走出去'研讨会"。此次会议邀请了中国社会科学评价研究院负责人以及国内经济学领域的 10 本权威中文期刊编辑部、2 本英文期刊编辑部和施普林格·自然出版集团相关代表参加。与会期刊编辑部代表就中文期刊"走出去"以及英文期刊办刊中面临的困难等进行了深入讨论，并初步达成如下共识：第一，学术期刊"走出去"对于讲好中国故事、传播中国声音具有重要意义；第二，采取书籍出版方式"走出去"是一种较合理的选择，因为书籍和期刊的终端阅读群体不同，是对原有期刊渠道的一个补充，但在内容选取上需要全面考虑；第三，学术期刊在内容上"走出去"，翻译质量至关重要，这在很大程度上决定着国外读者的数量以及文章能否被引用。2019 年，《财贸经济》编辑部与社会科学文献出版社国际分社合作，从历年刊发的文章中选取优秀论文，翻译成英语和俄语在海外推广，该举动系《财贸经济》探索期刊"走出去"的一种尝试。此外，编辑部赴英国牛津，参加泰勒 – 弗朗西斯出版集团的出版培训，并在北京办公室接待回访，计划在未来采用多种方式予以合作。这些工作都是《财贸经济》国际化的探索和体验，未来编辑部要在此基础上做更多的有益尝试，在国际平台上讲好中国故事。

最后，编辑需要不断提升自己，也需要更多的理解和尊重。"编研结合"是未来学术期刊编辑的发展方向，需要编辑人员不断追踪理论前沿和方法前沿，提高自身的学术水平、科研能力和编辑能力，做全能型的编辑人才。同时，编辑人员需要更多的理解和尊重，需要管理部门在职称评定等方面予以政策倾斜，需要对办刊工作绩效进行公正的评价，以保证更多优秀人才加入编辑队伍，这是期刊可持续发展的前提和保障。

《财经智库》编辑部　李雪慧

# 新刊发展需要情怀<br>更需要支持

李雪慧，编辑，博士，毕业于厦门大学，2014年进入中国社会科学院财经战略研究院工作，2016年调入《财经智库》编辑部，现为《财经智库》编辑部副主任。

相对于很多长期耕耘于期刊工作的老编辑而言，我可谓是"新刊中的新手"。《财经智库》创刊于2016年1月，我本人于2016年下半年正式加入《财经智库》编辑部。虽然没有经历创刊时的种种艰难，但在伴随《财经智库》成长的6年里，见证了新刊发展的每一次艰难探索与各种不易，我本人也从最初的迷迷糊糊、懵懂不知，到如今时刻小心、充满敬畏之情。

## 一、最初也以为编辑工作就是改改错字

2014年我正式加入财经战略研究院综合部，主要从事宏观经济和能源经济方面的研究，2016年下半年我被调到《财经智库》编辑部，成为一名

期刊编辑。《财经智库》是中国社科院的第一本智库类期刊，当时刚创刊半年，对于如何办智库类期刊，大家都没有太多经验。《财贸经济》、《财经智库》、*China Finance and Economic Review* 三个编辑部办公地点同在一个大套间内，人员也是交叉使用，大家共同探索，携手办刊，时至今日。加入编辑部之前，依着自己多年发文章的经历，对编辑工作的认识仅限于"送外审"和"改改错别字"，这也导致我进入编辑部最初的两个月里，以为自己的工作就是每期校对几篇稿子，丝毫不影响自己的科研工作。同事问要不要一起去核红时，也以为可去可不去……直到有一日，时任编辑部主任杨志勇老师给我发来一篇英译稿，让我审看。那篇英译稿我花了整整一周的时间，几乎从头重新翻译了一遍，虽然杨老师后来说只是让我熟悉一下业务，但通过这件事情，我才明白我的工作远不是改错字那么简单。自此，我才真正开始进入自己的角色，审稿、组织座谈会、参加学术会议、策划专题、约稿、访谈……而最初以为的"工作"，仅仅只是众多工作中相对单纯，但却不容有任何疏忽的一环。

编校工作如同一个无底洞，即便花费再多的时间和精力，也总有"漏网之鱼"。所以，对于编辑来说，出版的纸刊大多时候是不敢翻看的。记得有一次参加中国社科院期刊审读会，有位专家在评论兄弟期刊时，突然提到《财经智库》，当时我瞬间绷直了身体、汗毛直立，竖起耳朵等待专家的批判。所幸审读专家只是提及《财经智库》特色化期刊定位，并没有指出什么差错来，但那一刻"头悬利剑""如坐针毡"的感觉至今难忘。

现在的学术期刊普遍面临作者文字水平下滑的问题。编辑部有位从事期刊工作几十年的老编辑，每每提到这个问题都感慨不已，碰到认识的作者甚至会打电话把作者"批评"一番。虽然我们笑称他"倚老卖老"，但这的确是一个现实问题，特别是对于《财经智库》来说，有的文章，即便已是三校、四校，校样上依然是一片通红，工作量可想而知。

对于新刊来说，编校工作不仅仅是文字纠错和润色，有时候还需要参与文章修改，甚至亲自动手修改。约稿可能是每个编辑部都很发怵的问题，特别是约来的稿件同时署名两三个作者时，文章一般是需要进一步打磨的。如果作者愿意修改，且可以修改到位的话，那是幸事，但如果作者修改不到位的话，那就只能编辑自己动手帮助作者修改了。当然，前提是作者愿意接受你的修改。

## 二、新刊需要创新，更需要情怀

在现有评价体系中，要想跻身"头部"期刊的"方阵"，往往需要几代办刊人共同努力，且稍不用心，就会倒退。这就是办刊人常说的，"办刊如同逆水行舟，不进则退。"在如此激烈的竞争中，作为后进者，新刊要想站稳脚跟，谋求进步，难度可想而知。前不久，某刊主编撰文介绍期刊经验时提到约稿比例占到 90% 以上，评论区"一边倒"地认为这是挤压正常稿件刊发的空间，存在"关系稿"的嫌疑。但现实情况是，对于很多期刊，这么大比例的约稿实属无奈之举，原因可能有自然来稿不足、自然来稿质量差等，加之期刊要体现问题导向，显然不能"等米下锅"，必须"找米下锅"。至于怎么"找米下锅"，怎么"找精米下锅"，这就体现主编、编辑部的能力以及创新精神了。

如同大多数新刊一样，《财经智库》也一直面临稿源不足、稿子质量差的问题。为此，编辑部积极组织向名家约稿，借助名人"流量"扩大期刊影响力；针对热点问题，迅速做出反应，比如党的十九大闭幕的当天下午，编辑部就组织专家召开研讨会，最早组织中美经贸关系座谈会等；积极探索借助新媒体加大期刊宣传力度，《财经智库》应该是最早开设微信公众号并全文推送文章的期刊之一；等等。但创新的背后投入的除了时间和精力外，可能还有个人的"人情"，甚至是个人"经费"。《计量经济学报》创刊两期便在学界引起极大反响，很大程度上是因为其主编洪永淼和汪寿阳在学术界有着重要影响力，使得该刊能够在很短的时间内被读者和作者认可。《财经智库》创刊 6 年来取得的学术影响力和社会影响力，除了主管主办单位的大力支持、编辑部的努力外，也离不开副主编杨志勇倾其"人力、物力、财力"来办刊。如果说老刊的编辑在院外尚且可以享受到某种追捧，那么新刊编辑可能在院内院外都属于"二等公民"，支撑其前行的动力只能是责任和情怀。记得《新疆师范大学学报》（哲学社会科学版）主编李建军曾经写过这样的话:"我有两个孩子,其中一个叫《新疆师范大学学报》。"多数新刊编辑亦如是吧。

## 三、编辑必须担负好学术引导的重任

当然,办新刊亦有很多成就感,比如有作者因在《财经智库》刊发的文章而被国家部委委托重大课题,国内外读者给予正面反馈,文章被转载,期刊获奖,等等。于我个人而言,影响最深、最受触动的是几次对老学者的访谈。2017年,为了庆祝习近平总书记在哲学社会科学工作座谈会的讲话发表一周年,《财经智库》策划了老一辈学者访谈栏目。访谈的第一位学者是著名的经济学家刘国光先生,地点是中国社科院科研大楼4层,他的办公室。在与老先生寒暄时,即便是在其耳边大声说话,他也听不太清楚,可当进入正题,聊到学术问题时,老先生的思路却出奇地清楚,眼明耳聪,完全不像是已95岁高龄的老人,这大概就是学术的魅力吧!访谈后来被整理成文,在学界引起很大的反响,不少期刊也相继推出类似主题的文章。隔年,单位在栗林山庄召开暑期工作会,凑巧碰到了老先生,老先生指着我说:"我记得你,你们之前给我做过访谈,你们那篇文章写得很好。"对于期刊编辑来说,我想大概没有比这更好的褒奖了。

之后我们又组织刊发了张卓元、汪同三、杨圣明的访谈文章,虽然每位学者经历各有不同,可当回答对青年学者有何建议时,都给出了相同的答案,就是要注重基础理论的学习。刘国光老先生表示,"决策咨询,我也参加了不少,但这不是我主要关心的问题","我们就是一般性地参加","应该把更多精力放在理论学习上,基础研究是最重要的。年轻人不能只看眼前,一定要打好基础。经济学基础打好了,和实践结合好,优秀的决策研究成果自然而然就会有。"张卓元老先生认为,"智库建设要以研究为基础。""一个人在研究工作上有成就,要满足两条:一定要有兴趣;一定要勤奋。""具体来说,应该打好基础,除了马克思主义经济学以外,现代经济学也都应该熟悉,这是一个。第二个要联系实际,过去孙冶方很强调这一点。"汪同三研究员也提出,"基础就是我们的研究,更重要的是我们要做好我们的研究，要敢于去创新，敢于和中国的实际密切相结合。"2020年上半年，不少学术期刊发起关于"唯数量化""唯模型化"的反思，倡导提升学术研究的理论性、思想性。但"倡议"仅仅是个开始，学术期刊如何保持初心，而不被现有评价体系"牵着鼻子走"，更好地发挥学术研究的导向作用，是需要我们每个期刊工作者深思和探讨的重要话题。而这一点，也是《财经智库》创刊以来始终坚持的基本原则——引导学者研究真问题。

## 四、期刊的发展需要多方合力

2020年下半年，我被组织安排到了中国社科院科研局期刊与年鉴管理处挂职，接触到了不同学科领域的期刊，也从期刊管理和服务的角度对期刊工作者有了更全面的认识。在科研机构、高校，期刊编辑的焦虑和身份认同的问题由来已久，但要解决这个问题，不能只让编辑"讲情怀""讲奉献"，而是需要各方合力，共同解决。

"编研结合"的确很有必要，但真正投入工作的编辑，其实是没有多少属于自己的时间的，特别是在编辑部人手不足的情况下，除了日常的出刊工作外，编辑还需要花费大量的精力跟作者交流，及时了解学术前沿，努力将自己打造成为"思想家""学问家""社会活动家"。更别说，还得学会处理好各种人际关系。于我个人而言，对标优秀编辑，还有很大的差距，但编辑工作确确实实占据了我绝大部分时间，也不再是顺手就可以完成的工作，而是需要投入极大的精力努力去完成的一项重任。至于曾经的"主业"——科研工作，就只能暂时"靠边站"了。

# 我与《金融评论》的共同成长

《金融评论》编辑部　程　炼

程炼，研究员，博士，毕业于中国社会科学院研究生院，2007 年进入中国社会科学院金融研究所工作，2009 年进入《金融评论》编辑部，现为《金融评论》编辑部主任。

　　2009 年，中国社科院金融研究所着手创办《金融评论》的时候，我对于学术期刊编辑工作的认识，仅停留于从作者角度对发表过程的理解：接受投稿——提交匿名评审——发表过审的高质量稿件。当时正值全球金融危机愈演愈烈之际，对于既有金融政策与学术体系的反思和批判也如火如荼，大家都毫不怀疑这是金融学期刊发展的黄金时期。我也满怀憧憬，期望着能够复制 Journal of Development Economics 和 Journal of Economic Geography 依靠新增长理论和新经济地理理论的发展在 1990 年崛起的路径，成为经济与金融领域的领军期刊。社科院各研究所旗舰期刊在各学科的权威地位，以及金融研究所在国内政策和学术界的号召力，更是让当时的我信心满满。然而一路走来，现实却与当初的乐观设想形成了鲜明反差，我遇到了许许多多不曾预料到的问题，也因此获得了锻炼和成长。

创刊至今，《金融评论》获得了很大的发展，也进入了我国主要期刊数据库的核心目录，但是与当初设想的目标却有相当大的差距。反思其中的原因，虽然基于学科发展新领域和新趋势的赶超是可行的，但它需要一系列条件的配合，包括：在新兴领域有大量的高质量研究产生，在创新成果的发表上形成领先优势和规模效应，得到相关领域核心作者的有力支持，相关文章的引用率要和期刊学术声誉形成良性循环，有高质量的编辑队伍来保证期刊学术声誉的持续性。回头来看，尽管全球金融危机爆发后产生了关于系统性风险、宏观审慎政策框架、超低利率政策、金融科技等一系列新的研究主题，但我国学术界基本处于"引进吸收"的状态，高质量的原创性研究并不多，并且期刊同质化竞争严重。在这种情况下，仅凭借这些创新领域来支撑一本新学术期刊的发展是不现实的。

过于乐观的预期也导致了期刊定位的偏差，它集中体现在刊发文章类型和质量标准两个方面。尽管刊名为《金融评论》，但在实际刊发的文章中，真正的评论性文章所占比例很低，不足10%，常规性的研究论文则占70%以上。这种稿件类型分布的原因在于高质量评论文章的匮乏，部分原因则是为了与权威期刊竞争，获取高水平作者的青睐。与此相应，《金融评论》从创刊之始就设定了较高的稿件质量标准，并且为了防止人情因素干扰而严格限制本所稿件的刊发比例。上述做法的好处是使期刊在发展早期就获得了较高的引用率和学术口碑，但副作用是期刊失去了特色，混同在其他金融学期刊之中。另外，这种以成熟权威期刊为模板的定位还导致了稿源状况和质量标准之间的反差，使《金融评论》从一开始就面临稿源不足的问题，并与其他因素形成了恶性循环。

在跌跌撞撞的成长过程中，极为幸运的一点是《金融评论》有赵一新老师这位经验丰富的老编辑。创刊之时，实际稿源的质量状况远低于之前的预期，以致我们犹豫是否要将正式出刊的时间推到2010年。关键时刻，赵一新老师力主一定要在2009年创刊，即使在稿件质量上做一些妥协也在所不惜。我们最终遵循了他的意见，并且现在看来，这一决断极富远见：它使《金融评论》提前一年达到了南京大学CSSCI和北京大学版核心期刊的数据年限要求并成功进入两者的目录。而这也是我担任期刊编辑后上的第一课：准时出刊对于期刊而言是极为重要的。

我所上的第二课是关于编辑与作者的关系。之前我一直认为学术期刊的编辑应该扮演作者与审稿人之间的"主持人"，除了传达审稿意见之外不应对稿件的写作加以干涉，期刊的学术风格也仅体现在对所发表稿件的选择上。但赵一新老师坚持编辑应该参与稿件的写作和修改过程，就自己的观点直接与作者进行沟通。当然，这次赵老师的意见仍然是正确的，尤其在稿件平均质量有待提高和审稿人资源紧张的条件下更是如此。很不幸地，赵一新老师已经于2018年1月因病离开了人世。回头来看，在参与《金融评论》的创办时，我其实只是个对于学术期刊理解幼稚的"作者"，是在他的引导下才逐渐进入编辑的角色。

随着自己的不断成长，我对学术期刊的使命与特性也有了更深的认识。其中一个最为突出的感受就是，在互联网时代，学术期刊的功能定位已经发生了巨大变化，编辑工作也必须适应这种变化，才能够更好地保障和促进期刊的生存与发展。

在传统环境中，学术期刊扮演着"引领者"和"教育者"的角色，在很多情况下，学术期刊是读者关于本领域研究进展的主要甚至唯一信息来源，也是展示自己研究成果的唯一渠道。但是在互联网时代，学术期刊的这种角色被大大弱化了，尤其在经济学领域，由于工作论文、预印本网站以及微博、个人网站等新型交流媒介的出现，学术期刊作为研究前沿内容提供者的功能被大大削弱，更多地作为"质量鉴证者"而存在，即通过自己对于稿件的选择，"公布"值得读者加以注意的高质量研究成果。相应地，作者在学术期刊的发表也不再是让读者能够看到自己的研究，而是让读者"注意"到自己的研究，并在这一过程中建立自己的学术声誉。与此同时，学者之间交流的便利性也使学术层级结构扁平化，并直接导致了学术期刊与编辑的"去魅"：学者们不再像以往那么崇拜期刊的权威性，而只是将它作为一种学术认证制度。除了极少数顶级学术期刊，大部分读者已经不再去浏览整本期刊，转而依靠期刊数据库搜寻自己关心的具体论文，相应地，对于期刊的质量评价从权威学者的认可向更为客观的引用率倾斜，这也导致了学术期刊在运营中对于后者的依赖。

在新的环境中，学术期刊正在演化为两种类型，可分别称为"引领型"期刊和"认证型"期刊。

"引领型"期刊更类似于传统意义上的权威期刊，其特征包括以下几点：第一，旨在向领域提供主流研究范式和领先（示范性）研究成果；第二，编辑通常是本领域专家（权威）；第三，编辑积极介入论文的写作过程；第四，实行严格的质量控制。

"认证型"期刊则更接近现代互联网环境下的一般性学术期刊，其特征包括：第一，旨在为高质量的研究成果提供鉴证；第二，高度依赖同行评议；第三，编辑并不过度干预论文的学术性内容；第四，在发表内容上更重视读者兴趣。

对比上述两种期刊的特性，《金融评论》在创立之初设定的目标实际上是成为"引领型"期刊，但目前的实际定位是"认证型"期刊，这种目标与定位的反差也导致了编辑工作中在多种权衡上的难题。

一是编辑与审稿人之间的关系。作为学术期刊，匿名评审已经越来越成为基本的程序要求。在相对成熟的学术领域，匿名审稿人制度可以有效保证稿件选择的公平性与合理性，但即使如此，编辑的作用仍然是非常重要的。尽管审稿人能够对于研究成果的原创性、前沿性和正确性给出判断，却难以精确把握期刊的选题导向和学术风格、投稿的平均质量与分布情况，并且通常并不关心论文进一步修改的潜力。因此，如果编辑将"守门人"的职责完全交给审稿人，也就放弃了期刊的自身特色，而对于"引领型"期刊，这种代价是不可接受的。与此同时，在学科发展的新兴领域很难找到合适的审稿人，或者相关创新很容易由于不符合现有研究范式而被审稿人否定，这时编辑的主导作用就极为重要。

二是编辑在稿件形成与修改过程中的角色。对于"认证型"期刊，编辑在稿件的形成过程中总体上处于被动地位，即只有在研究成果完成并投稿之后才会加以处理，并且在与作者的沟通中以传递审稿意见为主，目标是使修改后的稿件达到发表标准。但是对于"引领型"期刊，编辑不仅需要主动寻找能够代表学科发展方向的选题，而且要为相关的"跟随型"研究提供相对稳定的框架和可学习的方法，必须对稿件的质量有更高的要求，并且需要让作者很好地理解期刊的风格与特点，因此编辑必定要和作者有更多交流，有时候甚至需要扮演合作者的角色。

三是期刊学术声誉与引用率之间的关系。尽管这两者总体上是正相关的，但是在很多时候并不完全一致，甚至会相差甚远。期刊的学术声誉通常来自学者对于期刊文章质量和学术风格的个人感受，但是期刊文章内容的高质量或者对于学者研究的帮助并不一定会转化为后者研究成果中的引用，尤其对于综述或评论性文章更是如此。对于"引领型"期刊，由于既有的学术地位，其通常可以不过多考虑引用率而致力于学术声誉，但是对于"认证型"期刊，引用率决定着其排名和影响力，必须加以高度重视。

四是稿件内容创新与稳健性之间的关系。显然，在稿件的选择上，"引领型"期刊更强调前沿性和创新性，并且由于其稿源情况较好，在此类稿件上仍然可以保证较高的基本质量。对于"认证型"期刊，情况则要困难得多。一方面，在发表创新稿件的引用率收益和误发有"硬伤"稿件带来声誉损失的权衡上，由于自身定位和相应的读者群性质，后者的成本要比前者的收益高得多，这迫使"认证型"期刊在稿件选择上更为谨慎；另一方面，"认证型"期刊在稿源质量上远不及"引领型"期刊，这也大大压缩了其稿件选择范围。

我相信，上述的这些问题，不仅是《金融评论》在面对。但我们自己还没有找到好的答案，又或者，我们偶有所得的经验并不适用于其他期刊。有时我想，这也许是编辑工作的意义所在：作为学术制度的一个部分，我们可以更清晰地观察它的运转，发现问题、探索未知、应对挑战，并在将来因为自己为其发展与革新做出的一份贡献而欣慰。

# 学术期刊编辑的修养

## ——心正 心明 心静

《数量经济技术经济研究》编辑部　李金华

李金华，研究员，博士，毕业于中南财经大学，2000年进入中国社会科学院数量经济与技术经济研究所工作，2003年调入《数量经济技术经济研究》编辑部，现为《数量经济技术经济研究》常务副主编。

学术期刊是现代科学研究成果表现的重要载体，它传播前沿性科技知识、发明创造，弘扬先进的学术思想、学术观点，传承辉煌灿烂的精神文明、社会价值。优秀的学术期刊是一门或多门学科的一面旗帜，其风格、定位对一个或多个学科的发展有着重要的影响。学术期刊的地位离不开科学工作者所创造的科研成果的贡献和价值，同样也离不开期刊编辑不可或缺的劳动。在期刊园林中，编辑是园丁、是辛勤的耕耘者；在历史的长河中，编辑是人类不朽文化的传播者、优秀成就的推介者；编辑也是普通的劳动者、是有技艺的工匠。同一切平凡的劳动者一样，编辑的工作可彰显劳动的荣光、再现创造的价值。平凡的工作可见高尚，高尚的职业需要良好的修养。一个编辑要成就事业、实现理想，成为大编辑、名编辑，就需要心正、心明、心静，练就过硬的本领，得成良好的修养。

心正，要求的是编辑的品行和操守。学术期刊编辑的劳动对象是学术论文、学者的研究成果。编辑工作是生产活动，更多体现的是对产品的再加工，这是科研活动的延续，是科学家的成果走向市场、走向社会、应用于实践、为人类服务的必要环节。没有期刊的推介，没有编辑对科研成果的再加工，科学工作者的劳动成果就难以被社会认识、接受。因此，如科学家一样，编辑的工作仍然具有创造人类文明、推动社会进步的历史韵味。科学研究需要科学精神，编辑工作也需要科学精神；科学研究需要道德准则，编辑工作同样需要道德准则。心正就是对编辑的道德要求。"正"是一种公道，编辑的眼里只应有文章或成果，而不应有作者的背景；心里有的应是文章的价值、文章的贡献以及文章可能产生的影响，而不应是作者的身份、地位和名气；在编辑眼里，好的文章如珠如玉、如同家珍，要想方设法及时地推出。"正"是一种出乎灵魂深处的做人准则，不卑不亢、不矜不伐，有劳动者的尊严、工匠人的体面。"正"也是一种处事的态度，尊重自己的职业，爱护自己的声誉，实现自己的价值。

一项成果的面世、一篇文章的发表，编辑是最后的一道把关口，必须有百倍的谨慎、千倍的小心，一丝一毫的差错和讹谬，都是对科学的亏欠、对文化的轻慢，都可能贻害无穷。因而，"正"也要求编辑有强烈的荣誉感和使命感，把期刊的荣誉视作个人的荣誉，心系期刊、心想文章。自己编辑的文章被转载了，产生了反响、发挥了作用，自己与作者有同样的喜悦、同样的兴奋；期刊的名声大了、影响力强了，能感觉到自己的奉献、自己的付出，能分享同样的荣耀。"正"也要求编辑具有敬畏心和责任心，对科学的敬畏、对文化的敬畏、对历史的敬畏，对自己职业的责任、对作者的责任、对读者的责任。"正"是一种怀质抱真的品格，"正"是一种天高地阔的境界。

心明，要求的是编辑的悟性和慧根。与从事科学研究一样，编辑工作也是需要天性禀赋的。人类社会物质文明和精神文明的创造过程充分表明，伟大的成就需要伟大的实践，也需要伟大的人物，一切物质层面和精神层面的元素，不论其出自何处，成于何种形态，最终都是依靠人类的天赋，源自人的本原。没有天生的秀质灵气，难以做好编辑工作。"明"要求编辑明晓事理，长于理解、善于领会，会鉴赏美文佳作，发现真理、以小见大，也能精于思考雕琢，于细微处看出问题、提出质疑；能保持独到见解，形成独立判断，也能虚心纳言，听取作者意见，接纳作者观点。"明"要求编辑具备过硬的专业技术，擅长文字加工，工于提炼观点，善于总结思想，有"点石成金""化腐朽为神奇"的本事。"明"也要求编辑对自己的工作有准确的定位，对自己的职责有清楚的认识：编辑工作是对科研成果的再加工，是对学术论文的修饰润色，编辑活动不能过度、不能越界、不能替代研究活动；编辑不能代替作者，编辑的个人观点、主观意志也不能完全渗入所编辑的文章，更不能取代作者的思想观点；编辑的笔上之功应该是锦上添花、画龙点睛，而不是越俎代庖、大包大揽。一切编辑活动当以不改变原作品的主题和核心思想为根本出发点，这应当是学术期刊编辑要明晓和遵守的重要准则。

"明"是编辑的天赋、是编辑的慧根。优秀的编辑慧心巧思、耳通目达，在自由开放的学术氛围和编辑实践中，能激发灵感，建立好的命题、构思好的意境、产生好的创意、推出好的策划；能顺应时代发展要求，投身鲜活社会实践，探究社会热点难点，挖掘立意高远、观点鲜明、针对性强、意义重大的选题，推介学术水平高、应用前景好的研究成果。对编辑而言，"明"是不偏走极端、不刚愎自用、不固执刻板、不僵化自恋；"明"是敏而好学、锦心绣肠、善解人意、活跃开放；"明"是眼界开阔、有思想、有见地、有想法，是思考者，也是行动者。

心静，要求的是编辑的性格和心性。编辑工作离不了的是文字、标点、数字、符号，绕不开的是字母、公式、图形、表格，需要遵循的是各类标准、准则、规范。多如繁星的文字和符号，使编辑工作成为苦差累活，也使编辑成为最易出差错的行当。在编辑过程中，差错可能发生在任何可能出现或者不可能出现的环节，也可能发生在容易出现或者不应该出现的位置；差错可能是形式上的，也可能是内容上的；疏忽大意可能出错，百般小心仍可能出错；差错五花八门、无奇不有；差错无孔不入，防不胜防；差错令编辑工作如履薄冰、如临深渊；差错常常令编辑懊恼悔恨、郁闷憋气，也常常使编辑贻羞受责、饮恨衔冤。编辑工作容不得一丝的疏忽，来不得半点的马虎。因此，做好一个编辑必须静得下心、沉得住气，没有这般心性是难以做好编辑的。

一个编辑编好一篇或多篇文章并不难，一次或多次不出差错并不难，难的是一以贯之地保持编辑的高水平、高质量，难的是长久不出错或少出错。编辑过程中永远潜在舛误、永远可能出现偏差，编辑活动不止，防错纠错就丝毫不能懈怠。办刊的路上，编辑人时时刻刻都要小心翼翼、警钟长鸣；时时刻刻都要有饱满的工作热情、严谨的科学态度、愉悦平和的心态；能忍得住寂寞、守得了清贫，能心无旁骛、意无杂念。这是一个编辑百丈竿头的目标，也是一个编辑止于至善的追求。

编辑是普通的劳动者，是一名工匠，干普普通通的工作，做平平凡凡的事情，需要谦卑但不能失尊严，执着而不应忘本分。一个编辑可能终生难以做出辉煌的成就、伟大的事业，但可以持守宁静、坚持信仰、敬畏规矩、严守标准，在针针尖尖、分分秒秒、圈圈点点、写写画画中绽放劳动者的光荣，彰显平凡人的高尚，见证编辑人的价值，实现办刊人的梦想。

现代社会呼唤大编辑、名编辑，呼唤优秀的编辑。一个优秀的编辑、一个名编辑，既要心正、心明、心静，又需心智、心力、眼力；既有执着专注、精益求精、一丝不苟的工匠精神，又有"品鉴师""裁剪师""园艺师"的真功夫；既有敢于担当、理性无私的怀疑精神，又有尊重科学、崇尚真理的工作态度；既有保持特质、坚持个性的独立处事风格，又有心静气顺、谅人容人的团队合作精神；既有心灵手巧、"挑花绣朵"、作得嫁衣的能力，又有工于思索、钻研学问、激扬文字的本事。

认识决定情感，情感决定态度，态度决定行为，行为决定结果。一个编辑只有将自己对职业的认识升华到是在为荣誉，为人类文明的荣誉、期刊的荣誉、劳动者的荣誉而工作，自己是在做"美工"，是在做"一尊文化雕塑"，才会对编辑职业产生情感，才会像维护自己的声誉一样维护期刊的声誉。有了这种情感，编辑心中就会有灵气、有美感，就会有自然、有本色，有韵味、有感悟，就会成为追求至善至美的文化匠人。这是编辑者的超凡脱俗，是编辑人的"灵魂圣坛"。

（原载《中国社会科学报》2017 年 2 月 28 日第 1156 期）

# 把平淡的日子
# 过得心安理得

《法学研究》编辑部　谢海定

谢海定，编审，研究员，毕业于中国社会科学院研究生院，1999年进入中国社会科学院法学研究所工作，2002年进入《法学研究》编辑部，现为《法学研究》副主编、编辑部主任。

一

　　2002年10月，我的工作从研究室调整到了编辑部。虽然只是单位内部不同部门间的调整，但是对于我来说算是开始了一个新职业。年底回家的时候，并不识字的爸妈问我，"编辑是干什么的"。爸妈想听到的，显然不是我所做的具体工作，而是让街坊邻居们一听就能明白的一个职业名号。那时候的我，回答不上来。直到今天，我依旧没有准备好能让自己觉得满意的答案。

　　我所在的《法学研究》，是一本法律类学术期刊，在法学圈内很有名气。虽然杂志有名，但是由于我对编辑工作完全不了解，领导刚提出让我去编辑部的时候，我内心是拒绝的。当时心想，科研工作刚刚起步，却唤我去做编辑，是认为我科研能力不行么？那会儿，包括我在内，不少人都认为编辑是门槛很低的活计，从科研岗调整到编辑岗，多意味着科研能力欠缺、潜力不大。记得张志铭老师第一天带我去编辑部的时候，看到大家都各自在做自己的事情，没有任何人抬头看一眼。"新兵"进门，没被任何人注意到，于是我心虚地想，或许是自己被窥见了"科研不行"，内心的困窘便更添了一层。

后来知道，专心忙自己的，其实是编辑工作的常态。做科研和当编辑都需要投入大量的个人时间。不过，科研人员的时间安排通常比较灵活，而编辑的时间安排比较固定。我们是双月刊，比起月刊、周刊、日报之类，出刊周期已经算得上挺长的了，但即使如此，审读稿件、派发外审、作者沟通、编辑校对等围绕稿件采选加工的日常工作，也基本上把每日的时间填得满满当当，尤其是编辑加工环节，《法学研究》要求责任编辑对稿件进行深度加工，逐字逐句核查修改。且不说中外文引注的核查校对会耗费大把时光，仅努力把各种翻译式表达、口语化表达和个性化色彩过强的表达修改得尽可能简洁流畅，就是让人特别绞尽脑汁的事情。而在这些日常工作之外，还有参加编辑培训、政治学习、策划选题、举办会议论坛等职业范围内的事情。跟科研相比，每期杂志在固定时间出版发行，各个环节的稿件审读及编辑校对，都对应着基本固定的日期，编辑的各项具体工作绕不开，更逃不掉，差不多就是"终于忙完这一期，只待接着再忙下一期"的状态。

对于这样的工作节奏，在做编辑的前两年，我感觉相当不适应。那两年，也是我在职攻读博士学位的后两年。除了做编辑，还要写博士学位论文，而无论时间还是精力，编辑与科研并举共进，对我当时来说几乎是不可能的。2004年元旦后，我决定申请博士延期毕业。在提交申请前，导师和师兄弟们都劝我坚持。确实，在当时能看得见的未来时间段里，不可能有更充裕的时间和更好的解决办法，除了拼命，就只能放弃博士学位。编完2004年第1期稿件后，我在短期内减少了用在编辑方面的时间，每天天黑开始，接着之前的进度，撰写博士学位论文到天亮，然后出门跑步、吃早饭、洗漱、睡上三四个小时。如此坚持了四十多天，终于完成博士学位论文初稿。

## 二

编辑工作的节奏，时间久了就可以适应，并渐渐变成习惯。相对更具有挑战性的，是与各种各样的作者打交道。给我们投稿的作者，绝大多数是高校和科研机构的专业研究人员，然后是一些博士研究生、硕士研究生，少数从事立法、司法、行政的公职人员。不管所投稿件在选题、论证、篇幅、规范等方面有多么大的差距，他们差不多有一个共同点：觉得自己的稿子质量最高，至少也是写得非常好。

认为自己的论文写得好，对绝大多数作者来说，包括我自己，都是很正常的事情。毕竟，阅读者领会到的只是文字所表达的一部分，而文字所表达的也只是作者思考的一部分。阅读者对论文的印象，是其领会了的那部分，而作者对自己论文的印象，是其相关思考的所有部分之和，加上阅读者和作者在相关知识的储备上总是存在差异，对特定论文的认知判断存在不同自然也就不足为怪。不过，一旦有了"自己写得好"这个先念，有些作者便很难听进去不同的意见。

做编辑工作这些年，与绝大多数作者都能够很好地沟通交流，他们表现出了对研究工作的严谨、对学术的虔敬、对编辑工作的尊重。也有极少数作者，他们的做法虽然在某种程度上可以理解，但是确实容易给编辑带来不同程度的困扰。

曾有一位知名学者给我们投了一篇稿件。综合考虑论文选题、论证逻辑性、引注规范性等多方面因素后，我非常确定地认为稿件不适合在《法学研究》发表，因而未将稿件外派匿名专家审读，直接做了退稿处理。退稿通知发出后，作者给我打了一晚上电话。第二天继续，不接电话一直打、接了电话挂不掉。

其实，这位作者是一个非常可爱也可敬的法学家，除了上面说的小插曲外，我们之间也一直保持着相互尊重的关系。与之相比，有些作者的做法，更容易直接影响具体的编辑工作。曾有一位实务部门的领导在遭遇退稿之后，先后通过各种途径来疏通关系。这种做法既耽误了很多人的时间，也让我因这篇文章"得罪"了很多本无必要"得罪"的人，心里很不安。

"得罪"人多了，可能会招致一些人在背后议论。有次参加一个学术会议，中午吃饭的时候，我无意中听到桌上有人提起我的名字，并夹带了不少脏话。仔细一听，大概是这位年轻人曾经给《法学研究》投稿，并花了不少精力、托了不少关系，但连我的面都未能见到，觉得我实在太傲慢了。

学术期刊的作者也是期刊的主要读者，既是论文生产者也是主要消费者。作者和编辑之间理想的状态是，相互信任、密切合作。相互信任才能密切合作，才能降低沟通交流的成本，共同繁荣学术。然而，在目前的学术大环境中，学术期刊是非常稀缺的资源，期刊资源在学科、地域、作者群体等方面的分布并不均衡，期刊选稿标准很难做到清晰、明确、具体，即使我们常说的学术标准，也有极强的主观性。如此，作者对期刊及期刊编辑存在不信任的现象，也就很好理解。而在相互竞争期刊资源的过程中，少数编辑未能坚持期刊定下的选稿标准，少数作者设法"找门路""拉关系"，这也使作者和编辑间的关系复杂化，彼此间的普遍性信任很难建立。

建立作者和编辑间的相互信任，我以为，主观方面的基础是，大家应该共同"为了学术"，把学术作为内心的信仰；客观方面的基础是，要建立尽可能透明、公开的稿件采选制度，让稀缺的期刊资源在"阳光"下分配。不过，这两方面，都不是编辑个人或者作者个人的问题，牵涉整体学术环境的改善，短期内并不容易解决。

## 三

编辑工作做久了之后，经常会遇到熟人、朋友的，或者经过熟人、朋友转托过来的"求助"：帮忙给论文提建议。经常听到的话是："知道你们刊要求高，我并不是要给你们刊投稿，只是想让你帮忙提一些修改完善的建议。"或者，被邀请去做关于"如何写好学术论文"的讲座或者座谈。话都很客气，透着对自己的尊重和信任。可是，编辑做久了之后，在工作之外对别人的论文"说三道四"，以及就怎么写出好论文"指点迷津"，都真的属于心里最不愿做的事情。

虽然由于职业原因，编辑对学术写作规范、学术鉴赏方法相对熟悉，但这并不意味着编辑都有很高的学术能力。编辑有其相对熟悉的学术领域，超出这个领域，就是外行。即使在其熟悉的领域内，编辑通常也不会比精研具体问题的作者有着更深的领悟、更准确的把握。而关于什么是好论文，本就没有非常具体、确定的标准，不同领域、不同类型的文章，"好"的标准也不一样。最重要的是，编辑不能把自己的判断标准，作为普遍性标准"兜销"给作者。在各学术期刊都采用双向匿名外审的制度后，对特定论文"说三道四"，有可能不但没帮上作者，反而会给作者带来不必要的困扰。

不过，在自己工作范围内，编辑应该坚持对学术规范性、学术创新性、学术严谨性等方面的判断。工作之外的拒绝，是基于对自己局限的认知；工作之内的坚持，是基于编辑职责的要求。坚持自己的判断，可能会因为自身存在的知识局限漏掉了好稿子、选择了不够好的稿子，但这是期刊必须要付出的代价，而且通过外审制度、编辑自身不断地努力，还可以将这个代价限制在较小范围。如果编辑经常放弃自己的判断，则很容易使学术标准之外的其他因素，对稿件的采选发挥决定性作用。

当然，有些邀请和求助或许并不真的出于对编辑能力的信任，而可能主要因为编辑被认为掌握了期刊采选稿件的权力。其实，像我所在的《法学研究》，编辑个体，包括主编，都没有直接决定稿件采用的权力。我们实行的三审制度，是一审、二审和终审，都只有否决权，而没有决定权。虽然分散的权力仍然是权力，但它并不具有决定性，属于"关在审稿制度笼子里"的权力。

## 四

很多人以为，编辑工作无非就是看稿子、编校稿子而已，虽然需要规范、细致和耐心，但熟悉之后应该是比较轻松的。从实际感受来说，这话差不多说对了一半：要应付基础的稿件编辑工作，做到规范、细致和耐心就差不多了，而要真正做好编辑工作，这些还只是一个开始。尽管审读和编校稿件是编辑的核心工作，但是在期刊运营的整个流程中，同样重要的，前有选题策划，后有学术传播。

选题策划是发挥期刊学术引领功能的重要途径之一。选题策划，需要立足期刊定位和宗旨，关注国际、国内发展大局，研究学科和行业发展趋势，梳理相关领域的理论发展脉络和实践中待解难题，结合特定时段内理论和实务热点。除了对自身期刊定位有明确的意识、对所在学科的知识脉络有比较清晰的整体感，日常广泛关注国内、国际尤其是行业内的大事之外，每个选题策划还需要集中地做功课，既包括选题本身可能存在的理论突破的难题和角度，也包括哪些人可能对此选题感兴趣、哪些人可能做出突破性的成果。2011 年 8 月，我和同事尝试设立"《法学研究》青年公法论坛"。论坛定位于国内青年学者的公法学术交流平台，主旨在于引导青年学者在公法研究的选题、方法、材料、思路等方面不断反思、创新，推动中国公法研究沿着严谨、务实、深入、学术的方向发展。自 2011 年起，该青年公法论坛陆续组织了"公法发展与公法研究创新""反思法治：制度、实践和话语""作为方法的权利和权利的方法""国家治理的法治化""法治视野下的城市治理""马克思主义法学：经典与解释"等选题的征文和研讨。2014 年起，编辑部正式设立"《法学研究》论坛"，迄今组织了"城市化与法治化：城市化的法律治理""依法治国与深化司法体制改革""民法典编纂的前瞻性、本土性与体系性""刑事法治体系与刑法修正""个人信息使用与保护的法律机制""新时期金融稳定发展与法治保障""政府、市场与法律：营商环境的法治化""创新驱动与国际博弈下的知识产权法"等十多个选题的征文和研讨。

学术传播是学术发表功能的自然延伸，在一定程度上也是学术发表的目的所在。对于大型出版机构而言，编辑部往往只负责内容出版，其后的传播则由专门的部门负责。而对于一般的期刊编辑部来说，内容出版和传播是一体化的，期刊编校印刷完毕，其实只完成了一半工作。受非市场化运营体制的影响，国内学术期刊过去一直只重视内容出版，在传播方面最多也就是关注一下纸刊的发行。近些年，随着电子化、数字化传播技术的发展，微信公众号、期刊论文数据库、期刊开放获取网站、电子期刊等学术传播方式，逐渐得到运用。《法学研究》也于2014年开始建设自己的独立网站，实现了刊物论文的开放获取，并开通微信公众号，及时发布与刊物有关的动态信息。实际上，从传播学的角度来看，目前这些传播方式都只体现了"学术发表的自然延伸"。真正主动的、具有独立价值的学术传播，需要对学术作品内容、学术作品价值、学术作品受众进行类型化，建立不同的传播机制、传播渠道，针对性地采用不同的传播方式。例如，具有决策性参考价值的学术论文，可以将论文中最核心的决策性思考改写成简洁明晰的要报，递交相关决策部门；具有知识普及或观念更新价值的学术论文，可以被改写成通俗易懂的大众报道、知识通讯，通过大众媒体传播；具有理论突破性的学术论文，可以组织作者和同领域专家持续研讨。学术传播不只是学术发表的延伸，它还具有独立的价值，但目前的期刊编辑部体制很难满足学术传播的要求，只能是编辑个人尽力而已。

五

与专职科研人员以作品呈现自己成果不同的是，编辑工作的成果很难被看见。除了每期出版的期刊，编辑工作的努力似乎都处于"白忙"状态。在量化考核的评价体制中，很多编辑工作都"不是工作"，比如学术传播。而且，将编辑论文数量、编校字数作为指标，并不能真正衡量编辑工作量，不同期刊、不同编辑、不同论文在审读、修改和编校方面的工作量差异极大。将编校成果的引用频次、转载获奖与否作为评价指标，亦未必能够反映编校的实际效果。它们要能作为编校效果衡量指标的前提是，学术引用整体上是规范的、转载和获奖是以学术质量为第一位的，但后者在实践中存在较大争议。由于编校成果不易被看见，编辑工作就成了真正的"良心活"。如果你比较看重那些评价，看重可见成果的多少，你对编辑工作的投入就会缺乏持续的动力。

最基础的编辑工作安排，就像钟表的指针"一圈一圈"走过，就像春夏秋冬循环往复。编辑工作的基调是平淡的，虽然编完一期稿件时，也有瞬间的轻松愉快，但远不如经过艰辛研究、熬夜敲完最后一个标点时，那般兴奋和精彩。近几年编辑部招聘时，我都会跟应聘者说，编辑需要某种程度的"不求上进""不思进取"，需要一种沉静的心理态度，有太多学术野心的话，不容易做好编辑工作。不断追求上进无疑可使我们进步，但泛滥的不甘心也正是让我们痛苦或走错路的根源。甘心做好分内事情，甘心做一个平凡的、普通的人，把平淡的日子过得心安理得，这或许是编辑要具备的基础素养之一。

　　一直有人说，编辑类似于裁缝。其实，编辑也类似于年复一年默默耕种的农民、日复一日守在生产线上的工人。下次回家告诉爸妈，儿子的工作跟他们种地差不多，希望他们不会太失望。

保持学术敬畏
担当新时代学术
编辑重任

《环球法律评论》编辑部　姚　佳

姚佳，编审，博士，博士生导师，毕业于中国人民大学法学院，2009年进入中国社会科学院法学研究所《环球法律评论》编辑部工作至今，现为《环球法律评论》编辑部主任。

学术期刊作为知识生产与传播的重要载体，担负着展示高水平研究成果、繁荣学术研究的重任。在中国迅速发展，并正在经历"百年未有之大变局"之时，学术研究也同样担负着引领创新、弘扬中华文明的艰巨使命。2021年5月9日，习近平总书记在给《文史哲》编辑部全体编辑人员的回信中提到，要"增强做中国人的骨气和底气，让世界更好认识中国、了解中国，需要深入理解中华文明，从历史和现实、理论和实践相结合的角度深入阐释如何更好坚持中国道路、弘扬中国精神、凝聚中国力量。回答好这一重大课题，需要广大哲学社会科学工作者共同努力，在新的时代条件下推动中华优秀传统文化创造性转化、创新性发展。"① 在面对这一历史任务之时,"高品质的学术期刊就是要坚守初心、引领创新,展示高水平研究成果,支持优秀学术人才成长,促进中外学术交流。"② 学术期刊编辑作为学术期刊的"守门人",如何在新的发展时代与际遇之下,承担起此种"护航"中国学术界发展的重任,是当下亟须思考的问题。回到起点、立足当下、务实担当、展望未来。

## 一、保持对学术的敬畏

学术,乃社会公器。作为编辑与研究者双重身份结合的学术期刊编辑,在从事研究之时,本着"一分材料说一分话"的科学严谨态度,在从事期刊编辑工作之时,也是本着认真对待每一份稿件,既对作者的研究充分尊重,同时又对作者的研究是否秉持严谨、科学与批判等学术研究精神进行不断地衡量与探察,始终保持对学术的敬畏之心。只有在此基础上,才能更好地实现学术之社会公共价值。

当作者对自身稿件的评价与学术编辑对稿件的评价存在不一致时,保持对学术的敬畏是处理意见分歧的重要标准。任何一位学术期刊编辑,都是在经年累月从事期刊编辑的工作中不断提高自身的学术研究水平和编辑水平的。事实上,并不存在只要一从事期刊编辑工作,就天然带有判断他人文章水准的"优越感",这一点是学术期刊编辑需要非常警惕的现象。实践中,不乏一些期刊编辑在对作者的研究并不了解或者并未进行较为深入的文献检索之时就贸然做出评价的情况,这会导致编辑对作者稿件的评价可能与作者自身的判断甚至学界的判断并不一致。面对此种情况,编辑更应秉持对学术的敬畏之心,对任何稿件所研究的问题,都应从学界乃至更大的视域进行考察,通过扎实的资料检索,相对客观地对稿件的价值与学

① 《习近平给〈文史哲〉编辑部全体编辑人员回信》,中国政府网,2021 年 5 月 10 日,http://www.gov.cn/xinwen/2021-05/10/content_5605620.htm。

② 《习近平给〈文史哲〉编辑部全体编辑人员回信》,中国政府网,2021 年 5 月 10 日,http://www.gov.cn/xinwen/2021-05/10/content_5605620.htm。

术贡献做出判断。申言之，保持敬畏之心，是期刊编辑应具备的基本的科学严谨态度，编辑做出的评价与判断，并非仅针对一篇文章，事实上更是对学术研究的基本尊重，恒常怀之，是为治学之道。

## 二、坚守学术公平的净土

学术研究的价值、学者的学术影响力与期刊的竞争力，这几者之间存在较为复杂的关系。具有学术价值的研究可能会具有一定学术影响力，同时使学者具有相应学术影响力，进而也会提升期刊的学术影响力和竞争力。在此种正向逻辑推演的基础上，就使不少学术期刊为了保持自身的竞争力，倾向于刊发高影响力学者的文章，甚至可能会对很多初出茅庐的"青椒"学者视而不见。实际上，这可能也是编辑或者期刊的一种"懒政"，更重要的是，这可能在实质上触及了学术公平的底线。如何保证学术公平，是学术期刊编辑应秉持的学术态度和基本担当。

推动学术研究共同体的代际发展，是学术期刊应承担的重要责任。与社会发展相类似，学术本身也存在代际发展的问题。任何一位学者的学术研究成果和学术实力的展现，都依赖于作品与成果的发表，如若仅因为其年轻或初入学术界，或者仅关注其是否能直接给刊物带来影响力与影响因子的"GDP"，就放弃实质学术标准而不考虑刊发其成果的话，就可能会导致学术界本身丧失发展活力，而无法实现代际发展的良性循环。因此，保证学术公平，坚持为学术发展提供一片公平的净土，甚至在某些情况下，考虑如何更好地激励中生代与年青一代学者保持对学术研究的热情，保持学界的良性发展，更应是期刊界所应考虑的问题。

## 三、追求学术严谨的极致

学术期刊编辑是一个需要不断经历岁月磨炼才能全面提高自身素养和编辑水平的工作。编辑既要具备学术视野，具有学术判断力，同时又要在经年累月中从事极为繁复琐碎与细致的编校工作，如若没有对学术的热情与对期刊事业的责任感，实难坚持。学术研究是在扎实论证的基础上展开的，而并非仅靠空洞的口号展现，这也正是学术研究的价值所在。如何使此种论证更为严谨，如何将文章打磨得更为精细，也是期刊和编辑的责任所在。

实践中，很多作者对期刊的肯定，不仅在于期刊刊发其研究成果，更在于肯定编辑对文章的精细作业，大到文章结构、小到字斟句酌甚至标点符号，并在严格的三次校对以上的工作中与作者的沟通，体现出学术共同体的协作精神。只有在追求学术极致的基础上，才能做到对如此繁复的工作始终保持热情。纵观期刊与编辑界，更难能可贵的是，即便是从事期刊编辑工作二三十年的资深编辑，也仍然在编辑一线工作，从事最基础的文章修改加工、编辑校对与作者讨论沟通等工作，令人敬仰。学术期刊编辑的水平与素养，在相当程度上体现在于长期的工作中始终追求学术研究的科学与严谨，这是本职工作之要求，更是责任感之体现。

## 四、刷新学术前沿的高度

当今世界发展之快、科技发展之快，要求人们不断更新知识。学界在科技发展、社会发展之时，自然不能缺席。自然科学界成为推动科技发展的重要力量之一，社会科学界也在不断发现问题、应对问题之中寻找解决之道。在这个过程中，以法学界为例，不仅关注科技发展的前沿问题，比如人工智能、自动驾驶汽车、算法、数据等，同时也尝试在这些问题上与世界范围内其他国家与地区的研究保持对话，期刊界也在此种学术前沿探讨与国际对话中扮演了重要角色。诚如习近平总书记在给《文史哲》编辑部的回信中谈道："高品质的学术期刊就是要坚守初心、引领创新，展示高水平研究成果，支持优秀学术人才成长，促进中外学术交流。"[1]

随着国内学术界的蓬勃发展，其对外交流能力也在不断增强。期刊作

---

[1] 《习近平给〈文史哲〉编辑部全体编辑人员回信》，中国政府网，2021 年 5 月 10 日，http://www.gov.cn/xinwen/2021-05/10/content_5605620.htm。

为重要载体，也在促进中外学术交流方面发挥了较为重要的作用。在实践中，比如《环球法律评论》近年来推出邀约与吸引世界范围内知名学者以中文在全球首发文章的方式，推动中外学术交流，尤其在科技等前沿领域关于法学问题的探讨上，依托国际研讨会或定向约请等方式，邀约世界范围内的知名学者对相关问题进行探讨，进一步拓展了国内在相关问题上的研究视野。总之，保持对学术前沿的关注，促进中外学术交流，是学界之己任与期刊之己任。

## 五、捍守编辑的职业伦理

编辑的职业伦理，是期刊发展的生命线。学术质量是学术期刊的生命所在，而优秀学术成果的遴选过程，必然与编辑坚守职业伦理密不可分。任何行业都需要职业伦理，只有坚守住职业伦理，各行业、各领域才能良性发展。

国家近年来不断探索对人才评价的科学机制，也重在"破五唯"。虽然对于"五唯"中的"唯论文"有所突破，但在一定程度上，是否发表期刊论文也可能成为一定的惯性评价标准，即对于发表期刊论文的需求也依然存在。长期以来，对于期刊存在刊发"人情稿""关系稿"以及编辑的不端行为等问题，已成为期刊发展中的"痼疾"和"绊脚石"。为了杜绝此种现象，各期刊都通过建章立制对编辑进行严格约束。事实上，"人情稿""关系稿"以及编辑的不端行为不仅触及学术公平，也有违学术评价之公平意旨，同时也将严重影响刊物的质量与发展。因此，始终坚守编辑的职业伦理，在任何时候强调都不为过，并且强调到何种程度都不为过，而在利益与人际关系复杂的当下，此种"坚守"更应转化为"捍守"，以突出编辑职业伦理的重要性，更保证学术研究环境的干净、纯洁与学术评价的公平。

学术期刊编辑作为一个独立发展的职业群体，在"护航"中国学术事业发展的过程中扮演了重要角色、肩负了重任。学术编辑的工作看似简单、具体，但实则在潜移默化地引发学界对重点问题的关注、培育学界新生代研究力量以及促进中外学术交流。保持对学术的敬畏、对作者的尊重、对前沿问题的关注、对学术公平与职业伦理的坚守,是新时代学术期刊编辑应有的思想境界与特有的气质。只有脚踏实地做一名有思想、肯付出、有担当的学术编辑,才可能让世界更好地认识中国、了解中国,才能在新的时代背景下推动中华优秀传统文化创造性转化、创新性发展。是为本职,更是担当。

# 互联网与数字化：社科期刊编辑的困惑与寻思

《国际法研究》编辑部　何田田

何田田，副研究员，博士，毕业于中国人民大学，2015年进入中国社会科学院国际法研究所《国际法研究》编辑部工作至今，现为《国际法研究》编辑。

  我是一名社科领域专业学术期刊的编辑。最近几年，常提期刊编辑要有"互联网思维"，要顺应数字化发展趋势，以更好地为学术研究服务。由此，我时有困惑，编辑的"互联网思维"到底所指为何，学术期刊数字化应该怎样理解，难道就相当于传统纸质期刊"上网"，或既出版传统纸质期刊又出版新型电子版期刊么？

  从事编辑工作6年以来，我直观地感受到互联网技术发展带来的便利，以及数字化潮流"汹涌来袭"对办刊和研究工作的影响。

  时至今日，数字化传输的便利使越来越多的期刊将刊物的电子版交给一些学术集成平台统一展示和传播，这确实在一定程度上扩大了期刊的影响力、提高了期刊的知名度，读者、作者和编者似乎都可以在这一平台上十分便利地检索、浏览和下载到所需文章。

2020年，新冠肺炎疫情突袭而至，有一则新闻令我印象尤深。当时某大型学术集成平台宣称免费开放，以方便学生、教师在家使用，但其实开放的只是协同工具，引来一片质疑之声。这则新闻在当时触动了我。看来，无法方便阅读到所需要的论文，是很多科研工作者遇到的困难，前述的"便利"似乎也是有成本的。

我所在的学科领域，无论是办刊还是研究，均需要从互联网上关注与了解国内外学科研究动态。国外的学术论文阅读似乎也并不"便利"。例如，我所在学科中较有名的、常被作者所援引的"百科全书"(《马克斯·普朗克国际公法百科全书》)已经基本在线化，目前的最新纸质版也停留在了9年前的2012年。但由于没有订阅词条所在数据库，在日常编校工作中，我经常苦恼于在核对作者所援引的"百科全书"词条时，无法在互联网上查证。再如，假设想从外国学术期刊官网中下载一篇学术论文来阅读或核对，却又没有包年订阅该论文所在的数据库，每下载一篇论文花费不算便宜。这样下载和阅读论文，篇数多了、时间长了，将是一笔不能不算的"经济账"。听闻即使科研机构和大学包年订阅了一些数据库，订阅费也非常高昂。像国外最大的学术期刊公司爱思唯尔（Elsevier），由于旗下有上千份期刊，每年的销售规模能达到20亿~30亿美元，利润率高达40%。

浏览、下载和阅读学术论文和百科词条，居然需要付高额的费用。从一个科学工作者和期刊编辑的角度来看，学术论文是"公器"，一篇论文从写作、审稿到最后发表，基本上是学术共同体自治的结果。科技进步的世界日新月异，互联网和数字技术的发展给我们的生活和工作带来了极大便利，但似乎也衍生出不同的现象和挑战。基于上述讨论，我时常会思考：数字技术的发展究竟给学术研究在多大程度上带来了便利呢？

为解开心中疑惑，也因作为一名社科专业期刊编辑的责任与使命，我尝试了解学术期刊发展史这一庞杂体系，试图从中获得一些启发。

# 一、学术期刊发展史

20 世纪中叶以前，学术期刊都是非营利性的。

最早的学术期刊大约出现在 17 世纪，初衷是取代原来靠书信往来建立的学术联系。1665 年 1 月 5 日，法国巴黎的丹尼斯·戴萨罗创办了人类历史上第一份学术期刊《学者杂志》，其主要内容是几位学者之间有关科学和学术发现的通信。同年创刊的《皇家学会哲学会刊》也是为了给学会内外的科学家提供一个交流平台，取代原来的书信交流。

19 世纪中叶，由于工业革命的影响，科学家群体不断壮大，催生了一批今天学术界翘楚的新学术期刊。其中，最著名的是英国自然出版集团出版的综合性学术期刊《自然》杂志。《自然》杂志的创刊人是英国天文学家诺尔曼·洛克耶，杂志创刊于 1869 年 11 月 4 日，被命名为"自然"，蕴含着探索自然真理之意。

1890 年，全球主流的科学期刊大量涌现，形成了今天学术期刊的雏形。随着科学家群体的壮大，到了 1950 年，科学界"僧多粥少"的情况更为严重。为了解决当时的问题，1955 年，今天无数人看重，也被无数人批判的"影响因子"诞生。

20 世纪 60~70 年代，一些私人出版商从大学、研究所以及各个学科的学会中收购了一些期刊的出版权。这些私人公司收购了以后，便开始逐年涨价，并一直持续至今。于是，便出现了前文所提的，即学者们如果要阅读论文就要支付昂贵费用的现象。

# 二、期刊电子化与预印本平台

互联网的发展开启了新的时代。20 世纪 90 年代，一些学术期刊开始尝试把纸质内容电子化后发行，出现了最早的学术期刊电子化现象。但直至 2000 年以后，互联网基础设施大幅完善，期刊电子化开始有了更多施展"手脚"的空间，自然科学领域开始出现了预印本平台。

预印本平台是一个开放获取知识库。以 arXiv 平台为例，据说用户可以通过 Web 界面从 arXiv 检索论文，注册作者可以使用网络界面将文章提交给 arXiv，作者也可以更新他们的提交。如今，这一平台不仅改变了物理学多个领域的学术交流方式，而且在数学、计算机科学、定量生物学、定量金融学和统计学等领域发挥着越来越突出的作用。

在线预印本平台是由物理学家们在工作中开发出来的，他们开发和利用预印本平台的目的和 17 世纪初期刊发端时科学家们的想法极为类似，就是打造一个方便他们开展学术与科研交流的工具。时至今日，预印本平台在科学领域发展态势良好。虽然这些预印本平台目前还很不成熟，缺乏传统纸质期刊的审稿制度、论文格式要求，但却有越来越多的科学家愿意在预印本平台首发自己的研究成果。

在预印本平台上，科学家们不需要给私人出版商支付高额订阅费和下载费，不受"影响因子"的束缚，可以尽早公开自己的研究成果，尽快地收到同行评议与反馈，这些优点使在线平台获得了意想不到的发展。也就是说，在这种模式下，期刊电子化并不是发端较早的"老牌"纸质期刊"上网"成电子版，而是一个全新的网络发表生态。

## 三、思考

其实，在线平台早已在社科领域应用。例如，当前社科领域的教育和研究早已高度依赖一些平台提供的所谓"查重"功能。"查重"通过是学生论文获得答辩的"敲门砖"，是学者论文通过初审的第一关。但是细想一下，"查重"就是得益于技术的发展，尤其是人工智能的发展。"查重"功能可以作为审稿的第一关，那是因为好的文章千差百异，不好的投稿特征却极为类似，人工智能可以通过大数据判断质量过于低劣的文章。在这一点上，社会科学和自然科学是高度类似的。

不同的是，社科领域的在线平台暂时尚未实现如科学领域的"预印"功能，也就未能充分地体会到预印本平台的优势。但是，预印本平台的发展态势迅猛，取代传统纸质期刊是早晚的事情。期刊人必须要为这样的趋势做好准备，我为此感到有一些困惑。

　　类似 arXiv 的预印本平台，一旦具备同行评议的审稿功能，就可以变为一套"评价体系"。而同行评议功能的在线化，只要做好用户权限标签和一些与学术成果性质有关的属性参数的设置和积累，就能解决类似"评价体系"这样的一部分问题。

　　我们可以做些什么吗？

　　看来，学术期刊数字化确实不等同于传统纸质期刊电子化。互联网的出现最终还是会改变学术出版与学术研究的方式，但我们不能因为数字化带来的挑战就逃避数字化。相反，学术期刊的诞生史提醒我们，办学术期刊的"初心"就是方便学者们的交流，学术期刊的发展是为了更好地为学术研究服务。顺应数字化发展趋势更应坚持这一"初心"。学术期刊的编辑要在圈内平台上有所作为，有所行动；学术编辑的使命当系于学术事业之昌明，更好地为学者服务，打造促进学者交流与传播的学术平台，或许这是传统学术期刊编辑可做的"以不变应万变"的对策吧。

办好高品质学术期刊

《政治学研究》编辑部　林立公

林立公，副编审，博士，毕业于吉林大学，2006年开始在中国社会科学院政治学研究所《政治学研究》编辑部工作，现为《政治学研究》编辑部副主任。

习近平总书记高度重视学术期刊工作，曾经三次论及学术期刊。第一次是2016年在哲学社会科学工作座谈会上的讲话中，他提出加强优秀（外文）学术期刊建设的任务，指出："要加强优秀外文学术网站和学术期刊建设，扶持面向国外推介高水平研究成果。"[1] 第二次是2020年在科学家座谈会上的讲话中，他进一步指出："要办好一流学术期刊和各类学术平台，加强国内国际学术交流。"[2] 2021年5月9日，在给《文史哲》编辑部全

[1]《习近平：在哲学社会科学工作座谈会上的讲话（全文）》，人民网，2016年5月18日，http://politics.people.com.cn/nl/2016/0518/c1024-28361421.html。

[2]《习近平主持召开科学家座谈会并发表重要讲话》，中国共产党新闻网，2020年9月11日，http://cpc.people.com.cn/nl/2020/0911/c64094-31858741.html。

体编辑人员回信中，习近平总书记阐述了高品质的学术期刊（即一流学术期刊）的含义："高品质的学术期刊就是要坚守初心、引领创新，展示高水平研究成果，支持优秀学术人才成长，促进中外学术交流。"① 贯彻落实习近平总书记关于学术期刊的重要论述，办好高品质学术期刊，是加快构建中国特色哲学社会科学体系的具体工作，是学术期刊编辑人员肩负的光荣使命。

## 一、办好高品质学术期刊，要树立质量第一的办刊理念

学术期刊与学术界之间存在辩证关系：学术期刊既反映学界发展水平，又承担引导学界"三大体系"建设任务。一方面，学术期刊的质量由学术界发展状况决定，不能脱离学术界实际讨论学术期刊质量；另一方面，学术期刊要在立足学术发展实际的基础上，发挥能动性，引导学界提高研究成果质量。把办好学术期刊与加快构建哲学社会科学学科体系、学术体系、话语体系建设统一起来，编辑人员应当认清本学科实际情况，只有这样才能恰当选择着力点，发挥对科研活动的引导作用。

习近平总书记对哲学社会科学领域存在的问题进行了概括："总的看，我国哲学社会科学还处于有数量缺质量、有专家缺大师的状况，作用没有充分发挥出来。"② 期刊是传播平台，社科期刊选择、发表论文的质量标准往往成为学者们确定其科研成果质量的目标。因此，学术期刊坚持质量第一的办刊原则十分必要。

要推动学界确立共同的研究成果质量标准。在一定意义上，学科研究成果共同质量标准的确立与其学术共同体的形成是"一体两面"的事情。习近平总书记把中国特色哲学社会科学特点概括为"体现继承性、民族性""体现原创性、时代性""体现系统性、专业性"，要求"以我们正在做

---

① 《习近平给〈文史哲〉编辑部全体编辑人员回信》，中国政府网，2021 年 5 月 10 日，http://www.gov.cn/xinwen/2021-05/10/content_5605620.htm。

② 《习近平：在哲学社会科学工作座谈会上的讲话（全文）》，人民网，2016 年 5 月 18 日，http://politics.people.com.cn/n1/2016/0518/c1024-28361421.html。

的事情为中心，从我国改革发展的实践中挖掘新材料、发现新问题、提出新观点、构建新理论"，强调指出"这是构建中国特色哲学社会科学的着力点、着重点"。这三个特点和两个着力点构成社科期刊推动学术共同体建设、形成科研成果质量标准共识的基本遵循。学术期刊突出质量标准，会对学术界不断提升科研成果质量提供推动力。

## 二、办好高品质学术期刊，要提高编辑部专业化水平

哲学社会科学研究日益进步，学术期刊编辑部工作机制需要跟上学界发展，规范办刊工作，完善编辑部工作机制，提高办刊专业化水平。期刊编辑部工作包括4个内容：组稿、审稿、编辑以及校对。相应地，期刊编辑部工作机制包括4个：组稿机制、审稿机制、编辑加工机制以及校对机制。审稿是编辑部4项工作的枢纽，是决定其他3项工作质量的关键环节，也是决定期刊内容质量的主要工作。因此，审稿机制是编辑部工作机制体系的核心，审视审稿机制、完善审稿机制是发展编辑部工作机制的要点。

审稿机制规定期刊内部三审和同行专家外审，以及三审与外审的关系。审稿机制包含3个内容：审稿的流程，审稿的内容以及审稿的职责与分工。完善审稿机制的关键是在各审级之间合理分工，提高各审级之间的关联性。例如，初审要通读稿件，判断是否直接退稿（超出刊物选题范围、选题重要性不足、研究过程逻辑混乱、研究贡献不明显、文字表达不过关等，符合直接退稿条件），对推荐复审稿件，要概括说明其价值所在，以及修改完善建议。复审要在对稿件重点审读基础上，对初审意见有回应、辨析。终审则主要对复审、外审意见做出必要回应和分析，并做出发表、退改，或退稿的决定。

总之，三审、外审之间各有侧重、层层递进、抽丝剥茧的审读和辨析有助于提高各审级的审稿质量和整体审稿效率，对于发现高质量稿件是必要的条件。一些学术期刊由非专业编辑人员从事编辑工作，明晰、规范其审稿工作对于提高办刊质量的意义格外突出。

## 三、办好高品质学术期刊，要积极促进编辑人才成长

专职编辑办刊是我国出版法规的规定，也是我国确保期刊坚持正确导向、保持较高质量的基本前提。社科期刊编辑工作基本内容是校对、编辑加工、审稿、选题策划，编辑人才就是全面掌握文字校对、论文加工、稿件审读、选题策划专业技能，通过期刊编辑工作，对学术作品传播和哲学社会科学"三大体系"建设做出一定贡献的人。

有必要指出的是，与以往社会科学研究者比较普遍采取"单打独斗"的工作方式不同，期刊工作历来是主编、编辑部主任、责任编辑等各层级人员以环环相扣、各有侧重、彼此协同的方式完成的。期刊各层级编辑都参与了校对、编辑、审稿、选题策划等工作。例如，在编校一体工作机制条件下，对论文的编辑加工、校对主要由责任编辑承担，同时，主编的"签红"环节、编辑部主任的通校环节也承担着对论文的编辑加工、校对职能。因此，编辑人才包含主编、编辑部主任、责任编辑和助理编辑等期刊各层次岗位的人员。每个层级的编辑都需要具备与其岗位职责相适应的4种专业技能。社科期刊编辑人才应该全面具备文字校对、论文加工、稿件评审以及选题策划专业技能，仅具备其中部分技能的，需要弥补短板才能成为"编辑人才"。

首先，编辑人才成长机制要蕴含提高期刊质量与培养编辑人才相结合的理念。发现最好的研究成果、传播最好的研究成果是新时代社科期刊的责任。编辑人才是发现和传播优秀科研成果的主体。把学科建设、学术建设、话语体系建设与哲学社会科学人才培养相结合是加快构建中国特色哲学社会科学的一般规律，这一规律同样适用于社科期刊的内容质量提升和编辑成长。期刊主办单位在给期刊负责人设定期刊质量目标的同时，也应该规定其培养编辑人才的任务。期刊主编、编辑部主任等期刊负责人应提高编辑人员文稿校对、论文加工的水平，尤其是稿件评审、选题策划方面的技能和水平，对于全面提高编辑能力，促进编辑人才成长，提高期刊质量是十分重要的。

其次，编辑人才成长机制要规范好社科期刊编辑人员的编辑与研究工作、编辑与校对工作的关系。"编研结合"就是编辑人员在完成文稿校对、论文加工、稿件评审、选题策划等编辑工作的同时，开展相关学科、领域的科研工作。编研结合对于提高期刊编辑的学术水平、认识办刊规律都是十分必要的。在研究选题、工作时间分配等方面，社科期刊编辑的科研活动与专职科研人员的科研活动之间既有联系又有区别。办刊单位和编辑人员自身都要以提高期刊内容质量为工作重心，把握好编研结合的"度"。编校一体是指期刊编辑同时承担论文加工和文稿校对工作。目前，文稿校对的内容已经由传统的"校异同"发展到"校是非"，即对文稿内容做知识正误的辨别、改正。"校是非"的校对工作与以改善论文表达形式为主要目的的论文加工日渐趋近，在编辑实际工作中难分彼此，往往被统称为"编校"。需要清楚的是，编校是社科期刊编辑的基础性工作，做好编校工作需要一定学术水准和编辑专业知识，但不是社科期刊编辑工作的全部，甚至不是社科期刊编辑工作最重要的部分，最重要的编辑工作是稿件评审和选题策划，其从根本上决定期刊内容质量。所以，期刊主办单位要通过工作机制，鼓励编辑以提高审稿和选题策划水平为目标，有针对性地开展科研活动，不能止步于一体化的编校工作，转变为"校对人才"。

最后，编辑人才成长机制要鼓励编辑人员提高"脚力、眼力、笔力和脑力"。习近平总书记在全国宣传思想工作会议上指出："宣传思想干部要不断掌握新知识、熟悉新领域、开拓新视野，增强本领能力，加强调查研究，不断增强脚力、眼力、脑力、笔力，努力打造一支政治过硬、本领高强、求实创新、能打胜仗的宣传思想工作队伍。"① 2019年，习近平总书记指出："去年，我在全国宣传思想工作会议上强调要增强'脚力、眼力、脑力、笔力'，这也是创作精品力作的前提和基础。希望文化艺术界、社会科学界的委员带好头、作表率。除了天赋以外，确实要去积累、去挖掘，很多事情都是在细节，演电影、写小说都是细节，细节感人，细节要真实，

———————————

① 《宣传思想干部要在增强"四力"上下功夫》，中国文明网，2018年11月14日，http://www.wenming.cn/specials/zxdj/xcss/xxgc/201811/t20181114_4895296.shtml。

而真实要去挖掘。"①

学术期刊的编辑人员不仅要认真对待每一篇投稿，为每一个作者负责，给每一个认真撰写论文的作者提供机会，还需要通过参加学术交流活动，掌握学界动态，了解读者和作者对期刊的评价和要求，传播期刊办刊理念、选稿要求，跟学界积极互动，锻炼责任编辑的"脚力"；自觉关注、研究学科发展态势、学科前沿领域、重点议题、代表性学者、代表性研究团队及其创新成果，提高发现"好的学术作品"的"眼力"；通过撰写引导学界研究方向的选题报告、评价投稿论文的审读报告，研究政治学科发展态势和办刊规律的学术论文，以及对刊发论文做出画龙点睛的加工完善和精益求精的文字校对，推出好作品，提升责任编辑的"脑力"、锤炼责任编辑的"笔力"。

办好高品质学术期刊是习近平总书记对我们学术期刊编辑人员的殷切期望。我们要从牢固树立质量第一的办刊理念、提高办刊机制专业化水准以及促进编辑人才成长 3 个方面，综合采取措施，发挥学术期刊的平台作用、传播标志性科研成果、推出代表性学术人才，促进国内外学术交流，推动加快构建中国特色哲学社会科学体系任务的完成。

---

① 《一个国家、一个民族不能没有灵魂》，新华网，2019 年 4 月 15 日，http://www.xinhuanet.com/politics/leaders/2019-04/15/c_1124369372.htm。

# 学术期刊责任编辑的角色定位

《民族研究》编辑部　刘海涛

刘海涛，研究员，博士，毕业于中国社会科学院研究生院，2009年进入中国社会科学院民族学与人类学研究所《民族研究》编辑部工作至今，现为《民族研究》编辑。

自2009年博士后出站、进入《民族研究》编辑部工作至今，我一直任民族学人类学学科板块的责任编辑，负责这个学科板块来稿的初审及后续的方正文件排版、编辑、校对等多项工作。其间，我不仅学到了不少文字编校技巧，基本具备了一名合格编辑所必备的编校能力，而且学术视野越来越开阔，学术洞察力、学术感悟能力、问题发现能力、学科前沿动态把握能力等，都有了明显提升。现结合《民族研究》刊物特点及办刊特色，从学术期刊责任编辑角色定位的角度，对自己以往的编辑工作进行一下梳理和小结，谈一下个人的体会。

# 一、作为一名学术责任编辑

有不少人认为，编辑就是文字编校者，是文章、著作刊发出版前的文字"把关者"，他的使命就是保证文章文从字顺、体例符合规范。因此，编辑是为作者作嫁衣的，牺牲自己，照亮别人。

根据我的编辑工作经验，这话虽不无一定的道理，但也有偏颇之处。一个学术期刊的责任编辑，尤其是全国知名的权威学术期刊的责任编辑，面对的是来自全国各高校和科研机构相关学科专业的专家学者组成的作者群，面对的是从众多来稿中遴选出来的学术精品，处于一种高水准的知识生产过程之中。毋庸置疑，学术期刊的责任编辑也是一名文字编校者，他所扮演的服务作者的角色并未改变。需要指出的是，学术期刊的责任编辑还是审校流程这种高水准的知识生产活动的直接受益者，将"近水楼台先得月"用到学术期刊责任编辑身上是比较合适的。学术期刊责任编辑不仅在为作者服务，"照亮别人"，而且会在文章审校中获益，"照亮自己"。

《民族研究》是全国知名的权威学术刊物，在中国社会科学院"中国人文社会科学核心期刊"、北京大学"中文核心期刊"、南京大学"中文社会科学引文索引 CSSCI 来源期刊"、武汉大学"中国学术权威期刊"等评价体系中占据重要地位，所刊文章中有多篇获省部级及以上优秀科研成果奖，也有不少文章被《新华文摘》《中国社会科学文摘》《人大复印报刊资料》等转载，《民族研究》在中国社会科学院优秀期刊、国家优秀期刊评选中多次获奖，是国家社会科学基金的资助期刊。在这样一种高级别的权威学术刊物中做一名责任编辑，如何切实履行好自己的责任担当，如何定位好自己的身份角色，至关重要。

长期以来，《民族研究》每个学科板块的用稿率一般都低于 4%。作为《民族研究》的一名责任编辑，经常要从大量的来稿中几乎是百里挑一地初步遴选出可以进入后续评审环节的稿件，这是需要一定的学术洞察力的。既要辨识出好文章的潜在价值，又不能被一些貌似有刊发价值的文章所"迷惑"，这是需要一定的学术辨析能力的。学术洞察力以及学术辨析能力的培养，除了要求责任编辑具有较为扎实的学科专业知识和良好的学术素养之外，也离不开长时期的选稿、审稿实践。

在我进入《民族研究》编辑部之初，刚刚开始从事审稿和编稿工作的时候，当时的编辑部主任刘世哲编审多次给我讲，遴选稿件需要从选题、见解、资料、论述几个方面入手，其中尤为重要的是文章的选题。至今我还记得，刘世哲老师在编辑部里经常讲的一句话就是"选题决定命运"。《民族研究》原资深编辑李彬老师曾告诉我："第一看选题价值，第二看问题意识，第三看文章架构结构，看过很多篇文章之后，审稿时就会有感觉了。"《民族研究》编辑部原主任刘正寅研究员给我讲过这样的话："一篇合格的学术文章，其最低要求是文章自身要合乎逻辑，即文章首先要'自洽'。"正是在多位前辈师长的"传帮带"之下，结合自己的专业所学，在长期的审稿实践中不断摸索，自己才逐渐有了一点如何从众多稿件中初步遴选出稿件的感觉，开始有意识地不断培养自己的学术洞察力以及学术辨析能力。

事实上，就学术研究而言，同样也离不开学术洞察力，因为只有具备高超的学术洞察力，才能确定好的选题方向，提出有较高学术价值的研究问题。自己的学术洞察力，在《民族研究》稿件的审稿过程中得到了反复锤炼和不断提升，这种不断提高的学术洞察力又可以运用到自己的学术研究中，使自己的专业素养和学术修养得到了新的提高，如此循环往复，自己的编辑审稿工作和个人的科研活动得以互促和共进。

在编辑和校对过程中，责任编辑会不断面对外审专家的意见，会不断地与作者进行沟通，会在编辑部意见、外审专家意见与作者反馈意见的交流中扮演重要的"学术媒介"的角色，这些都需要责任编辑不仅要具有良好的专业素养和学术修养，也要具有高超的学术洞察力。而良好的专业素养和学术修养、高超的学术洞察力也能够在审稿和校对过程中、在各种学术观点的碰撞交流中不断得到锤炼和提升。

在选稿、编稿过程中，为了不出差错，责任编辑会伴有大量的相关阅读，会积累一些与研究相关的素材。时间长了，积累多了，看文章的速度就会加快，容易抓住核心问题，将一些杂乱的、价值不大的东西自动屏蔽。

审过一段时间的稿件之后，会发现有些文章洋洋洒洒，动辄万言，但学术价值并不高。由此也可提示自己在今后的科研活动中，针对那些没有价值的选题，不必再去触及。

总之，对于学术期刊责任编辑而言，"文字编辑"是一种要求比较低的定位，应该用一种具有更高水准的"学术编辑"——"编辑和研究双肩挑"来要求。这既是由学术期刊的性质和特点所决定的，也是由学术期刊编辑工作的性质和特点所决定的。

## 二、作为学术责任编辑团队中的一员

作为学术期刊的一名责任编辑，他首先是编辑部团队成员之一，他需要在编辑团队中发挥自己的作用；对于一名编辑新手而言，多向前辈和同事学习，尽快融入编辑部团队之中更是当务之急。

刘世哲和李彬老师是我从事编辑工作的两位主要领路人。他们的谆谆教诲，至今依然在影响我的审稿编稿工作。我记得刚到《民族研究》编辑部的时候，曾经问过刘世哲老师如何做好《民族研究》编辑的问题，刘世哲老师不假思索地回答道："首先融入编辑部团队中来。"为了帮助我尽快适应编辑部的审稿和校稿流程，刘世哲老师特意安排李彬老师和我一同审稿。李彬老师面对面、手把手地给我传授编辑知识，输送学术营养，我们在编辑部共同度过了整整一年的弥足珍贵的时光。这都是十多年前的事了，当时我向李彬老师请教的场景，我和李彬老师一起讨论稿件的情景，依然历历在目，记忆犹新。

《民族研究》编辑部是一个整体，学界对《民族研究》的评价往往也是针对整本刊物而言的。《民族研究》是以民族问题为研究对象的综合性学术刊物，由民族理论、民族经济、民族学人类学、民族史等不同学科板块组成，涵盖民族政治、民族政策、民族团结、民族事务治理、民族经济、民族教育、民族人口、民族语言、民族宗教、民族文化、民族历史以及世界民族等相关研究领域，涉及的研究方法有理论分析、概念演绎、量化统计、参与观察、深度访谈以及文献考证等不同学科方法。在由民族政治、民族经济、民族文化和民族历史这样一种"四位一体"格局组成的学术刊物团队中从事选稿和编稿工作，团队合作精神是必不可少的。要充分认识到自己是《民族研究》编辑团队中的一员，这也是《民族研究》学术责任编辑角色定位的基本要求。

《民族研究》编辑部是一个团队，自己的编审工作要围绕这个团队整体展开，要服务和服从于这个整体。事实上，责任编辑个人也会在这个团队中学到很多东西，团队在滋养着个人不断成长进步。个人的这种成长和进步，不仅体现在编辑层面，还展示在科研层面。《民族研究》责任编辑每年会有一两次做执行编辑的机会，这时他要通校整本杂志，要校对其他学科的编辑三校过的稿件。他会阅读到其他学科前沿的、具有创新价值的好文章，对于拓宽责任编辑个人的学术视野有着重要的帮助。《民族研究》审稿有互校的传统，即不同学科的责任编辑要互相校对彼此三校过的文章，这既是责任编辑向其他责任编辑学习编校技能的好机会，也是责任编辑吸收其他学科知识营养、提升个人学术修养和科研能力的好机会。

作为编辑部的一名成员，个人的一言一行，事实上都会给编辑部带来影响。《民族研究》编辑部原主任刘世哲编审经常对我们说："面对有关《民族研究》投稿问题的提问者，哪怕是尚在就读的本科生、硕士研究生，也要有问必答，做到与人为善。"他还特意强调，编辑部每个成员要时刻注意维护《民族研究》的声誉，要严格遵守各项相关规章制度，且不可"公器私用"，更不可做有损《民族研究》声誉的事情。

## 三、处理好编辑工作与个人科研的关系

在编刊的同时做科研，是很多学术期刊编辑的工作常态。当然，编辑文章和科研工作，毕竟不是一回事。因此，在具体的编校过程中，事实上也存在一个把控、协调工作节奏的问题，需要控制好编辑和研究之间的角色转换，使研究和编辑之间能够相互协调、互促共进。如果时间上或其他方面遇到了编研之间的冲突，个人性的科研活动自然要让位于集体性的编辑工作。这是由编辑部工作本身的性质决定的，也是个人要服务并服从于

团队集体的表现。

针对学术期刊的责任编辑而言，如果止步于做一名合格的"文字编辑"，不仅会留下"与学术良缘失之交臂"的遗憾，还会给审稿编稿带来负面影响。因为如果责任编辑长时间不做研究，他的学术感悟能力可能会变得缓慢而迟钝，跟不上学术更新的步伐。在时间、精力允许的条件下，学术期刊编辑需要做些研究、要写东西，做到"曲不离口，拳不离手"。学术期刊编辑既要有自己的具体专业研究方向，也要掌握不断更新的学术前沿动态。做一些力所能及的研究，既有利于更好地把握学术前沿动态，也有助于遴选出学术质量上乘的、有时代创新性的好稿件。

作为《民族研究》的学术责任编辑，要重视知识结构、学术视野的更新和拓展，注意吸收民族研究学科最新理论和方法，不断提高自身专业素养；要及时参加管理部门举办的各种业务培训，提升自己的编辑业务水平；要不断增强自身道德修养，保持良好的职业道德和工作作风，注意培养自己的团队合作精神；要不断学习网络新媒体相关技术，充分利用互联网时代新媒体手段，不断提升自己的综合业务能力。"编辑和研究双肩挑"对于学术期刊责任编辑不啻为一种挑战，能够锻炼"多个手指协调演奏钢琴"的综合技能。

《民族研究》日益成为研究与阐释马克思主义民族理论中国化、中国特色解决民族问题道路的重要阵地，是集聚民族学研究力量，引领和推动我国民族政策实施与民族工作发展、促进民族事务治理现代化、加强统一多民族国家建设、维护民族团结、促进民族发展、"铸牢中华民族共同体意识"的重要平台。作为《民族研究》的一名学术责任编辑，应该明确自己的定位，扮演好自己的角色，以兢兢业业地做好本职工作的态度，为推动新时代我国哲学社会科学学科体系、学术体系、话语体系构建，做出自己应有的贡献。

# 初心归处不逾矩

《社会学研究》编辑部　杨　可

　　杨可，副研究员，博士，毕业于北京大学，2006年进入中国社会科学院社会学研究所《社会学研究》编辑部工作，现为《社会学研究》编辑。

　　自从在《社会学研究》编辑部担任编辑以来，经常有机会和青年学者、同人一起探讨什么是好的文章。《社会学研究》的老朋友、著名学者边燕杰教授曾提出，好文章往往有"三好"，即标题好、摘要好以及研究创新好。或是至少要在以下五个环节中做到"五中取一"：开发研究议题、提出理论逻辑、破解学术困惑、激励科学探索以及促进科学实证。其实，在哪一个环节做出创新都并非易事，都值得鼓励。依愚见，好文章是创新内容与规范形式的结合，这对学术论文尤其重要。学术编辑作为高质量论文的"助产士"，终极目标莫过于推动具有真知灼见且表达规范的学术文章的生产，有效促进学术的交流和发展。

　　理想是光明的，但道路往往是曲折的。回头翻看前辈学人的经典篇章，总是充满对真问题的思考和突破性的学术创新，元气淋漓、富于启发性，而且往往表达精准、明白晓畅，与学术研究的形式规范若合符节，似已臻于"从心所欲不逾矩"的化境，实在令人羡慕。但由于我们只能看到最后的学术产品，看不到学者劳动的过程，常常不能很好地体会成功的学者究竟是如何将超拔的睿见与规范的表达融为一体的。仔细推究起来，真知灼见与形式规范之间的确是存在一定张力的。成熟的学者也许可以做到在写作时两者兼顾，既能大处着眼，也能小处着笔，尤其是实证主义的经验研究，无论讨论的问题多么宏大，也能循着经验研究的范式环环相扣，从问题、文献、假设、测量、数据、方法、分析再到结论，在思考锋锐的同时又能不失细致，逻辑结构清晰，论证层层递进。但获得这种技能往往需要多年的磨炼，在《社会学研究》担任学术编辑十五载，通过与许多相对年轻学者的交流，我发现，包括我自己在内，年轻的学人由于仍处在接受学科规范训练的过程中，总是担心自己写得"不像"，往往容易为规范化的要求所累。在一些具体分支学科的综述文章中也常常可以见到名家、前辈对该领域主要理论问题的研究，一般是中层理论的问题梳理和对研究范式的归纳，这也往往会成为大家重点研读引用的学术脉络和习于遵循的研究范式。诚然，有效交流和理论创新必须基于对前人研究进路的深刻理解，但过分强调规范也可能会落入窠臼。有时候等到一切都做得"太像了"，思考的力度和学术的创新性却又减弱了。以我自己为例，做编辑久了，习惯了强调论文在文字表述形式上的规范性，无论是给作者校对文章还是自己下笔撰文，总是字斟句酌，慎之又慎。有时推敲有得，欢欣鼓舞；有时也不免觉得束手束脚，以辞害意。正如渠敬东老师在《社会学研究》30年庆时写下的《审稿与识人》一文中所说，"规范化不是研究的目的"，过分强调专业规范的话，可能会造成"只取既有研究的守势，对于具有突破意义的研究，并非十分有利，这种制度在学术创新上不是万能的"。

对社会学而言，真正有价值的见解来源于田野、来源于社会现实。没有一个国家的经典社会学作品不是立足于对当时、当世重大现实问题的思考，这种思考也许是初步的、粗糙的，但它往往直指问题本质，有着一击即中的力量。从心所欲意味着写自己想写的，锻炼这样的问题意识，用人类学家项飙的话来说，需要"把自己作为方法"，敞开学术视野，保持对社会变迁的敏锐和追问答案的执着。在今天，这样的思考品质往往因为稀有而变得非常具有辨识度。举个例子，2020 年项飙的访谈录一面世，我的朋友圈里便有同人、学者发出感叹："这是个活人！"在笔者参与过的论文集体评审中，这样有真知灼见的论文即使在规范性上略有瑕疵，也常常会脱颖而出，获得大家一致青睐。顺便一提，最近有不少知名学者在线上线下的各种讲座中公开分享他们的学术作品生产过程，希望帮助年轻学者了解名篇背后的"脚手架"是如何搭起来的。《社会学研究》编辑部的微信公众号"社会学研究杂志"2021 年也设立了新的专栏"作者手记"，邀请新近刊文的作者为读者分享论文写作背后的故事。有意思的是，从作者们坦诚的分享来看，有时候逐步建立问题意识的过程与最后呈现在论文中的"问题的提出"并不一致，换言之，引发思考的起点并不一定是最终作品中切入问题的入手点，有时在形式上需要经过倒装或是改装，以便于与学术脉络开展对话，或是为了更符合读者阅读的习惯。在提出好问题的基础上，掌握怎么用符合学术规范的形式最有效地传达文章的主旨，引起更多专业读者在更深层面的关注，的确是学术编辑与年轻学人都要"修炼"的功课。在实际的编辑工作中，我也在编辑前辈的亲身示范下学会了用"焦距不同的透镜"来看稿。举例来说，初审时重点看问题意识，不必拘泥形式上的细节，让更多有潜力的稿子进入后续审稿环节；与作者沟通修改定稿时，侧重论述逻辑的合理性与结构的完整性；在三个轮次的校对中集中处理语言表述、文献引用和体例格式等问题。学术编辑的工作涵盖了文章从内容到形式的各个方面，在作者、外审专家和编辑的紧密合作之下，才能成就"文质彬彬"的好文章。

回顾中国社会学恢复重建以来的发展史，上至费孝通先生，下至"南开班"的第一批青年学生，整个社会学界都在如饥似渴地"补课"，力争与源于西方的学术规范接轨。《社会学研究》创刊 35 年来，也走过了引鉴西方社会学，促进中国社会学研究的规范化，发布中国社会发展重大问题杰出研究成果，引导中国社会学研究取向的发展历程。时至今日，《社会学研究》不仅面临着国内同行期刊的竞争压力，也在与国际同行的交流过程中感受到了挑战。对《社会学研究》这样一份有权威性与国际影响力的期刊而言，除了符合学术规范、确保学术公正这些基本前提，更为迫切的要求是推出反映时代之音的高质量论文。作为社会学专业领域内的领军期刊，我们也感到肩上的担子更重了，我们迫切地感到有责任为崛起的中国发出声音，在国际舞台上构建自己的叙事体系，使用自己的叙事手法，讲述中国社会的深刻变化。中国学术要"走出去"，需要像《社会学研究》这样的期刊敢于坚守初心，在全球视野下观照转型中国的宝贵经验，提出有理论深度和现实关怀的真问题，发扬中国特色哲学社会科学话语体系的影响力。

　　阿玛蒂亚·森曾经说，他此生所做的研究都是他想做的。将学术生涯投入对时代与社会现实的深切关怀，把自己的学术追求与生活体悟和对现代世界的深刻认识结合在一起，这样的学问家是幸福的。我们也期盼每位作者都像森一样怀抱初心，了解规范而又有所建树，"从心所欲不逾矩"。

从无知、无畏
到成长、敬畏

《社会发展研究》编辑部　罗　婧

罗婧，副研究员，博士，毕业于清华大学，2018 年进入中国社会科学院社会发展战略研究院工作，同年进入《社会发展研究》编辑部，现为《社会发展研究》编辑部负责人。

　　如果简述我在《社会发展研究》编辑部的成长，那么可以用有名的"达克效应"来概括。达克效应在描述个体认知能力与自我评价的关系时，区分了四个阶段，即不知道自己不知道、知道自己不知道、知道自己知道以及不知道自己知道。2018 年，我有幸进入《社会发展研究》编辑部，彼时我刚从高校毕业，站在由一名学生走向青年学者的交叉口上，正处在学术志趣尚未形成、"不知道自己不知道"的状态。而参与期刊编辑工作，让我在与期刊、与作者的共同成长中，迅速走入学界、走入学术，也真正地开始触及"知道"、探索"不知道"。

## 一、"他人嫁衣"还是"上帝视角"？

在学生时代，我虽参与过一个集刊的编辑工作，但对于编校规范、编辑流程等不甚了解。还记得在参加中国社会科学院面试的时候，很多"大佬级"的专家看到我编研结合的身份都叮嘱我，编研结合免不了要遇到角色冲突，尤其是在时间安排上，一定要处理好编与研的关系。作为一个无知而无畏的年轻人，我确实很难理解其中包含的担忧和隐隐的期望，一头扎进了《社会发展研究》的编辑工作中。

编辑工作事无巨细。张翼院长、葛道顺老师、吴莹老师给了我很大的帮助。在编辑部工作以外，张院长是一个雷厉风行的领导和知识广博的学者。而面对编辑部的工作，张院长是一个总揽全局的主编和催人奋进的教育者。每次定稿会，张院长都会仔细地听我们汇报每一篇文章，对其是否存在逻辑问题、能否进一步提升等，给出具体的意见和建议。张院长始终头脑清晰，让我很是佩服。他对新鲜的事物、青年人的话题，保持着开放和包容的心态，敦促期刊与时俱进，捕捉社会发展中的新现象，剖析现象之下的机理与规律。最让我佩服的，是他的体力与脑力。定稿会通常要连续进行六七个小时，连我这个年轻人都不一定能跟上节奏。张院长在高强度的评议和讨论中，既能关注到微小的细节，也能从宏观把控整个的刊物布局与导向，推动《社会发展研究》的持续进步。葛老师为期刊的发展费心劳力，推动期刊日常的运转，保障办刊工作高效、有序地进行，是编辑部的"主心骨"。他为人十分温和，总称我为"罗博士"，这也让我总是暗示自己要加倍努力，担得起"博士"的名号。吴老师是编辑部的"大管家"，为期刊的运转和发展操碎了心，在编辑工作上给了我极大的帮助。为了不让我因为编辑工作的琐碎产生畏难情绪，她将编辑的流程分成若干步骤，带着我一点点熟悉，使我在跟上节奏的过程中保持了积极的心态，也对编辑工作产生了认同。张晨曲老师作为编务，不仅帮助我们协调大小事宜，还总是帮忙优化办公环境。虽然伴随工作调整和编辑部的专业化发展，葛老师和吴老师后来没有持续地参与编辑工作，但他们是期刊能够稳步发展不可或缺的一部分。2020 年底，郭云蔚老师加入编辑部，她十分细致和上进，迅速地支撑起编辑部的"半边天"。张书琬老师是我刚来社会发展战略研究院时最早熟悉的年轻人，她也一直负责期刊英文摘要的编写。虽然她不喜表露观点与争论，但与她交流下来能够感受到她扎实的学术基础，是一个值得尊重的青年学者。而为了促使编辑部有条不紊地运转，院里其他老师也在兼顾自身工作的同时参与了编辑部的工作，无私地为期刊的发展贡献才智。有这些青年同伴，是我的幸运，也是我能够坚定走下去的内心基石。

随着对编辑工作的逐步熟悉，以及学术研究走上正轨，我真切地感受到，编研结合实非易事。记得刚刚进入编辑部，吴老师和我谈话的时候说，编辑工作像是"为他人作嫁衣"，这让我预感到个中的辛酸。不过带着好奇、求知的心，我在成为一个合格编辑的道路上，也努力地实现了从毕业学生到青年学者的转型。通过参与编辑工作，我不再只是一个作者，还是一个评审者、把关者，仿佛开启了"上帝视角"，这让我有机会真正开始塑造学术品味、磨砺写作技术以及探讨研究道路。

## 二、在"养成"中"自成"

在 2019 年的社会学年会"期刊论坛"上，我曾经以《社会发展研究》为例做过一个"养成型期刊"的分享。也就是说，同行评议、匿名评审等各个审核、编校环节，并不仅是要"被动"地达到把控质量的目的，还要通过这个过程"主动"地将那些有望达到发表水平的稿件的质量大大提升，这也是从以人为本的角度来理解期刊建设。各类评审、编校环节的制度建设，在保证过程公平、评审公正的同时，更重要的是保证结果上的质量提升，而经过这个过程得以刊发的文章能够对学界产生积极的影响。《社会发展研究》的主要来稿群体和编辑团队都是中青年学者，因此，在提升稿件质量、升华研究的过程中，匿名评审、责编和作者三方面的努力都非常重要。首先，能够让文章起死回生，少不了"妙手回春"的"治愈"型匿名评审。目前投稿的作者中不少还是学生，研究的组织和文字功底尚且稚嫩，若是匿名评审能在指出问题的同时给予方向性的建设意见，往往对于作者十分有益，能让作者有很多可以学习和提升的地方。不少稿件都是在受到评审启发之后对原先的研究进行了"颠覆性"的调整，这对于作者而言是非常可贵的经历。其次，作者理解匿名评审的意见、听取编辑部的意见，极大地受到了责编本身的影响。很多时候作者在技术方法上是过硬的，但是在写作表述上并不成熟，尤其有时在对文章多轮次的修改之后，对于整体结构的把握不足，会出现一些概念混用等状况。这就导致匿名评审提出的问题并非文章在本质上所存在的，而是基于误解所提出的。但是作者很多时候又体会不到是自身写作或者结构的问题，就很难精准地解决真正的问题，反倒做出很多不必要的修改和回应。所以，对应文章的责编能否帮助作者理解到匿名评审为什么会提出这样的问题就十分重要。否则，作者就会陷入"头痛医头、脚疼医脚"的泥潭，病根找不到，双方一直"打太极"，文章质量始终无法提升。最后，作者的韧性和悟性也常常让我深受感动。有些稿件虽然起点较高，仅存在个别有误或偏颇的判断或观点，但作者消化吸收意见的能力不足，难以做出有力的回应，最终不能达到刊发标准。而有些稿件尽管在开始有很多缺陷，但文章在选题或观点上有新意，在外审和编辑部的帮助下，能够着力做出提升，达到刊发标准，并且刊发后获得诸多好评。这让我一方面在编辑中抛开有色眼镜，以发展的眼光看待稿件；另一方面在自己的研究中也磨砺韧性，在投稿或者学术讨论时，换位思考其他学者的评价，从不同的角度看待、分析素材，再做出最恰当的判断。

在"养成"文章的过程中，体验不同的视角，达到"自成"，这条路无疑还很长。但这条路我走得并不孤单。

## 三、从不知道到知道，从知道到不知道

"养成型"期刊纵然是我促使自己编研结合，在建设期刊中自我探索的一条途径，但我亦十分明白，"养成"有度。不同的学者受到的训练不同，对于不同议题也会形成不同的观点，因此如何能在听取和平衡各方意

见中，让文章呈现最好的面貌，而非变得累赘或掩盖作者的主体性，也是一件颇为棘手的事情。如果说方法上的对错、论证的规范性，尚且是具有相当程度的共识，那么选题是否有意义、观点是否有价值，则是仁者见仁、智者见智。因此，我也时刻告诫自己，要保持一颗敬畏之心。也就是说，在习得新知识、了解新观念上，要从不知道走向知道；在对自己的评价、在理解他人的想法时，要从知道到不知道，如此才能保持开放的心态，积极、努力地成长。

尽管如此，我也一直没能完全解决编研结合所带来的身份冲突，尤其是期刊在近两年实现了飞速的发展，当前编辑部的建设还有很大的进步空间，需要我极大的投入，也就不可避免地压缩了很多开展研究的时间和精力。而作为一个青年学者，很多老师经常叮嘱我，要在研究上加快步伐，这让我时常陷入焦虑。但回顾初心，编研结合也让我能够以最直接的方式将自身的成长和学科建设融为一体，能够将自身品位和学科品位紧密结合。所以，这种投入是需要以对学术的感情为支撑的，怀揣学习和成长的心态去参与、去付出、去收获。

做学问是一个永远在路上的状态，我定当努力保持赤子之心，在编研结合中着力坚持与探寻文化自觉，不枉此顾。

《新闻与传播研究》编辑部　钱莲生

# 敬畏『学术编辑』

钱莲生，编审，毕业于山西大学，2006年进入中国社会科学院新闻与传播研究所工作，2012年进入《新闻与传播研究》编辑部，现为《新闻与传播研究》执行主编，同时担任《中国新闻年鉴》主编、《中国新闻传播学年鉴》副主编。

学术期刊是学术生态的重要组成部分。学术期刊的编辑，简称"学术编辑"，是生产知识的学者和获取知识的读者间的"摆渡人"。

在很多局外人看来，在中国社会科学院当一个这样的"摆渡人"该多风光：你可以最早欣赏到学术岸边那美妙的风光，可以感知一个学科最为前沿的观点、思想，可以和这个领域里最有建树的学者"对话"……还可以举出当学术编辑的若干个"好"来。

然而，许多情况下，学术编辑这个职业未必有那么美妙。

许多编辑同行都有这样的体会：当新鲜出炉的刊物摆在你的几案上时，你的第一反应不是欣喜、不是骄傲，而是不安，一种莫名的不安。那种不安就像你犯了什么错误似的。你不敢像普通读者那样带着轻松、带着期待欣赏，而是小心翼翼地检查、诚惶诚恐地扫视，生怕某个角落里爬出一只"苍蝇"、生出一只"蛾子"。接下来，在出刊后的无数时光里，你还要接受许多熟悉的和更多陌生的眼光的审视、挑剔和批评。

有人不无夸张地说，平时没有多少人注意到编辑的存在，只有出错的时候才想起编辑来。从这个意义上说，社科院奖励优秀期刊编辑，真有点"不合时宜"。

社科院提倡"编研结合"，结合的方式各刊不一。有的是学术编辑捎带脚搞科研、写论文，有的则是研究人员兼职从事期刊编辑，有的研究所干脆把搞不了科研的同志放到编辑部。殊不知，一个成熟的学术期刊编辑是需要多年积累、"锻造"才能胜任的，绝不是谁都可以随随便便当学术编辑的。换句话说，你当得了研究员，当得了教授，未必当得了一个称职的学术编辑。

不信，你瞧。一个称职的学术编辑得有"三心"。

其一，要有降服"恶魔"的细心。

诚然，语言文字是编辑工作的基础。没有文字、标点、语法毛病是对文章的最低要求。现在看来，这个要求并不低。不信，翻翻你手头的期刊，能正确使用"其间"与"期间"、"截至"与"截止"，能正确运用结构助词"的""地""得"的并不多见，更谈不上对异形词、数字等的准确使用了。

不知是汉语言繁难还是作者的粗心，来稿中没有一点文字差错的稿件凤毛麟角。只《新闻与传播研究》一个期刊是如此吗？

无独有偶。我无意中读到《外国文学评论》2019年第3期的"编后记"。这家刊物的编者无限感慨："就像本刊的来稿作者，文学教授也，文学博士也，终日与文字交道者也，而其笔下几无任何语法瑕疵者，十无一二。"编者写这篇编后记的目的是希望来稿者能够体现高度的语文修养，"而且，它体现的不仅是句子的精密，也是思维的精密。"

有时，文字、语法没有错误，但涉及人名、地名、书名、文章名、直接引语等也许有误。这就需要编辑有大量的积累，更需要有不厌其烦、一遍又一遍核对的细心。有时，以上这些"低级错误"都没有，上下文的逻辑是否缜密、背后的意识形态是否正确，也需要编辑反复斟酌、考量，稍有疏忽，往往差之毫厘，谬以千里。比如，我们编发的一篇稿件中，原稿有这样一句话："相比马克思主义新闻观在党性问题上的坦率，西方新闻观在这个问题上要虚伪得多。"乍看，看不出这句话有什么问题，仔细琢磨，你就会发现问题很大。句子还潜藏这样一层意涵，那就是与西方新闻观相比，马克思主义新闻观也是虚伪的。这与作者想表达的意思大相径庭。

西方有一句惯用语叫"The devil is in the details."，汉语不大好翻译。陈原先生把它理解成"所有文本里都有个'恶魔'"。他提醒期刊编辑："你一不小心，就会被藏在文字细节中的'魔鬼'打败。"①

如果说作者写错字词、用错语法甚至出现知识性差错情有可原，那么经过编辑的手"出炉"的产品依然有错，就是编辑的失职了。因此，学术编辑既要有高于一般作者驾驭语言文字的能力，要拥有百科知识般的知识，更要有降服"恶魔"的细心。

"职责所在，名誉所系，编辑不得不细心地一个字接一个字、一行接一行地将他的论文读上多遍。"②

有时候，你主观上很细心，但客观上难免出现这样那样的差错，要完全战胜"恶魔"，何其难也！

其二，要有敢读"天书"的耐心。

赵鑫珊早年翻译过大量西方哲学家的论著。他说，有些哲学家的语言风格辞涩言苦、佶屈聱牙。在他看来，胡塞尔、哈贝马斯的作品就属于这类。他坦言："常常经我译出的东西，连我自己都不懂。后来，我当面问过德国知识分子，他们说，德国人读哈贝马斯的书也像读天书。""从那时候起，我就憎恨这种故作深沉状的哲学论著。我发誓，我永远不会写这种故弄玄虚的东西。它们就像是皇帝的新装，败坏了哲学的名声。"

译者"憎恨"故作深沉、故弄玄虚的文字，编者何尝不"憎恨"呢？

---

① 陈原：《论"驾驭"文字的艺术》，载吴波主编《编辑是一门正在消逝的艺术》，北京：金城出版社，2013，第77—95页。
② 《编后记》，《外国文学评论》2019年第3期。

在编辑过程中,我们常常被一类文章所困,这类文章看似很有学问,因为"看不懂"。我们不得不面对这类"大作"自嘲、自问:"看不懂的文章才是好文章?"

来稿中,言必称希腊的八股文章很多,张口闭口哈贝马斯的文章也不在少数,我怀疑写文章的人也如赵鑫珊所说,连他自己也未必能搞懂。还有的文章,用了十分精致的方法,转了很大一个弯儿,费了九牛二虎之力,最终得出让人尴尬的结论。

对待这些稿子,你会情不自禁地生闷气。但作为职业编辑,我们还不能把它"一棍子打死"。为了防止看走眼,避免遗珠之憾,你得耐着性子读下去。在赵鑫珊看来,"一本好的哲学著作约有 60% 的内容是可以叫人懂得的。还有 30% 的地方是朦胧的,有志于学者对此付出努力钻研的心血。最后剩下 10% 的东西则是留给作者和读者共同追求的神圣、崇高和壮丽的空间。"[1] 不仔细甄别,谁敢说那读不懂或不太懂的稿子不在那 40% 之中呢?

因此,学术编辑不仅要有很强的学术眼光,还要有敢说"皇帝没穿新装"的勇气,要有敢读"天书"的耐心!

其三,要有童叟无欺的良心。

我们常说,编辑是个良心活。这句话说的是,编辑无止境。事实上,编辑下多大功夫,经过打磨后的产品就会有多大"成色",但编辑的功夫,外人是很难看出来的——在读者那里,只看作品,不看过程。有些文章逻辑严谨、论证周密、文从字顺,和初稿模样判若两文,殊不知那是经过编辑初审、专家外审、作者修订、编辑再审和再修正的结果。

我们都知道慢工出细活的道理,但是在学术论文批量生产,论文水平无论高下,到了出刊日版面都要填满的当下,编辑往往被追赶得"屁滚尿流",难有那个"闲情雅致"为一篇稿子认认真真琢磨、仔仔细细推敲、小心翼翼修改。

我这里说的良心不仅指作为个体的编辑认真对待稿件的职业良心,还指编辑群体平等对待作者的职业良心。

---

[1] 赵鑫珊:《病态的世界》,上海:上海人民出版社,2003,第8—9页。

当下，在学术期刊界有一个怪现象——学术歧视。一些期刊为了追求转载率、引用率以及下载量，编辑们不看内涵看 "颜值"，不是首先看稿件的学术水准，而是首先看作者的职称是否 "高级"、出身是否 "名门"。学生、非高级职称、出身普通机构者免谈，如果想发文章，必须 "攀高枝"，你得挂上某个具有高级职称的 "名家"。真是岂有此理！期刊本就有发现新人、培养青年学人的责任，这样做很容易伤害青年学者。"九层之台，起于累土"，哪一个教授不是从助教、讲师做起的？再说，"自古英雄出少年"，许多专家学者一辈子写了很多东西，还数学生时代写的博士学位论文最下功夫、最见功力，这些论文甚至可以作为自己的代表作。

《新闻与传播研究》一直秉承 "认稿不认人""学术至上" 的办刊理念。无论作者是赫赫有名的大腕儿抑或名不见经传的小人物，学术面前人人平等，哪怕作者是个本科生，是个讲师，哪怕文章没有任何项目的资助，他的论文都会得到平等对待。

这是我们的追求，但想百分百做到，何其难也！

其四，敬畏 "学术编辑"。

一个好的编辑当是 "红笔蓝笔两相宜"，既会识稿、编稿，也会写稿。"甘为他人作嫁衣" 是一种可贵的职业品质。但言为 "甘"，实为不甘。且不说在当下重数量、轻质量的考评机制中，搞科研、发文章、出专著对编辑意味着什么，没有几个学术编辑不希望自己也能成为学问家的。可是作为一个称职的专职编辑，要做到前文讲的 "三心"，他是没有多少属于自己的时间的。再说，编辑当得时间长了，眼高手低，看文章总喜欢带着挑剔的眼光，自己动手写，又怕不够周全，被别人挑毛病，也就懒得动笔。在我看来，写不出好文章不如不写，省得占用版面资源，浪费纸张，更不用浪费同侪的审稿时间，浪费读者的时间，因为那无异于 "谋财害命"。

选择做学术编辑，就要有做奉献的思想准备，能耐得住寂寞、经得起诱惑。"编有余力搞科研"，值得点赞；反之，"研有余力当编辑"，恐怕是对严肃的学术期刊的戕害。

八九十年前，学术大家郑振铎说，在这个急骤变动的大时代里，编辑者的责任是不很轻微的。① 这句话今天依然让编辑人激情满怀。新时代又赋予了编辑人崇高的使命——精神食粮的生产者、先进文化的传播者、"三大体系"的建设者……这就需要学术编辑有更高的目标和追求。

最后，我想说，动笔写这篇稿子总想说点真话。鲁迅先生在编订好自己的一本杂文集后，流露出如许的真情："偏爱我的作品的读者，有时批评说，我的文字是说真话的。这其实是过誉，那原因就因为他偏爱。我自然不想太欺骗人，但也未尝将心里的话照样说尽，大约只要看得可以交卷就算完……因为，我还没有这样勇敢，那原因就是我还想生活，在这社会里。"②

鲁迅先生尚且如此，我等庸碌无为之辈岂敢"将心里的话照样说尽"。我敢说的是，用"学术编辑"的镜子照照自己，我还有很大差距。

"学术编辑"这个称谓令我敬畏——当编辑有年，至今难得"三昧"。学术编辑是横看成岭侧看成峰的高山，又是颜色普通却清气满乾坤的墨梅，虽不能至，心向往之。

① 郑振铎：《编辑是什么？》，载吴波主编《编辑是一门正在消逝的艺术》，北京：金城出版社，2013，第1–3页。

② 鲁迅：《写在〈坟〉后面》，《鲁迅全集》（第一卷），北京：人民文学出版社，1983，第283–284页。

作嫁衣亦快乐

《世界经济与政治》编辑部　主父笑飞

主父笑飞，编审，博士，毕业于中国人民大学，2003年进入中国社会科学院世界经济与政治研究所《世界经济与政治》编辑部工作至今。

　　踏入《世界经济与政治》编辑部的门槛已有18年。编辑部窗边始终安静伫立着一个古老到可以进博物馆的绿色铁皮柜子，以其殷殷的目光，目睹我韶华渐逝，华发早生。窗外长安街车如流水街如河，逝者依然如斯。犹记刚入职时阳光灿烂的日子里，"且将新火试新茶"那种新鲜和干劲——前辈师长的教诲提携，同志们温如新春的帮助支持，伴随着期期新刊的油墨之香，刻在了我成长成熟的年轮里。

　　编辑之职一如作嫁衣之妇，针针线线，琐琐碎碎，丝丝缕缕，方方寸寸，收拾的一袭光鲜披挂在他人之身，年轻时的自己劳累烦恼之余，心滋些许惆怅——编辑就是为人作嫁衣，辛苦半天，成果是别人的，错误却是自己的，情绪有波动，意志亦有消沉。但是一步步走来，细数如烟过往，那一笔笔修改、一篇篇校样、一天天重复、一轮轮叠加，"草不谢荣于春风，木不怨落于秋天"，终归沉寂了我的浮躁，让我突然感悟——雁过天空，风轻云淡。

为他人作嫁衣难道不是一个人自愿的选择吗？不喜欢幕后，可以选择站到台前，可是既然选择了它，便要端正心态，尽自己的职责做好一身身合体、舒适而又美丽的嫁衣。当作者穿上我们缝制的"嫁衣"，吸引了众多宾客欣赏艳美的目光，获取了人生的幸福，我们即使身在幕后，当默默地注视着让人感动的场景时，难道不会由衷地感到高兴吗？不在台前又如何呢？这世上有多少人是聚焦在镁光灯下，成为耀眼主角的呢？事实是，永远都是主角少，配角多。大家经常把关注的目光投向主角光鲜亮丽的一面，却不自觉忽略了他们背后付出的辛苦和汗水甚至泪水。谁又能说化妆师、摄影师和配角等相关人员不重要呢？有多少人都是在幕后尽职尽责而无声奉献呢？有哪一份工作不是众多人共同努力的结果呢？举个最简单的例子，逢年过节我们欢天喜地地坐上高铁、飞机、汽车奔向家人身边团聚的时候，司机和乘务员哪一位不是在为了成全乘客而舍弃了自己与亲人见面的机会？他们自始至终真诚的微笑和热情的服务，让每一位乘客都宾至如归，你何时听到过他们拉着你絮絮叨叨地诉苦？诉苦必将会使你的付出大打折扣。

所以说，既然做出了选择，就要对它负责。是在台前还是幕后，考虑清楚再做决定，不要为了很多其他目的选择了编辑，却又心有不甘。作者有作者的责任，编辑有编辑的职责，虽有交叉，但更有不同。把作者当"主角"来看，认为编辑只是无关紧要的"配角"，从而导致工作心态的变化，总是怨天尤人甚至消极怠工，我觉得很重要的一点是因为对编辑这一职业的认识不够全面。

作为编辑，首先要树立编辑为作者服务的意识。俗话说："巧妇难为无米之炊。"对于期刊来说，毫无疑问，"米"就是作者的论文。没有米下锅，期刊这口"锅"就做不成"饭"，读者也因此"挨饿"。而"米"的质量也有好坏，一方面，这取决于作者的学术水平及写作能力，即能不能提供有观点、有创新、合规范的高质量论文，这是最根本的；另一方面，则与编辑和作者之间的关系相联。之所以这么说，原因在于：其一，编辑对于论文提出的修改意见有助于作者完善论文、提升论文水准，使论文更具学术价值和现实意义。对于论文的技术处理不只是修正了细节上的失误，包括知识点和写作规范等各个方面，更重要的是编辑具有更强的政治敏锐性，从编辑出版的角度保证了论文的政治导向，把正确的政治方向和学术导向统一起来，寓政治于学术之中，最终呈现给读者的是具有正确思想和学术灵魂、可以长久阅读的精品学术成果。这样的修改是让作者信服的，能够使作者对杂志和编辑都产生信任，从而吸引他们未来会记得把优质稿件继续投给杂志，成为杂志的一个优秀稿源库。其二，编辑在与作者沟通交流的过程中，真诚认真、细致耐心的态度无疑也是一种"软实力"。一篇优秀论文的最终发表是要经过长时间多轮打磨的，编辑不骄不躁，尽可能为作者提供提升论文质量的空间，这种反复沟通与交流能够把编辑部的修改意见体现得更加明确、清晰，有助于作者拓宽思路、增加深度，使作者对问题的把握更加到位，作者也因此会对编辑与杂志产生深刻的印象和好感。

因此，优秀论文与优秀期刊是相互成就的，优秀编辑与优秀作者也是相互依靠的。期刊有没有"软糯的五常大米"做出"香喷喷的米饭"、编辑能不能凭借期刊这一平台获得能力上进一步的提升和职业上更广阔的发展空间，是离不开作者的。可见服务意识贯穿于编辑工作始终。如果认识不到这一点，就会忽视编辑出版工作的重要价值和编辑职业的重要职责，就不能真正发自内心地对待编辑工作，结果就会造成"身在曹营心在汉"式编辑。

与此同时，要认识到树立为作者服务的意识并非说明编辑低人一等。相反，编辑与作者是平等的，可以成为朋友。1983 年 6 月 6 日颁布的《中共中央、国务院关于加强出版工作的决定》指出："社会主义的出版工作，是出版工作者和著译者共同的工作，他们之间的关系是同志式的互助合作关系。"有些编辑总觉得自己不如作者，参加学术活动时站得远远的，与作者交流的时候紧张得不知道说什么好，向作者约稿觉得是在低声下气地求人，这大可不必。虽然当下都在强调要做学者型编辑，但我们对此要有客观的认识。首先，术业有专攻，人的时间和精力也是有限的，编辑做学术会受到本职工作的很大制约，编辑工作要求高、操作细，编辑势必要付出很多努力才能胜任。在这种情况下，要平衡学术研究和编辑工作的关系实属不易。但是，当前大多数编辑都具有高学历、有着自己熟悉的专业领域以及具备相应的研究能力，还有很多编辑是研究人员兼任的，只是因为编辑工作的紧密安排，个人研究受到一定程度的影响，但这并不能说明编辑技差一筹，编辑们更不能因此而妄自菲薄，感到愧不如人。其次，对于"学者型编辑"要有恰当的理解，避免陷入"学者型编辑＝发表学术论文（著作）"的思维定式。积极参加学术会议、与作者进行深入交流等无一不是"学者型编辑"的重要表现。编辑要有自信，因为正是编辑毫不吝啬地提供中肯的意见、积极的建议以及进行细致的修改，论文的思想表达才更充分、框架更合理、表述更流畅、学术更规范、版式更美观，论文中的问题和错误才会于正式出版前被消除，读者才能看到一篇篇富有学术营养的好文章，从中受到启发和引导。每一期杂志出刊都是编辑和作者共同努力的结果，霓裳既成，饱含了双方的智慧和心血。

这说明作者和编辑的目标是一致的，都是为了把论文以最好的姿态呈现给大家。编辑作为论文的第一读者，从编辑经历和学术素养两方面对于论文的数番打磨以至最终发表发挥着无可替换的独特作用。快点抛弃"整天忙忙碌碌、辛辛苦苦，只不过是为人作嫁衣裳，想来令人神伤"的想法吧！看到一件件漂亮的嫁衣完工，做工精美，款式大方，质料讲究，为什么不由衷感到自豪呢？为什么非要强调过程的辛苦呢？编辑的工匠精神从中得到体现和被认可，结果美好，这就足够了。

党的十九大报告指出："中国共产党人的初心和使命，就是为中国人民谋幸福，为中华民族谋复兴。"这个初心和使命是激励中国共产党人不断前进的根本动力。上海文艺出版集团原总编辑何承伟老师的一句话让我感受颇深，他说，出版工作的初心，就是为读者选择有价值的内容。纸张印制和数字化呈现，都是我们服务读者的一种形式。不忘出版工作者的初心，牢记出版工作者的使命，是提升出版软实力的关键所在，也是制定战略发展的出发点。对于编辑来说，为读者选择内容，是一种奋斗，是一种付出，也是一种享受。同时，为读者选择内容，也是一种责任。勇于选择，敢于担当，这才形成了编辑人员的脊梁。虽然很多人都觉得期刊和编辑在本单位相对边缘，但是换个角度去想，既然期刊存在，就说明单位和领导对于它存在价值和意义的肯定。至于为什么边缘，我们是不是可以多想想自身的原因呢？假如每个人都全心全意地对待编辑工作，所在期刊办得蒸蒸日上，在评价体系中占有一席之地、在学界赢得良好口碑，呈现深厚思想，产生广泛影响，引领学术前沿，服务国家战略，培养学术新人，相信会墙内开花、墙内墙外都香吧！凡事多从自身找原因，不要动辄埋怨责怪别人。做好自己的职业规划而非遇事牢骚满腹，不失为有效的上策之选。

无意中看到这样一句话："编辑也是一个需要高情商的职业。"我深以为然。积极地展现自我，多走出去参加学术和期刊活动，主动与作者沟通交流，敢于表达自己的观点和看法，作者和学界会对你有更深的认识和认可。开动脑筋，用我们的智慧处理好编辑工作与学术研究的关系，处理好编辑与作者、读者的关系，让自己成为一名游刃有余、技艺高超的编辑匠；投入精力，把热情传递给作者和读者，你就是一颗能量无限的小宇宙。

"人生的精彩不是镁光灯下的聚焦，而是心灵深处的宁静。"沉下心来，尊重自己的选择，无悔自己的选择。"千羡万羡西江水，曾向竟陵城下来"，成人必将达己，植树自然受荫，心植杂志、成全作者的同时，又何尝不是成全了我们自己呢！

做一个快乐的嫁衣匠，织就的五彩衣也将映衬出自己的一抹美丽。

# 无悔初心作绿叶

《世界经济》编辑部　宋志刚

　　宋志刚，编审，博士，毕业于北京师范大学，1999 年进入中国社会科学院世界经济与政治研究所《世界经济》编辑部工作至今，现为《世界经济》编辑。

## 一、误打误撞成了编辑

　　由于所学专业的原因，我在成为一名经济学期刊编辑以前，在充满了各种化学试剂味道的实验室工作了近十年。先前供职的单位，与轮胎的研发有很大关联，大部分橡胶制品，要经过硫化工艺，才能变得有弹性。这决定了从事这一领域的化学分析工作，必定要经常在以硫化氢这种以臭鸡蛋味道为主要成分的气体"熏陶"下工作。后来的工作变动，与其说是我有多热爱经济学，不如说我有多想逃离这种味道。这间接促成了我从一名工程师转变为一名经济学期刊的编辑。

　　大学期间，我看到文科生们整天优哉游哉地在球场上打球，显得很自在的样子，而自己总有写不完的作业、做不完的实验，心里不免有一些羡慕。所以在我决定考研的时候，坚定地放弃了以前的专业，转向了经济学。1999年研究生毕业的时候，我的一位外地同学对北京不熟悉，我就陪他来到中国社会科学院世界经济与政治研究所，咨询有关博士报考事宜。在同学向人事处的有关同志咨询博士招生事宜的时候，我偶然得知《世界经济》编辑部正在招聘编辑。由于我以前从事过与文字编辑相关的国家标准制定工作，对编辑工作不仅熟悉，而且也有点喜欢。所以呢，"无心插柳柳成荫"地把自己工作解决了，一个"转身"变成了一名编辑。

## 二、找对了工作，理解错了工作对象

刚进编辑部工作的时候，自己的小家也刚刚组成。当时，我与爱人一起在郊区租房住。中国社科院很多研究所不是每天都坐班，这对于当时住在郊区、工作单位在市中心的我，有一种像做梦一样的不真实的美。省去了每天奔波之苦，做着自己喜欢的文字"修理"工作，一度相信了天上真有掉馅饼的事情。2000年前后，对出版业来说，正是电子排版大规模地替代传统排版业务的时候。因来编辑部之前，接触过化工期刊的编辑工作，在技能修为上，属于能使用北大方正排版软件排出化学反应方程式和苯环的那种。所以，刚到经济学期刊做编辑，在新技术使用方面，多少有点小骄傲。然而让我没想到的是，来自工作的考验还没有开始。

第一个没想到的是，与以前做一本与具体工业相关的刊物相比，社科院平台对出版物思想性的要求太高了。在这一平台发表的论文，有影响到国家决策制定的可能，其重要性，远非先前接触的刊物可比。新平台对编辑的要求，不是有多么酷炫的排版技术，而是有在众多有关经济学研究的来稿中，甄别、挑选出高水平论文的能力。

第二个没想到的是，我的主要工作对象是人不是文字。我进入编辑部的时间，恰巧是《世界经济》编辑部开始在经济学学术期刊中试行匿名审稿制的时期。同行双向盲审制度在自然科学领域的刊物中，运行已久，但在当时的经济学研究领域，还是一个新生事物。刚到编辑部时，有老编辑对我说，有的作者，对自己的学术观点具有强烈的捍卫意识，对自己论文的文字表达十分自信，甚至有时会讲，不要改动一个字，编辑部要改，他就撤稿。在当时这样一个学术氛围中，推行一个还不被大家熟悉、接受的匿名审稿制度，其难度可想而知。

一篇论文送给同领域的两位审稿人，如果作者接到两份相对负面的评价，第一反应可能是，什么意思？你们编辑部不想用就不用，直接告诉我好了，没必要费这么大事儿，去找两个人提出这么多意见来拒稿吧？你们这是想羞辱我吗？一些作者甚至从此再也不向编辑部投稿。

第三个没想到的是，更大的压力来自编辑部所属单位。院属各学术期刊编辑部，基本上归口于各专业研究所，这些研究所，基本上是国内社会科学同领域的学术研究重镇，集中了大批国内的优秀学者。这些研究所，在实行匿名审稿制度以前，也基本上是各所办刊物的主要稿源地之一。随着匿名审稿制度的不断推进与完善，作者与审稿人的地域来源与行业来源，越来越广泛。相对自然科学，人文社科领域的学术观点之争，是一个常态化的现象。在这一背景下，任何一篇送外审的论文，都存在被拒稿的可能。试想，一位平时低头不见抬头见的同事，出于对本所刊物的信任，把体现了自己"汗水"的倾心力作投到编辑部，结果，论文送外审没有通过。当你再见到这位同事时，心里是否会有一丝愧疚、空气中是否会多了一丝尴尬？进一步设想一下，在你评职称的时候，这位同事正坐在评委的位子上看着你颔首微笑……

即使不去考虑这些人之常情对一个编辑正常开展工作的困扰，单是为每一篇论文找到一位合适的审稿人，就是一件很让人头大的事。

在经济圈里有一个比较流行的词，叫经济学帝国主义。说的是，现在的经济学研究，"手"伸得很长，经常跨界到其他研究领域，比如劳动收入与税收、体育运动、人口与医疗保险、就业与增长、贸易与投资、基础设施与环境治理……，几乎在各领域都可见经济学研究者的身影。为了追求创新，学者们的研究对象更是五花八门：明星偷税事件与税收征管、高铁建设与传染病流行、多孩政策与房价……为每一篇投来的稿件，精确地匹配两位研究领域完全吻合的审稿人，对编辑部来讲，几乎是一个不可能完成的任务。

编辑们面对的作者与审稿人，又是一个个来自不同家庭、成长环境的个体，他们是一个受教育背景相差较大的群体。每个人的脾气秉性、说话方式都有各自的模式与特点。一些人性格外向，说话直来直去，追求人际交流的简洁高效；一些人心思缜密，表达婉转，以看破不说破，始终保持人际交往空间的弹性为行为准则；一些人是刚从学校里走出的博士，正处于结婚生子、贷款买房、开始各种课题申请、争做斜杠青年的人生关键时期；一些人是小孩子上了大学或离开家庭开始独立生活，自己开始了向人生第二学术高峰冲刺的阶段；一些人多次投稿不中，想不明白个中原因，开始对科研、对制度以及对生活产生了怀疑；一些人在各大名刊屡投屡中，深谙论文发表之道，意气风发，大有指点江山之意……凡此种种、各式人等，在编辑所面对的群体中，形成了各种不同的组合，匹配出来的审读效果，经常会有各种出人意料的结果。

所以，现在对一个编辑的考验，除了要有必要的文字修养以外，为了能顺利地开展工作，还必须要保持一颗为平台服务的心，同时做好与不同作者、审稿人组合打交道的思想准备。在期刊选稿以外审为主要手段的背景下，最考验一个编辑部水平的是，编辑们对本领域学者们各种学术生态的熟悉程度，稍不留意，就会把一位天津作者的论文，送给了他在广州工作的师兄手中审阅，可能会对最终的审稿效果产生影响。

经济学经过百多年的发展，在中国已经成为一门显学，在这一领域集中了中国相当大一部分的精英人才。而这些学界精英，一般会选择在高水平的期刊发表他们的学术观点。得益于中国社会科学院这一平台，院属各期刊基本处于各领域"头部"期刊"方阵"。编辑们因工作之需，要经常与本领域的优秀作者群体打交道。学者们的学术修为及为人处世，潜移默化地影响着作为编辑的我。在过去的这些年中，我观察到自己在很多方面都有了进步，自己看问题的角度与日常的思考方式，有很多受益于与这些学者的交往。从这方面讲，我很坦然地面对当初自己选择来编辑部的这一"偶然决定"，并在这长达二十多年的工作中，受益于此，享受着它带给我的快乐。

### 三、这绿叶做得也太到位了

中国社会科学院，只从名字上就可以判断，这个单位自带科研属性。所以，很容易理解科研工作是中国社科院的重中之重，编辑在中国社科院天然地被定义为科研辅助岗，是科研花园中的绿叶，这是一件十分自然的事情。单位重视一件事情的背后，往往是各种资源的投入。与所有的科研单位一样，排在各种资源配置之首的就是职称。社科院是一个人才高度集中的地方，即使长期在一线从事科研工作的人员，在打起十二分精神去评职称时，也不一定能争取到一个让自己满意的结果。

编辑工作是一个十足的"时间杀手"。读者在流畅地阅读一篇论文时，可能不会想到一名编辑在编辑这篇论文时，为了能使一张表格与相关的文字说明尽量排在一页，曾经使出了十八般武艺：调行距、调字距、删文字、重新表述等。而且，有时一些"粗心"的作者，会无心地给当值编辑顺手挖几个"小坑"。作为编辑，相对作者是外行，及时发现这样小的"专业错误"，并不太容易：表中的数字是"标准差"还是"标准误"？一篇文献的年份是 1982 还是 1983？开发区的企业年龄取了对数以后的值是 7.604，编辑能否发现这个企业从唐朝开始就一直在做出口贸易！凡此种种，从怀疑到落实，都要有时间上的付出，而你在与作者落实时，他可能只是简单的一句：哈哈，笔误了。

如果要把每篇文章，在力所能及的范围内做细，注定会有大量的时间投入，大块儿的时间被很多琐碎的小事儿分割。在国内，每一学科领域都人才济济，多多少少都有些"内卷"，要想在同行中凭学术胜出，首先要有足够的时间投入。在一名编辑为他人作嫁衣裳的时候，他的同学、同期或在他之后进所的同事，凭借在某一领域的深耕，已经著述颇丰。而编辑们在评职称时，如果只讲自己编发了多少稿件，总是有点那么理不直、气不壮。中国社科院期刊编辑工作量都十分饱满，所以，在评职称时，大家在工作量上都十分优秀，不存在问题。而在六七名合格人员竞聘两个职称资格时，看编辑字数还是看发表论文数？科研单位重视科研的倾向，就会在职称委员会的投票中表露无遗。

现在回想刚刚入职编辑时，出版界还没有现在这么多花样百出的各种排行榜，各编辑部的同人，都在安安静静地做好本职工作。院里的学术期刊也凭借中国社会科学院这一学术高地，在与作者的交往沟通中，处于"优势"地位。但同一时期，学术期刊要与主办单位脱钩的观点、"企业化"及"自负盈亏"的概念，也在业界悄悄地流传。到编辑部的第一天起，我就把自己定位于一个高质量出版平台的服务人员，要为自己的作者及读者服好务，要维护好自己服务期刊的作者及读者群。所以，我第一次在编辑部接听电话时，说的是："您好！《世界经济》编辑部。"这让很多听惯了接电话首问"喂，找谁？"的人，多少感觉有些异样。

正是对"服务作者，服务读者"这一初心的坚持，让我在具体的工作中，可以更乐观积极地去面对一些工作中出现的困难。随着刊物在读者及学者中好誉度的不断上升，更是证明了自己与同事们的办刊指导思想没有问题，我们抓住了历史机遇，做对了一件事，做好了一本刊物。随着后来各种榜单的出台，我们的期刊排名逐年提升，这也给我们带来了强烈的正反馈：在科研单位做绿叶，挺好！

## 四、叶绿衬得花红

如今，匿名审稿制度已经是各学术期刊普遍采用的论文甄别机制。我们编辑部在享受到先发优势的同时，也时时感受到做"头部"刊物的那种逆水行舟般的竞争压力。国家加大了对处于"第一方阵"的社科学术期刊的支持力度，让编辑们不用再为如何平衡一边选编论文，一边找出刊经费而牵扯精力，极大地减轻了编辑们的办刊压力。在习近平总书记发出"把论文写在祖国大地上"这一号召之后，中文学术期刊在学者眼中，得到了前所未有的重视。作为一个老编辑，还从未有过这样一个简单而明确的任务：一个编辑，只需要选编好文章，为中国的经济建设打好理论基础。

在百年未有之大变局的背景下，如何保持一国的经济增长，几乎是一个国家的头等大事。经济学者们，不需要像革命先烈那样为了祖国明天的繁荣抛头颅、洒热血、牺牲生命，而只需要多调研、多流汗，发挥自身专业特长，解决祖国经济建设中出现的各种问题，为经济增长贡献优质科研成果，在科研的"百花园"里，贡献自己的"色彩"。作为一名老编辑，我也将保持初心，做好当资深"绿叶"的思想准备，继续为衬托我国经济科研工作者的"智力之花"贡献自己的力量。

可以攻玉，他山之石，

*China & World Economy* 编辑部　冯晓明

冯晓明，编审，毕业于北京大学，1996 年进入中国社会科学院世界经济与政治研究所工作，2000 年进入 *China & World Economy* 编辑部，现为 *China & World Economy* 执行主编。

　　我在大学的专业是经济学和国际金融，毕业后从事外贸出口和金融投资咨询，先后在英国和中国香港学习、工作过。我于 1996 年进入中国社科院世界经济与政治研究所，初衷是做国际金融方面的研究，入所时在《国际经济评论》担任编辑，也是希望通过编辑工作，更快、更全面地了解相关学科的前沿发展。2000 年，所里考虑到我的经济学专业背景和比较熟练的英语，调我到 *China & World Economy* 担任副主编和编辑部主任。没想到一干就是 20 多年，我的职业生涯与编辑二字紧密相伴。与中国社科院多数成熟的、已经确立了学术地位的期刊相比，我工作过的《国际经济评论》和 *China & World Economy* 都属于初创型期刊，这一方面增加了我工作的挑战和难度，另一方面也激发了我开拓的动力。我有幸见证和参与了英文刊从濒临停刊、长期处于边缘状态，到不断进步进入良性发展的过程。作家柳青说过，人生的道路虽然漫长，但紧要处常常只有几步。这句话同样适用于 *China & World Economy*。对于 *China & World Economy* 来说，最紧要处的几步肯定包括它转型初期的定位和国际发行渠道的拓展。我想借这篇小文，重点分享一下 2000 年初期的 *China & World Economy* 在这几个方面的尝试和努力。

一本规范成熟的学术期刊，无论学科、语言形式，它的发展都遵循一般的规律，简单来说就是关注两个方面：一是学术内容和质量，二是发行和推广。从学术方面来说，要有明确的学术定位，即宗旨和范围；有高质量的学术社区，即作者和读者群体；有公正严谨的学术规范，即各种形式的匿名审稿制度；有高效专业、责任清晰的编辑规范和流程。从发行方面来说，要有专业通畅的宣传推广渠道，使杂志能够及时精准地抵达目标读者和使用者。外文学术期刊由于语言的特点，除了遵循一般的期刊发展规律之外，它的宗旨、选题、作者和读者，与中文期刊会有不同，因此也凸显了发行推广渠道的特殊性。

## 一、明晰英文刊的定位，确定国际化的目标

*China & World Economy* 由中国社会科学院世界经济与政治研究所主办，1993 年创刊时定位于《世界经济》中文刊的英文翻译期刊。在起步阶段由于缺乏经验，经费困难，杂志濒临停刊。1999 年，院国际合作局牵头进行期刊国际化尝试，开始拨款资助包括 *China & World Economy* 在内的数本英文期刊，当时，编辑部就期刊的定位召开了多次讨论会，我至今印象深刻的是其中两次，参加者有当时的世界经济与政治研究所所长兼英文刊主编余永定、国际合作局局长裴长洪以及美国 *Chinese Economy* 的主编冯鸿矶教授，讨论的内容非常细致具体，包括选题范围是世界经济还是中国经济、以政策性还是学术性为主、作者和文章的来源等，最后就杂志的定位和风格形成了以下共识：根据英文刊的语言特点，立足国内、面向国际学术界，把英文刊办成"世界了解中国的窗口、中外学者交流的桥梁"。

它的发展目标是"中国权威学术机构主办的专注于中国经济问题的国际学术期刊"。为了突出对中国经济问题的研究，编辑部于 2000 年将杂志名称由原来的 *World Economy & China* 更名为 *China & World Economy*。

要实现国际化的目标，杂志的学术质量是根本。在"走出去"之前，杂志要先"立起来"。我进入编辑部的初期，国内用英文写作的作者很少，高质量的论文需要邀请专家学者写出中文稿，然后翻译成英文。编辑部同事投入全部精力约稿、选稿、组织翻译。有时缺乏高质量的翻译人员，我本人还兼任翻译工作。为了鼓励国内作者用英文写作，对于有学术思想但英文比较差的文章，编辑需要逐句修改，反复与作者沟通，直到文章达到出版水平。

英文刊发展的初期，编辑部就建立了专家审稿制度，即使邀请来的稿件，也必须按照严格的审核程序，以保证论文的学术质量。为了确保英文的准确和流畅，编辑程序中严格执行语言初审和复审、外校、互校、主编终审的程序，层层把关。对文章中的资料来源和参考文献严格核对，确保每一个引用的观点和数据都有详细和可追溯的来源。

## 二、"借船出海"，积极寻求国际合作

我刚到英文刊编辑部时，国内主办的英文学术刊物寥寥无几，推广发行方面完全参照中文期刊，*China & World Economy* 的国内发行靠邮局，海外发行通过中国图书进出口公司的征订，数量非常少，而且完全没有主动的推介活动。如何建立国外的推广和发行渠道，使英文刊抵达其目标读者和作者，是我们必须尽快解决的难题。由于没有同类英文期刊的经验可以借鉴，我们必须发挥主动性和开拓精神，摸索出一条适合中国创办国际性期刊的新路子。在英文刊稿源得到保证、文章质量有了极大提高的前提下，我和编辑部同事积极实施"走出去"的计划，通过各种渠道努力寻求与国外出版机构的合作。以下五个里程碑式的合作项目，使 *China & World Economy* 走出国门，进入了国际学术界的视野。

第一，*China & World Economy* 于 2003 年初与新加坡时讯出版公司

（Times Publishing, LTD.）合作，其将 *China & World Economy* 发表的文章编成专辑 *China & Economic Research Series*，分 6 辑在新加坡出版。此专辑是国内期刊与国外出版社首次合作发行的全面反映中国经济问题的理论探讨系列，在国际上引起很好的反响。

第二，2003 年起，与全球著名的电子数据库 ProQuest 合作，成为其亚洲板块重要的数据资料来源。

第三，2005 年，在主编余永定的支持和帮助下，建立了由国内外知名学者组成的学术顾问委员会和由国内各个经济学学科领军人物组成的编委会。

第四，2005 年，与全球最大的学术出版集团之一的 Blackwell（后被 Wiley 收购）合作，联合出版杂志。由编辑部负责杂志的组稿、编辑、印刷和国内发行，由 Wiley 负责杂志的海外发行和电子版的征订。*China & World Economy* 全部文章收录于 Wiley 在线数据库 Wiley Online Library。该数据库是国际学术界著名的数据库之一。

第五，2006 年 9 月，在 Blackwell 的协助下入选"社会科学引文系统"（Social Science Citation Index，SSCI），标志着英文刊成为真正意义上的国际学术期刊。

从现在来看，上面对外合作的各个步骤一气呵成、相辅相成。目前我国多数外文学术期刊也都采取了与国外出版商合作的发行方式。但是 20 年前，在国内期刊界争论比较激烈的是"造船出海"还是"借船出海"，各个期刊在实践中也做了不同的探索。当时走开放接纳国外出版商的路子，需要承受巨大的政治和思想压力。这里要感谢余永定主编和国际合作局的裴长洪局长，没有他们的远见和支持，我们这条"借船出海"的路子可能会半途而废。当然，在与外国出版机构合作的过程中，我们坚守的原则是，编辑部对稿件的版权以及来稿、审稿、定稿，乃至编辑校对的所有环节拥有百分之百的控制权，外方只负责文章的海外推广和电子版的发行。由于没有可借鉴的经验，我们在跟 Blackwell 从谈判到签约的每个环节都如履薄冰、谨慎再谨慎。余永定主编亲自参加了主要的谈判过程，对于外方的出版合作协议，我们逐字逐句反复推敲，还特意由国际合作局引荐联系了中国社会科学院法学所研究合同法的专家，对合同的文本进行了严格把关，直到百分之百确定符合我们的编辑出版原则，才上报所和院主管部门审批签约。

跟 Blackwell 的合作对 *China & World Economy* 的国际化发展至关重要。在 Blackwell 的帮助下，*China & World Economy* 入选了 SSCI 和多家国际学术检索系统。通过 Wiley 的专业推广渠道，*China & World Economy* 被全球范围内 6600 多家机构征订，并有 9000 多个学术机构通过 Wiley 对发展中国家的公益推广项目获得了 *China & World Economy* 浏览许可。

不可否认，*China & World Economy* 成长的道路一直是很坎坷的。在我国以中文发表为主流的学术氛围下，外文期刊在不同的阶段持续遇到不同的困境。初期是发行渠道和英文稿源的问题，而现在随着我国学术国际化的突飞猛进，国内的外文期刊又面临来自国外主流期刊的竞争，依然存在如何吸引优质稿件的问题。但是，回顾 *China & World Economy* 过去 20 多年中"紧要的"几步，我的体会是，选择正确的路径至关重要，而这需要期刊主管领导的远见和支持，需要编辑部同志扎扎实实、持之以恒的长期努力。

*China & World Economy* 的今天，是几代编辑不懈努力的结果。1999 年，中国社科院清理和整顿期刊决定停办英文刊，当时的编辑部主任于惟佩老师找到他的一个多年没有联系的部长同学，多次写信，请求他帮忙把刊物保留了下来；主编余永定老师出差一向简装易行，但在刊物转型后最初的几年里，每逢出国参加会议，他都会在行李中装上沉沉的 10 多本杂志，随时推介给国外学者；范新宇老师，带病坚持编辑稿件……20 多年，许多令人感动的瞬间，无数个普通但辛勤工作的日子，张支南、孙少青、邱静、李远芳、宋锦、常殊昱，这些现任和曾经的同事们，组成了英文刊编辑部这个团结紧张、严肃活泼的小集体。如果说人生是一场修行，那么在 *China & World Economy* 这个道场中，我和编辑部的同事们探索和扩展了学术编辑工作的内涵和外延，并在此过程中得到了历练。为此，我心存感念。

# 编余杂言：编辑与文章修改

《俄罗斯东欧中亚研究》编辑部　张昊琦

张昊琦，研究员，2007年毕业于中国人民大学国际关系学院，进入中国社会科学院俄罗斯东欧中亚研究所《俄罗斯东欧中亚研究》编辑部工作，现为《俄罗斯东欧中亚研究》编辑部副主任。

编辑的主要任务是改文章，当然也不仅仅是改文章。

上大学时，我们的老师吕敬先生曾说，他早年留学苏联，父亲吕叔湘先生命他每月写信，而他收到的回信还是自己写的信，只不过信上一片红，还有密密麻麻的修改。他说父亲以这样的方式教他学习语文，提高写作能力。

吕叔湘先生不仅是语言学大家，也是著名的编辑家。他认为编辑应该具备三方面的修养：一是精通业务知识，二是有很好的文字修养，三是具备校对、设计、出版等方面的良好的技术能力。这三项修养，现在仍然是衡量一个编辑尤其是学术编辑水平的标准，而将这三方面有机地融合，并发挥于编辑事业，还需要耐得住性子，要有长期的沉潜功夫。刚到编辑部工作时，一位老先生跟我说，编辑是长时间"磨"出来的。经过这些年，我对这个"磨"字有了一点粗浅的体会。有一次与同行交流时，一位老编辑说，只有编校过一千万字，才算真正入门。当时他顺手拿起几本学术期刊，略微翻看，马上就指出其中的规范性问题、文字的问题。我想，这大概就是长期"磨"出来的心明眼尖的功夫。前人强调经验的积累、感性的积累，这种积累对编辑工作来说永远不会过时。虽然现在有经常性的出版编辑工作培训，能够让人很快地把握一些政策性、规范性和技术性的问题，但是真正做好编辑工作，还需要日常细"磨"出来的"内功"。

常言道，文章不仅是写出来的，更是改出来的。作者对自己的文章反复修改，不断完善，这是自然之理；编辑的修改，不过是替作者进一步"把关"，以期把文章更完美地展现给读者。"把关"是编辑与作者互动的过程，这种互动有时候相当愉快，但有时候也并不完全是"和谐"的。我曾亲眼看见编辑与作者之间的"较真"，双方为了文章的一个问题各不相让，争得面红耳赤，最后相持不下，不得不请第三方"仲裁"。这种公开争吵的情况虽然很少见，但编辑和作者之间的某种"对立"心态却是存在的。

编辑的主要工作是审读和修改别人的文章，通常在面对一份稿子时，他的本能心态是与作者"较劲"，甚至是"挑刺"。其实，这很正常。编辑和作者的共同心愿都是要把文章修改好，只有将问题呈现出来，编辑和作者的互动才能很好地进行下去。在这个过程中，编辑和作者往往都有收获，可说是"编著相长"。有些作者是名家，但他们非常谦虚，只要编辑提出的意见在理，他们大都能够接受。记得刚做编辑不久，一位圈内名家的文章由我担任责任编辑，由于版面的关系，除了一些技术性的处理外，还需要压缩文字。征得作者的同意后，我删除了一些常识性的文字，将作者的新材料和论据保留了下来，而且使之更为突出。反馈给作者后，得到了他的肯定，有一处改动他不赞同，就保留了下来。我反复揣摩他的想法，逐渐体悟到他的学术立场和态度。后来，在与作者的互动中，我遵循的原则是，尽量把握和理解作者的想法以及他本身的情况（如学科背景、研究专长、掌握材料等），在此基础上就文章的修改达成共识，既不强人就己，要求作者一定按自己的意见修改，也不枉己徇人，对问题视而不见，迁就作者。

一位曾经在中华书局从事多年编辑工作的资深学者说:"做编辑的,从某种意义上说是靠天吃饭,好稿子可遇不可求。"她所说的也是实情。现在学术刊物虽然稿源不愁,博士生毕业、研究者晋职都需要发表论文,大量的投稿源源不断,但高质量的论文并不多见。因此,很多学术刊物经常召开选题会或是有针对性的征稿会议、论坛,以期引导和挖掘一批好的稿件。《俄罗斯东欧中亚研究》杂志近几年来几乎每年都召开一次前沿论坛,组织稿件,邀请业内专家参与,公开讨论和评判,并从中遴选出优秀论文,随后与作者共同打磨,再刊登出来。此外,针对本所青年研究人员的投稿,我们也别出心裁地组织所内研究人员共同参与所谓的"拍砖"会,在作者陈述其论文内容后,大家自由发言,指陈文章得失。这样既最大限度地避免了编辑个人的主观判断,给了作者"答辩"的机会,也汲取了大家的智慧。同时,大家畅所欲言,就学术前沿问题、选题等进行交流。这样开放式的评稿选题方式,无疑也为学术共同体的发展开拓了空间。

在好文章难得的情况下,编辑的眼光也随之发生变化,往往由"挑刺"变为从论文中寻求"亮点",在看似不可用的文章中,找到可用之处,并与作者沟通,重新组织,做出一篇好论文。在文章的审读上,虽然也采用匿名外审,请业内专家"把关",但是编辑除了积极听取专家的意见外,不能完全依赖外审,也应当体现自己的主动性。在这方面,吕叔湘先生所说的编辑须"精通业务知识"的重要性体现得尤为突出。随着跨学科研究的不断深入以及新研究方法的不断推出,编辑必须不断"修炼内功",拓宽视野,与时俱进。20 世纪 80 年代,学术期刊就向编辑提出了做"学者型编辑"的要求,现在更是如此。置身于学术之外的编辑,无论如何是不可能成为一个好编辑的。好作者难得,好编辑也是难得的。编辑一般都喜欢无须修改的好文章,做一些技术处理,对文字做一点"锦上添花"的改动,不用花太大的气力。但是真正的好编辑,还需要"雪中送炭"。面对一篇文章,他"能于众人看不到处有所发现",既能看出一般人看不到的缺点,也能发现一般人发现不到的"亮点"。在审读和修改文章的过程中,我常常有这样的体会,一篇好文章,往往知道它好在哪里,但是一篇不好的文章,虽然感觉到不好,但它的不好之处却无法说出来,因此就不能有的放矢地提出具体的修改意见。归根结底，这还是"内功修炼"不足的问题。

吕老先生提到的文字修养，估计大部分编辑都有这种感触。在编辑文章的过程中，一大部分时间其实花在文字的修改上。学术文章的文字表达，不在于华丽、感性和时髦，主要在于平实、准确和富有逻辑性。一位学术品位很高的杂志编辑跟我说，文字不好的文章，她一概拒之门外，因为修改起来太费劲。由此我想到了我们圈内一位理工背景出身的名家，他早年曾参与翻译一套丛书中的一本，虽然外文功底不错，但译文被主编改得满篇通红。主编真诚地跟他说："你翻译的东西专业性很强，我是外行，但你的文字功夫实在太差，应该好好加强修养。"他听取主编的建议，在后来的写作和翻译中不断锤炼文字，终于有所成就。这位名家在跟我说的时候充满了对那位主编的感激，这对我在编辑工作的态度影响也很大。现在很多作者在文字功夫上有所欠缺，但只要他们的文章内容好，有"亮点"，我们就积极沟通。有一位作者，文章立意不错，但病句很多，而且语意重复，逻辑上的问题比比皆是。在我们的要求下，作者修改了数遍，最后再经编辑修改才发表出来。这样的事例很多，对于年轻学者，编辑应该要有一种包容的态度。

编辑工作需要耐心，尤其需要心态淡泊的职业精神。吕叔湘先生在《谈谈编辑工作》中，说到了编辑职业的定位问题："实际上当好一个编辑不见得比当好一个教授容易些，从某种意义上说还更困难些。编辑工作没有得到社会上应有的承认，这是一个问题。"事实上，这是一个普遍性的问题，大概是社会分工所决定的吧。我也曾听到过一些研究人员"令人刺激"的话：改文章是编辑的本职工作。虽然编辑时有牢骚，但仔细想来，何尝不是这样呢，编辑的本职工作就是"为人作嫁衣裳"。当作者因为一篇文章获得了很大反响、名声的时候，人们往往不知道编辑在其中所付出的心血，但是编辑仍然有理由为自己的劳动感到自豪。

# 编辑工作浅说

《欧亚经济》编辑部　高晓慧

高晓慧，研究员，毕业于南开大学，2002年进入中国社会科学院俄罗斯东欧中亚研究所《欧亚经济》编辑部工作至今，现为《欧亚经济》主编。

1987年6月我从南开大学经济系研究生毕业，被分配到《价格理论与实践》编辑部工作，该刊是由南开大学与原国家物价局合办的经济管理类学术期刊，我在那里工作了6年。月刊的编辑工作异常繁忙，初入职场，奔波在京津两地，其间熟练掌握了编辑工作的基本流程和编辑技术规范，策划约稿、采编能力都得到锻炼。接下来的10年是在南开大学经济研究所价格研究室从事教学科研工作和在职博士研究生的学习，在这个过程中潜移默化地提高了自己的研究写作水平和学术鉴赏能力，所有这一切似乎都在为我今后从事"编研一体"的编辑工作打基础。2002年5月我由南开大学经济研究所调入中国社会科学院俄罗斯东欧中亚研究所《俄罗斯中亚东欧市场》（2014年更名为《欧亚经济》）编辑部工作，加上在《价格理论与实践》编辑部的时间，至今从事编辑工作已有 25 年之久，回顾自己走过的编辑道路，盘点起来有以下四点感悟。

（一）编研结合

在中国社会科学院做学术期刊编辑，首先要了解所在学科的最新研究动态，把握学术前沿问题和热点、难点问题，做到这一点的前提就是编辑不能做科研的旁观者，而是要做参与者，只有这样才能具有重大选题的策划能力和学术鉴赏能力。编研结合是时代发展的要求，也是期刊提高学术质量的基本保障。

我所在的《欧亚经济》编辑部现有 4 位编辑，3 位具有正高级职称和博士学位，1 位具有副高级职称和硕士学位。每位编辑都有自己的专长，积极跟踪相关领域的研究动态，学者型编辑是我们共同的追求。

在编研结合方面，俄罗斯东欧中亚研究所积极支持编辑人员申请课题、参与学术研究和参加学术会议，使编辑人员具有宽广的学术视野和深厚的学术积累；编辑人员每年均参加国家新闻出版管理部门主办的 72 学时培训，编辑部还邀请审读专家或资深编辑对编辑人员进行业务指导，练就沙里淘金、点石成金的编辑能力；通过组织学术活动，提高编辑对重大选题的策划能力和学术前沿的把握能力；研究所积极引进优秀人才充实编辑队伍，努力建立一支拥有较高专业素质的学者型编辑队伍。

（二）质量优先

《欧亚经济》是由中国社会科学院主管、俄罗斯东欧中亚研究所主办的面向国内外公开发行的世界经济类学术期刊。在质量管理方面，编辑部紧紧抓住政治质量、学术质量和编辑质量这三个重要环节，把政治质量作为刊物的灵魂，学术质量作为刊物的基础，编辑质量作为刊物的保障。

在政治质量方面，具有较强的政治敏锐性是编辑开展工作的先决条件。中国社会科学院的"三个定位"是马克思主义的坚强阵地，中国哲学社会科学的最高殿堂，党中央、国务院重要的思想库和智囊团。《欧亚经济》编辑人员在工作中重视政治理论学习，及时了解党和国家的路线方针政策，始终坚持正确的政治方向和学术导向。

在学术质量方面，《欧亚经济》原名为《俄罗斯中亚东欧市场》，经历了从内部发行期刊到公开发行期刊，从译丛到应用性期刊，从应用性期刊再到学术性期刊的发展过程，历经四次更名、两次更改刊期。《欧亚经济》在期刊曲折发展过程中，每一个时期在当时的历史条件下都发挥了应有的积极作用。2011年中国社会科学院实施创新工程以来，如何不断提高刊物质量、提高刊物的学术影响力和传播力成为摆在我们面前最紧迫的任务。经过广泛征求专家意见，研究所多次进行认真讨论，决定把《欧亚经济》向学术期刊转型。确定了期刊学术定位后，编辑部同人紧跟时代步伐，策划重大理论与现实热点选题，通过笔谈、专题等形式努力提高期刊的学术影响力，受到了欧亚学界专家的认可和好评。

在编辑质量方面，一是严格落实"三审"制度。每篇稿件投到采编平台后，编辑部有专人负责打印稿签，并分发给责任编辑。稿签上详细列出稿件的题目、作者、作者单位、收稿日期、责任编辑、初审意见、复审意见和终审意见。初审编辑在审读全部稿件的基础上，严格把好导向关、知识关以及文字关，并写出初审报告，对稿件提出取舍意见和修改建议。复审由副主编担任，审读全部稿件，并对稿件质量及初审报告提出复审意见，复审通过的稿件由责任编辑选择相关领域的专家进行双向匿名评审。终审由主编担任，根据初审、复审和匿名评审专家的意见，对稿件的内容，包括政治导向、学术质量、社会效果、是否符合党和国家的政策法规以及重大选题备案制度等方面进行审查。终审通过的稿件由专人对稿件进行学术不端检测。通过检测的稿件根据选题安排由编辑部集体确定是否刊登。二是严格落实"三校"制度。《欧亚经济》编辑部在一校、二校、三校基础上增加了互校和通校。在三次校对后，责任编辑互换稿件，对对方的稿件查缺补漏，在通校之前，利用"黑马"软件对该期所有稿件进行查字检错，最后进行通校，由主编与一名责任编辑进行通读。每期发稿后召开"编后会"，总结本期存在的问题，讨论新选题并追踪先前选题的落实情况，完善编辑流程，明确各环节的编辑责任，推动编辑工作的规范化。

（三）甘于奉献

著名作家蒋子龙曾说："作家是锤头，编辑是锤把儿；作家是水泥柱，编辑是钢筋，光使劲不露面，编辑把自己的心血藏在别人的成绩里。"这句话是作者对编辑工作的褒奖和肯定。其实，学者型编辑本身就具有科研写作能力，在编辑和科研的时间分配之间的确存在矛盾，一个月大概有 1/4 时间搞科研，3/4 的时间用来策划、编辑和处理稿件。有时候对某一问题的研究刚有头绪，但需要编辑的稿件分配下来，就不得不中断研究，全身心投入稿件的编校和与作者的交流磋商。做编辑工作 25 年，我深刻体会到"为他人作嫁衣裳"这句话的含义，大到政治把关、理论观点以及思维逻辑，小到遣词造句、图表单位以及标点符号，按照编辑技术规格把一篇稿件编辑完成。编辑的贡献和劳动在刊物出版后往往不易显现，正如建筑物中的钢筋，光使劲不露面。但从更高的维度看，无论是搞科研还是做编辑不仅分工不同，两个考核体系对人员的要求也不同，具体到个人选择要看自己的比较优势，选择编辑的理由只有一个：因为热爱，所以奉献。

（四）与时俱进

记得在《价格理论与实践》编辑部工作时正处于 20 世纪 80 年代末，投稿方式、编辑流程、排版以及校对跟现在完全不同。那时的作者投稿都是纸质版（手写或打印稿）的形式，三审修改都在同一纸质版上进行，我们几个年轻编辑最期盼的事就是看胡邦定主编审阅后的修改和批注，几个编辑凑在一起讨论和领会，由衷赞叹主编看问题的眼光和文字功底。主编终审通过后，编辑们就要分头数字数，按照每行 40 个字、每页 40 行计算，确定每篇论文占多少页，然后画版式，最后把修改的稿件和版式一起交给打字员，打字员打出的清样编辑要对照原稿逐字校对。

随着电子信息技术的发展，投稿方式、编辑流程以及出版发行都发生了翻天覆地的变化。为更好利用先进技术宣传杂志、提升采编能力，编辑部紧盯移动技术前沿，推动与新媒体的深度融合，拓宽传播渠道，以充分运用数据整合资源，提升数据的存储和利用能力。2015 年 10 月，《欧亚经济》杂志网站正式上线。其功能包括：在线采编系统，提高编辑办公自动化水平；杂志的推介、宣传和公告；历年各期论文的免费查阅和下载；热点论文的导读和推荐；下载排行；等等。网站建立以来，尤其是采编系统的运用，解决了原来编辑部邮箱稿件查询不便的问题，办公效率明显提高，各个工作环节有据可查、回溯性强。在当前互联网微信用户群体庞大、宣传渠道更直接的情况下，编辑部及时建立了编者、作者以及读者微信群和公众号，配合网站的宣传，增强编读互动和信息共享。

综上所述，编辑工作是科研成果转化为图书报刊等文化产品必不可少的中间环节，作者与编辑是一种相辅相成的关系。对于编辑而言，宁做钢筋是一种选择，也是一种情怀。

《欧洲研究》编辑部　宋晓敏

探寻欧洲研究的宝藏

——我在《欧洲研究》的编辑生涯

宋晓敏，副编审，博士，毕业于中国社会科学院研究生院，1997年进入中国社会科学院欧洲研究所工作，2002年进入《欧洲研究》编辑部，现为《欧洲研究》总编辑。

1997年7月，我从华东师范大学国际问题研究所毕业后，到中国社会科学院欧洲研究所工作。当时欧洲研究所有规定，没有工作经验的新人要在资料室、科研和外事处轮岗，本人亦不例外。其间，在中欧高等教育合作项目的资助下，又赴荷兰进修一年。兜兜转转到2002年，才正式进入《欧洲研究》编辑部工作，一晃已20年。近日，中国社科院科研局约稿，让我写一篇《编辑心声》，心头一下浮现出白岩松的一本书名《痛并快乐着》，姑且用此作为两条主线，书写我的心声吧。

初为编辑，最痛苦的莫过于"枯坐"。从晨起到黄昏，在书桌前对着电脑编一天的稿子，是我日常的生活写照。偶尔有小鸟叽叽喳喳从窗前飞过，便觉得分外恼人，总以为小鸟是自由的，而我被"困"在杂志的"笼子"里，不能飞掠低垂的柳丝，去享受春日的阳光。此时的我只能做些粗略的文字编辑、格式调整以及脚注校对的工作，对于论文作者的深邃思想不能心领神会，更无法共鸣。日复一日，年复一年，当"枯坐"变成"修炼"时，我猛然发现，在编辑文章时，可与论文中的作者进行思想对话，时有困惑，进而质疑，又不敢贸然改动，最后逼得自己不得不打电话向作者讨教。若有发现的错误被证实，乃至一些论断被推倒重来，或者在观点上有新的发现时，不免有一些扬扬自得的快乐。原来，逝去的春光亦可化作卷帙浩繁的经典。如果我的编辑工作只是这本经典中的小小一页，于我而言，也是莫大的快乐，毕竟它经由我手成为经典。我以为，作为小编辑的小确幸可以这么持续下去，然而并未持续多久。

2005 年，编辑部主任陈志瑞，也是《欧洲研究》的执行副主编突然调任北大，临行之前，他找我谈话，希望我可以暂时接管编辑部的日常工作。于是，我就顶着"临时负责人"的头衔参加了主编培训班，之后不久被所里正式任命为编辑部副主任。管事的痛苦在于忙碌。从来稿登记的编务、稿件的编辑到整期的终校核红，甚至到邮局给作者寄样刊和稿费，我几乎干了个遍。这种忙到飞起的日子到田德文老师接手编辑部后才告一段落。恢复了作为副手的快乐后，我终于得空完成了《列国志：希腊》，虽有不少遗憾，但终究是凭一己之力完成，欣慰之余，内心不免蠢蠢欲动，琢磨着或许可以离开编辑部，从事一些研究工作。不承想，美梦随着田老师回归社会文化室就任主任后破灭了，我被所里任命为编辑部主任，一干又是十年。这十年，我学会了苦中作乐，那是一种发现欧洲研究宝藏的快乐。

2006 年，我曾有幸邀请欧洲所前任所长陈乐民先生为《欧洲研究》题写卷首语，他写道："欧洲无与伦比的、独特的宝藏，是它的历史文化，是从希腊、罗马、中世纪至今日，永世不衰的哲学、文学、美术、历史学、法学、社会学，等等，以及由此散发出的或精致、或深邃、或优美、或壮美的文化品味。我希望：《欧洲研究》不要忘掉这些属于欧洲的、而贡献给人类的最珍贵的东西。"自那时起，我从未忘记作为《欧洲研究》的编辑，去寻找、挖掘欧洲研究宝藏的历史使命。

新世纪的第一个十年，我和同事们一起策划了"欧洲政党政治变迁与社会民主党""欧盟东南扩：巴尔干国家的视角""中美欧：全球与战略问题的合作前景""欧盟政治研究专题""欧洲认同研究""欧盟制宪研究""金融危机与欧洲经济""欧盟与发展中国家关系""英国政党政治与福利国家"《里斯本条约》与欧盟走向""欧洲主权债务危机""气候变化与全球政治"等专题。通过系列专题讨论，期刊为欧洲研究拓宽了学术视野，专注挖掘欧洲的特性和历史文化，并结合国家发展的现实需求，引领国内研究向纵深发展。通过专题的研讨和来稿的甄选，我们也发现了许多非常优秀的作者，如今已成为欧洲学界的翘楚。

2009年，为庆祝中欧关系60年的发展，我协助周弘主编推出了中欧关系专刊，以"中国"为主体梳理了中欧关系60年的发展历程。其中既有外交部部长高屋建瓴的精辟分析，也有驻欧大使们基于一线体验的深度讨论，还有学者从历史到现实的多维度学术研究。这既是学界与政界共同研讨中欧关系和中国对欧政策的有益尝试，也体现了学界与政界之间的良好互动。

新世纪的第二个十年，围绕如何认识欧洲的变化，我们又相继策划了"概念分歧与中欧关系""利比亚危机""欧洲债务危机与经济治理""碳排放与欧盟气候政策专题研究""欧洲民族国家专题研究""两岸欧洲联盟研究""欧盟经济：增长、协调与监管""大国政策与欧洲的未来""欧美关系：进展与前景""经济外交""乌克兰危机对欧洲的影响""欧洲劳动力市场专题""欧洲结构改革与经济增长专题""英国新政府的内政外交与经济治理走向""欧洲与叙利亚危机""欧洲国家公共养老金改革""欧美关系研究""德国统一""英国脱欧"等专题。

我们希望《欧洲研究》呈现的是"政治欧洲""经济欧洲""社会欧洲"和"文化欧洲"相互交织的立体图景。但囿于人力和能力的不足，这样的目标还远未达到。但对这种愿景的期盼和向往，以及探索、挖掘欧洲研究宝藏的热忱，是我作为编辑的工作动力和源泉。每一期、每一年发现的新人、新的研究成果、新的研究方法和理论，乃至提出一个新问题，都为我枯燥的编辑生活平添了几分活力。于是，平淡的生活开始变得五彩斑斓，这也是坚守编辑生涯的一份丰厚的回馈，感谢生命的馈赠，也很感激院所领导赋予我的工作平台和创造新生活的机遇，特别感念的是一路走来那么多给予我无私帮助的同事和朋友们。

# 期刊编辑部需要"社会活动家"

《西亚非洲》编辑部　詹世明

詹世明，副研究员，毕业于中国社会科学院研究生院，1998年进入中国社会科学院西亚非洲研究所工作，2004年进入《西亚非洲》编辑部，现为《西亚非洲》编辑部主任。

本人参加工作后在研究室待了四五年，机缘巧合，2004年进入《西亚非洲》编辑部。当时还是一个电脑没有完全普及的时代，剪刀和糨糊是编辑部每个人的必备品，用红笔在纸质稿上编辑稿件还是日复一日的日常工作。编辑部基本上是"等米下锅"，很少外出调研、约稿或者参加学术会议。在那个信息不发达的年代，即使好不容易有外出的机会，还需要所领导批准经费，领导还可能在几个同事之间找平衡后决定谁可以出差。编辑和作者的联系主要是通过邮件和电话，所以出现打了多年甚至几十年文字交道但从未谋面的情况也不足为奇。社会上也没有如今各种"折腾人"的期刊评价体系，编辑就是编辑，日子过得可谓纯粹且优哉游哉。

时至今日，哲学社会科学研究的环境发生了巨大的变化，对编辑的要求也越来越严格和高标准，编辑部充当研究所"老弱病残收留处"的情况有了较为彻底的变化。2021年5月9日，习近平总书记给《文史哲》编辑部的回信更是让全国的学术期刊编辑迎来高光时刻。2021年6月25日，在中国社会科学院学术期刊工作会议上，谢伏瞻院长指出，优秀的学术期刊编辑，要有专业学识和理论水平，具备学习研究能力、稿件解读能力、编辑加工能力、与作者对话能力、学术动态敏感性和把握能力等多种能力。谢院长讲话中的"政治强、业务精、水平高、作风好"可以说是对新时期优秀编辑能力水平的高度概括。期刊编辑，已经不是传统意义上的"在学术期刊专门处理稿件的人"，而是在学术界拥有多重身份的特殊从业人员。在有关领导和期刊管理部门看来，所谓"政治家办刊""学术专家办刊""社会活动家办刊""编辑专家办刊"已经成为一个学术期刊的必备条件。而随着近年来"网刊融合"概念的普及，编辑们也"被迫"学习各种新的本领，办网站、开微博、设微信、搞直播，忙得不亦乐乎，估计"新媒体专家"的称号也很快会授予广大期刊编辑。在所有这些身份中，关于政治素质、学术水平、编辑能力以及新媒体技能方面的讨论已经有很多，在此仅对"社会活动家"的名头谈一些个人的体会。

期刊编辑成为社会活动家，是编辑在学术活动社会关系网中的角色所决定的。活动家，根据《汉语大词典》的解释，是"在政治生活、社会生活中积极活动并有较大影响的人"。照此理解，本文中的"社会活动家"，是指"在学术活动中积极活跃并有较大影响的人"。这里有两个关键词，一是"积极活跃"，这个好理解；二是"有较大影响"。在期刊界，确实有一些极具个人魅力且在学术界有良好口碑的编辑专家，但是编辑个人的影响归根结底来自他所从业的期刊的影响。在当前的学术评价体系之下，学术期刊尤其是一些所谓顶级期刊和权威期刊，已经成为学术活动中最重要的资源之一。作为期刊的实际操作者，编辑由此获得一定的地位是可以理解的。但是，编辑在学术圈中的"影响"不是自然形成的，这就是另外一个关键词"积极活跃"的意义所在，即编辑需要真参与、真投入、真付出，才能积累在学术圈中的真影响力。在学术研究这个圈子中，期刊编辑是唯一能串起所有其他"工种"的角色，不管你是老师或者学生、作者或者读者、学术青年或者资深学者、业务主管或者行政管理机关人员，甚至是出版印刷行业的从业人员，都在编辑的"活动范围"之内。所以，编辑有成为学术圈"社会活动家"的天然属性。

期刊编辑成为社会活动家，是主客观工作条件变化所致。一方面，前文已经提到，经费、交通等方面的原因，20年前，长期通过电话、电子邮件甚至信函联系，编辑和学者都不一定曾经面见。当前物质条件的极大改善，在某种程度上促成了学术界的繁荣景象，目前学术圈交流活动之多、之频，是20多年前的学者和编辑们所不能想象的。另一方面，近年来，中国社科院领导、主管部门和主办单位对所属学术期刊工作的重视程度也是前所未有，已经把期刊作为院核心资产和学术旗帜来看待，人力、物力、财力方面的支持也大为改善。一批优秀学术期刊还获得了国家社会科学基金的资助，大多数院属期刊编辑部都进入了创新工程。主客观条件的提升，为期刊编辑参加更多的学术活动营造了极为有利的空间。以《西亚非洲》为例，从2014年开始，编辑部同事每年赴京外参加学术会议和调研活动都超过了20人次，一些中东非洲研究机构比较集中的城市，如上海和西安，编辑部同事都会不定期拜访当地的学者。可以说，国内举办的重要学术会议都有《西亚非洲》编辑部同事的身影，国内绝大多数重要的中东非洲研究机构都留下了《西亚非洲》编辑部同事的足迹。编辑部学术社会活动家的养成，离不开领导的重视和人力、物力的支撑。

期刊编辑成为社会活动家，是工作的实际需要。学术期刊编辑部的本职工作是编辑、出版学术期刊，但编辑部在中国社科院被定义为科研辅助部门，尽管有些奇怪，但实际工作中各个院所的编辑部大多成了一个综合工作部门，即在本职工作之外还会承担不少与学术活动有关的工作。从本职工作来看，稿件来自学者，编辑们外出调研、参加学术会议、拜访学术机构等都已经成为应有之义。国内知名学者们的研究领域和在研课题、学术界的前沿问题和会议信息、出版界的重要项目和最新著作，甚至一些学术微信群里的热门话题，都是编辑们需要掌握和了解的常规资讯。近年来，各期刊编辑部还需要自行举办或与其他单位合办学术会议，这就更加需要编辑们参与在本领域学界发生的学术活动。当期刊所属研究院所举办有关学术会议时，编辑部长期积累的资源就有可能派上用场，选择合适话题、联系相关学者，就成为编辑部所谓综合工作中的一项。此外，很多编辑部还承担了科研院所挂靠的全国性学会的一些工作，这些都需要利用编辑部掌握的学术资源。很多学术微信群里编辑成了活跃分子，外地学者来京小聚，期刊编辑经常是组织者，在会议上到处找人商量下一次会议事宜的也是编辑，这些都是实际工作所需要的。所以，不管是本职工作，还是其他科研辅助或者综合性的工作，都要求编辑们熟悉相关领域的机构、学者以及发展态势，需要编辑们多多参与学界的活动和交流。

期刊编辑作为社会活动家，最重要的活动对象是学者。如果学术期刊是一条生产线，那么学者的投稿就是最初的原料，没有原料，不可能有最终成型的产品。所以，学者应该是编辑作为社会活动家最重要的活动对象。编辑和学者打交道表面上看是因为文章，但归根结底还是人与人之间的联系。要深入了解一个学者，只知道他的研究领域和在研课题是远远不够的，更应该了解他的文风和特点，更进一步的话需要掌握他的性格和脾气。当前，学术界编辑和作者之间的关系有两个不正常的现象：一是学术期刊成为稀缺资源，导致期刊编辑被"捧"得太高，尤其是极个别期刊的编辑，到处被邀请举办讲座，到哪儿都前呼后拥；二是同领域期刊之间的竞争，导致一些学术名家的文章成为各期刊编辑争抢的对象，甚至用超乎寻常的高稿费作为手段。其实，作为学术产品的"生产者"和"加工者"，学者和编辑之间应该建立一种基于平等的信任关系，即作者信任期刊平台的影响力和编辑的责任心，编辑信任学者在学术规则下的学术水平和创造性。这种信任关系的形成，需要编辑和学者的共同努力。而作为学术圈社会活动家的期刊编辑们，负有更多的责任和义务来营造良好的学术风气。在当前普遍实行双向匿名审稿制度的情况下，编辑部的原则性可以理直气壮地坚持，但在具体工作中，一些灵活性还是十分必要的。实际上，每个作者投稿都有自己的诉求，或职称评定、或课题结项、或获得学位，对于一些紧急的需要，在不违规的情况下，也是可以考虑的，讲原则不等于不讲人情味。学术交往也需要温度，编辑作为社会活动家需要掌握原则性与灵活性的平衡。

期刊编辑部作为一个整体，在工作中编辑们各有分工，也不是人人需要成为社会活动家。况且要想成为学术圈的社会活动家，那是真的需要用心思、花时间、费精力、耗身体。但为了期刊的生存和发展、为了学术界的活跃与繁荣，我们作为新时代的编辑，愿意累并快乐着！

立足学科特色化建设，
创造性引领学术发展
——《拉丁美洲研究》办刊感想

《拉丁美洲研究》编辑部　刘维广

刘维广，编审，博士，毕业于中国社会科学院研究生院，1997年进入中国社会科学院拉丁美洲研究所《拉丁美洲研究》编辑部工作至今，现为《拉丁美洲研究》执行主编、编辑部主任。

　　我到中国社会科学院拉丁美洲研究所工作20多年时间里，一直在《拉丁美洲研究》编辑部工作，其间对办刊工作的得失与转型、编辑岗位作用的认识、个人成长等诸多方面感受深厚。《拉丁美洲研究》这份刊物凝结着我全部的工作心血和热情，有收获的喜悦，也有难以述说的艰辛。

## 一、编辑是一种创造性劳动，需要兼备学术敏感性和工匠情怀

　　做一名合格的编辑并不容易，这需要一个长期积累、不断升华的过程。从学者转行从事编辑工作，原来在某一学科某一领域的学术专长，已

不能适应办刊在学术领域所要具备的掌握多门学科、跨学科知识的要求，而且还要掌握全面的出版业务知识和技能。无疑，保持学习的自觉性，日积月累地丰富专业知识和出版知识，提升学术水平，拓展研究视野，是适应编辑工作的常态要求。

"为他人作嫁衣"这句对编辑工作最常见的评价道出了编辑工作的奉献情怀。但是，我认为这句话不全面，编辑不仅是为他人作嫁衣，更是一种创造性活动，一种对智慧的挑战。将自己定位为对文章内容进行简单"修补的裁缝"是远远不够的，必须将自己上升为设计者、批评者、塑造者的角色。编辑劳动就是在尊重作者基本思想，准确解读文章内容的基础上，对包括文章立意、逻辑结构搭建、理论方法运用、材料的使用、语言加工等各方面进行优化的过程。有时候，常常会为了一个概念、一个标题、一段表述，甚至内容提要的提炼、关键词的选取而反复琢磨或与作者讨论不休，这种费尽心思的打磨甚至达到较劲的程度。有了这个态度，才能说是具备工匠精神，或者说是执着的敬业精神。这是一种传统，也是工作要求。

关于文稿作者责任自负的说法，在实际工作中更是谈不上，只能说是对作者的期望。一篇学术论文，其政治方向是否正确、学术观点是否稳妥、论证逻辑是否严谨、遣词造句是否准确、格式是否规范，还包括学风方面的查重工作等，不可能靠作者的自觉来完成，这既有对专业水平的要求，也要具备全面的编辑业务能力。学者的专长是"创见"，在全面性方面往往有所不足，不是每一位学者都能够对文章的每一个细节坚持严谨地"推敲"，有些学者长于把握观点，但对规范、格式等不敏感，因此可以说一个优秀的编辑一定是一位好的学者，但好的学者不一定能做一个优秀的编辑。

好的编辑一定要有对选题的敏感性。"文章合为时而著，歌诗合为事而作"，选题策划尤其如此。编辑通过参加研讨会等途径，在准确把握学术前沿的基础上，对相关选题有了一定的信息储备、一定的理性思考之后，才能够策划出高质量的选题。

此外，编辑要有高度的责任感和纪律性。编辑工作具体要求，就是"大处着眼，小处着手"。"大处"是选题的视野和立意，"小处"是编校细节，每一环节都不能偏废，这就是高度的责任感。严守组织纪律，严格遵守规章制度是对每一名编辑的基本要求，严格按工作程序进行运作，才能使编辑工作规范有序，更有效率。

## 二、坚持用学术讲政治，注重思想引领

坚持正确的政治方向、学术导向和价值取向是办好刊物的根本前提。组织编辑人员学习研究阐释习近平新时代中国特色社会主义思想，不断提高政治站位，使刊物突出表现马克思主义的指导地位。坚持以"弘扬学术、服务读者"为办刊宗旨，把坚持正确的政治方向和学术导向作为期刊工作的前提条件，对错误政治导向零容忍，对错误思潮倾向坚决进行批判。

坚持马克思主义的指导地位，建设好马克思主义栏目是衡量刊物质量的重要指标之一。《拉丁美洲研究》通过积极征求相关专家的指导意见，邀请他们共同设计和讨论相关专题的论证和设计，组织了大量的马克思主义和阐释习近平治国理政的专题文章，例如，设置"马克思主义与拉美社会主义思潮""研究阐释习近平总书记治国理政新思想新实践专题""习近平新时代大国外交思想研究"等专题，通过系列文章集中阐述习近平新时代大国外交思想和中拉关系发展战略、构建中拉命运共同体、"一带一路"倡议在拉美的实践、中拉整体合作等重要论题；通过刊发《马克思主义对拉美本土发展理论的影响分析》《新形势下巴西共产党的发展战略探析》《拉美左翼对新自由主义替代发展模式的探索、实践与成效》等文章，深入考察拉美国家对新自由主义试验失败的反思、寻求社会主义发展道路的实践探索，以及拉美左翼的政治理念及其特殊性、拉美主要大国共产党的发展战略等命题。同时，还针对拉美国家存在的"中国威胁论""新殖民主义"等错误思潮，组织了一些批判错误思潮的论文。

## 三、加强选题策划，突出期刊平台的学术引领作用

选题质量决定了刊物的发展方向和办刊水平。只有加强高水平的选题

策划，才能实现搭建理论性与现实性相结合、学术性与政策性相结合、战略性与实证性相结合的学术平台，发挥期刊的学术引领作用，更好地服务于国家建设和社会发展。

1. 加强重点栏目建设，扎实做好重大理论和现实问题的专题研究

《拉丁美洲研究》坚持以服务于国家建设和对外开放的现实需要为选题方向，重点刊载有关拉美地区和中拉关系的重大理论与现实问题、热点问题及前沿问题的开创性、突破性科研成果，同时也关注包括拉美国家在内的发展中问题研究、南南关系、南北关系研究等，符合将理论性与现实性、服务学术与服务决策统一的要求。在形式上，组织系列专题文章，做到抓深、抓透，使相关论证更加充分、更富说服力。除前述阐释习近平新时代中国特色社会主义思想和马克思主义专题外，我还组织了"中拉关系""中拉基础设施合作""文明互鉴""全球治理""金砖合作""全球气候变化""中等收入陷阱""生态经济"等重大理论和现实问题等专栏，集中力量阐述中拉合作的重要领域、拉美国家参与全球治理、拉美发展进程中的经验教训等选题，突出了学科重点和难点。此外，还组织了一批关于拉美国家的民粹主义、贫富分化、社会运动以及拉美国家的基本形势变化的根源与趋势等重大现实问题的文章和专题。可以说，在有关拉美研究的重大理论问题和现实问题上，重要议题和国内外重要学者都在刊物上有充分的体现。这些栏目的建设，往往都是经过一些大大小小的专题讨论会实现的，研讨会形式既扩大了稿源，又使文章学术质量得到保障。

2. 加强选题策划与议题设置，促进学科建设

办刊必须以学科建设为依托，才能保障刊物质量的稳步提升，实现走在学术前沿的目标。《拉丁美洲研究》每年的组稿计划和议题设置，都经过充分调研。只有与拉美研究机构保持紧密联系，了解这些机构特别是一些学者的研究重点等情况，再与中国社科院创新工程实施、"三大体系"建设、学科建设融为一体，刊物才能始终"站"在学术前沿。如"中拉命运共同体建设""中拉基础设施合作""中拉文明互鉴""国家治理"等栏目获得了良好的社会反响。

例如，替代《北美自由贸易协定》的《美墨加协定》出台后，引发学

界、商界的密切关注。为此，刊物设计组织了"《美墨加协定》专题"，会聚了国内从事研究贸易规则与争端、投资与贸易、美国研究、拉美研究以及加拿大研究的知名学者，先后数次召开组稿会、研讨会，最后分两期在期刊上刊登了 10 篇文章，对《美墨加协定》的缘起及利益博弈、协定的目标及主要内容、对域内外国家的影响、美"毒丸条款"本质等诸多方面进行了深刻的考察，特别是对美国的单边主义霸权行为进行了深刻的批判，对协定中非市场经济国条款的合法性问题予以质疑和法理上的批判。可以说，只要对这一领域感兴趣或从事相关问题研究的学者，这组专题文章都将成为其绕不开的参考资料。该组专题文章有多篇文章被《人大复印报刊资料》转载。

## 四、立足学科特点，办出特色和优势

《拉丁美洲研究》是国内唯一研究拉美地区重大理论与现实问题的专业刊物，引领学术研究和学科发展的作用非常突出。其研究对象既有区域性的特点，也有国别特点。但是，拉丁美洲作为发展中国家的一部分，在国际问题研究中其关注度、重要性相对不高。同其他学科和地区研究相比，国内拉美研究学者较少，能够稳定提供高质量拉美研究论文的数量有限。基于学科发展的现状和研究队伍的特点，刊物近年来致力于在丰富稿源和提升学术水平方面产生了显著变化：一是拓宽、拓深研究领域；二是加大培育作者队伍的力度。

在研究内容上，从专门刊登拉美地区在经济、政治、社会、国际关系以及中拉关系等领域的问题，向发展中国家的发展问题特别是与拉美发展密切相关的问题、与其他发展中地区的比较研究等领域扩展，拓宽了研究的广度和深度。在现代化发展进程中，拉美国家在经济、政治、社会发展方面积累了丰富的经验和教训，我们发展中遇到的问题拉美历史上都经历过，同时，世界上形形色色的社会思潮、政治思潮都能在拉美找到它的存在。可以说，研究发展中国家和地区在"发展中问题"的经验和教训，对拉美地区的剖析以及与其他地区的比较研究，可以丰富和深化对相关问题的认知。

刊物始终重视对一些重点学者的学术跟踪和联系，特别是以拜访、组织或参与学术会议、邀请审稿等方式，广泛联络国内从事世界经济、国际政治和国际关系、社会问题等领域的相关专家学者以及优秀的博士研究生，不断挖掘潜在的作者队伍，扩大拉美研究作者群。近年来随着中拉关系的发展和拉美在我国对外合作布局中地位的上升，国内拉美研究机构迅速增加，新加入拉美研究队伍中的学者数量显著增多。但是，这些新作者在学术定位和研究方向上往往存在不确定性，刊物专题的设置为他们提供了重要参考，有学者表示自己的研究方向就是在刊物的引领下确立的。

## 五、讲好中国故事，扩大刊物社会效应

宣传中国改革开放和现代化建设的成就，我国学者的系统总结和阐述当然是"主力军"。但是，如果国外学者通过研究中国以及与他们国家的比较，从拉美人的视角来阐释我国"一带一路"倡议给拉美带来的机遇，肯定中国发展的经验与成就，批判"中国威胁论""新殖民主义"等错误思潮，用拉美人的话语表达我们的立场和观点，无疑更能增强话语说服力。

针对一些重大专题和一些拉美国家的发展问题，我特别邀请相关国家的学者来参与到这些栏目中。例如，在"一带一路"和中拉基础设施专题中，我专门邀请了相关国家如秘鲁、阿根廷的知名学者从他们的视角撰写文章，更全面地阐释中拉合作的重要现实意义和"一带一路"倡议在拉美落地所取得的成果，增强专题的说服力。哥伦比亚和平进程举世关注，我与哥伦比亚学者进行了多次沟通，最终刊发了《哥伦比亚和平进程：历史背景、发展和展望》一文，被《新华文摘》全文转载。《新华文摘》能全文转载国际问题的情况并不多见，这在一定程度上说明文章引起了良好的社会效应。再如，为庆祝中国共产党建党100周年，刊物组织举办了"中国共产党与拉美共产党和左翼政党交往"学术讨论会，并结合研讨会组织了4篇文章作为一个专题刊发，其中包括委内瑞拉执政党副主席和巴西学者撰写的评论中国共产党建党百年和国家治理成就的论文。

当然，在外国作者研究方法和立场与我有所区别的情况下，为切实提高和保障论文的学术质量，加大审稿力度与提高质量要求的作用就显得尤为突出。这就需要付出比国内学者更多的努力，其中与作者充分地交流与沟通、高水平的审稿专家队伍两方面最为重要。

# 转型中的《当代亚太》——体会与经验

《当代亚太》编辑部 高 程

高程，研究员，博士，毕业于中国社会科学院研究生院，2006年进入中国社会科学院亚太与全球战略研究院工作，2011年10月至2021年10月任《当代亚太》执行主编、编辑部主任，现任中国社科院拉丁美洲研究所副所长。

　　《当代亚太》的发展借鉴了国际问题研究"兄弟"刊物的做法，亚太地区近年来关注度高，也是刊物发展的客观助力。从《当代亚太》刊物自身发展角度，2007年和2010年两次改革和调整，先后在张宇燕和李向阳两位所领导的领导下，在当时编辑部团队的努力下，刊物在制度、学科、风格和议题定位上进行了成功的转型，为今天的成绩奠定了良好的基础。《当代亚太》在2007年进行了制度和方向改革，之后各项指标总体上呈现向上的发展态势，进入国际政治优秀刊物之列。2009~2010年后，《当代亚太》在第一次改革基础上，对刊物的定位又进行了调整，刊物又有了一次质的提升，进入国际问题权威刊物行列。

　　2007年《当代亚太》形式上改为小开本，同时进行了规范化的制度建设，实行匿名评审等制度，确定科研人员负责办刊的方向。选文风格上，从主要刊发"短平快"风格的介绍和时评性文章，向学理性论文和深度政策分析的风格转变。刊物方向的调整涉及作者群、读者群的培养、转换和衔接，以及新的学术议题和稿源的开拓等多方面问题。囿于当时稿源不足等客观约束，编辑部通过在热点问题上约知名学者稿件等方式，为刊物的快速发展创造条件，稿源质量明显提高，为之后的调整创造了基础。

2009 年刊物进行又一次调整，目标是将《当代亚太》从国别和地区类刊物，转型为国际关系类学理性刊物。一方面，前期改革使刊物学术形象、稿源数量和质量得以提升，为选稿和组稿空间的拓展提供了保障；另一方面，刊物已经逐渐进入从快速提升到寻找可持续稳定发展路径的阶段。当时刊物的进一步发展出现瓶颈：一是刊物影响因子高度依赖几篇高被引率的名人稿，论文质量参差不齐，关注度稳定性不足，刊物需要更稳定和更均衡的影响力分布；二是刊物所刊论文在议题关注度、作者群学理素养等方面存在明显局限性，特别是和那些以刊发学理基础扎实、学术生命周期强的论文为主的学科权威刊物相比，仍有明显差距。《当代亚太》在这一次调整中取消了约稿，重点挖掘和培养优质的中青年学者稿源，学科、风格、议题也进行了更为集中的定位。《当代亚太》在两次改革和调整中，有如下心得体会。

1、学科方向和视角、议题的清晰定位对刊物的提升至关重要

优秀的刊物需要明晰自己的风格，建立可持续发展的良性循环。《当代亚太》如果在学科上政治、经济、文化、宗教等无所不包，视角和内容从国别微观到全球宏观没有侧重的话，会导致学科和选题范围定位不清晰。《当代亚太》从属政治类刊物，因此我们将学科集中定位在国际关系和国际政治经济学领域，讨论的问题聚焦于国际政治和国际关系学者感兴趣的话题。在视角定位上，《当代亚太》注重宏观和战略层面分析国际和周边问题。由于亚太地区分布范围和涉及国家甚广，东南亚、东北亚、南亚、中亚等传统区域和美国、俄罗斯、日本、印度、韩国等区域内主要国家，国内都有专业的地区和国别研究核心刊物，《当代亚太》需要在视角定位上找到自己的特色，而不是做成其合集。再加上近年来国家智库的需求和中国

社会科学院对于亚太与全球战略研究院的定位,《当代亚太》在调整后注重整个东亚地区和全球层面的宏观性和战略性问题,不大刊发单纯对某个问题的微观点的研究,而是更多关注点和点、面与面之间的关系和互动规律。与此同时,《当代亚太》寻求以中国为本位的研究视角,中国崛起是亚太地区在学界受关注程度明显上升的重要因素。人们对于亚太国家的关注,实际上是对这些国家的行为和中国崛起之间互动关联的关注。如今刊物的重点议题方向是中国外交、中国崛起战略、东亚地区秩序、国际战略和地区热点问题等方面的内容。这些定位从总体上说,符合国内国际关系学科发展的主流方向,在一定程度上抓住了学科的增长点。

在选文风格和形式上,《当代亚太》一是力图抓住能够体现国际关系学科主流发展方向和创新点的理论性论文;二是关注对中国崛起面临的现实问题、经验和困境能够给予深度分析的理论与政策相结合的文章;一般选择1万字以上,文献扎实的长文,不在篇幅上限制作者的思想和实证研究的"厚度"。选文长度、单期篇数和影响因子之间并不存在技术上的因果关系。选文的篇幅一般取决于刊物定位。在中国国际问题刊物中,《国际问题研究》《现代国际关系》等是以中短期的政策性文章为主的刊物,由于风格定位清晰,同样是学科名列前茅的一流刊物。更不用提 *Foreign Affairs* 等以刊发中短篇文章为主的国际著名的政策性核心期刊的高引率。就学理性风格定位的刊物而言,文章长度和影响因子的一定相关性在于,以学术"八股文"形式(包括问题的提出、文献梳理、提出理论框架、实证分析和结论等部分)呈现的中长期理论研究型论文,通常来说没有一定篇幅难以将问题分析透彻、到位,对于《当代亚太》这种定位于宏观战略的学理刊物更是如此。客观上,扎实认真写作的理论性长文在同类风格和形式的文章中,相对更具有质量保证,而文章的学术质量又与圈内的口碑、关注度和影响力有一定因果关系。相反,如果不能保证学术质量和议题关注度这两个前提,单纯追求刊发长文、减少文章篇数,并不能提升刊物的影响因子和学科排名。

学科方向、视角、选文主题和风格定位的转型对于杂志的作者群、读者群和投稿选题都产生了明显的影响。2010年之后,来自地方研究国别和区域的研究机构及其投稿比例和命中率有所下降，与此同时，主流研究机构的投稿比率明显上升。杂志投稿和发文的作者主力也由地方研究机构专门从事国别和地区研究的学者，转变为国际问题学术研究领域实力较强的大学和主流学术机构的学者和博士研究生。这种转变与投稿的理论含量及学术生命力的提升是同步的。

2、依靠学术质量和圈内学术口碑的提升是杂志持续进步的根本

刊物排名的提升，一般来说最先提升的是口碑，进而是影响因子的逐渐提升，然后才是在学科排名变化中的体现。自 2007 年改版以后，《当代亚太》在国际关系圈子内逐渐建立起一个较为良好的学术形象，这些变化也逐渐反映在稿件质量和刊物学科排名的上升中。尽管单篇论文的引用率不一定完全体现该文的学术质量，相近排名的刊物之间影响因子高低也具有很多偶然因素，以及有个别刊物之间存在人为自引、互引等作弊问题（在具体数据，比如自引率、引用集中分布率等数据中会得以体现），但就统计学意义上和国内外学术界的一般经验和认知而言，影响因子与刊物学术质量和学界口碑之间的关系，还是具有一定的参考价值。

高质量的"亮点"论文是刊物学术质量和影响力的重要保障。国际关系这一学科领域的作者每年真正认真思考和写作的精品论文不是很多，而这部分稿源不但受关注程度高，而且可以带动投稿的质量。但与此同时，在保证每年几篇本学科领域"亮点"论文的基础上，衡量杂志质量稳定性重要的经验指标是投稿的平均质量和"最低门槛"。投稿人一般会根据刊物的"最低门槛"和平均质量决定投稿。当投稿的理论性、实证性向良性方向发展，根据投稿稿源本身来进行相似主题组稿的空间将稳步上升，这有助于刊物讨论话题的相对集中，选题的被关注程度和引导议题能力也会随之相应提高。

中国社会科学评价研究院建立了基于客观指标与同行评议相结合的更加科学合理与人性化的评价指标，这一指标体系也为《当代亚太》近年来客观数据提升背后编辑部团队的努力做了进一步佐证。我们深信，一本期刊的口碑建立在编者、作者与读者的长期互动基础上。事实证明，刊物界同行和业内专业学者对此有着公正和专业的评价。

3、由追求"名人稿"向"重文不重人"的变化保证了刊物发展的稳定性

《当代亚太》改革初期，重点作者的重点文章约稿对于刊物的中短期发展发挥了比较明显的作用。不过，这种做法有利有弊。刊物发展到一定阶段后，依靠名人稿件的模式进一步发展的空间和动力通常会不足，特别是达到学科排名 7~10 位的瓶颈之后，上升空间就很小了，无论是影响因子排名还是学科内的口碑都是如此。根据国际和国内学术刊物的一般规律，一流学术刊物的地位都是依靠论文本身的学术质量来奠定的，这要求刊物发展到一定阶段，必须超越追逐名人的办刊理念。《当代亚太》在 2009 年之后，平均投稿质量的上升，是从注重约名人稿向注重论文形式及内容本身转型的结果，同时也是超越追逐名人、步入投稿稿源自身稳步提升的良性循环的体现。

过于追求"名人稿"，会隐性地流失一些中青年学者的优秀稿源。主要大学和研究机构的学者在中级或副高级职称阶段，还有少数优秀的年轻学者在攻读博士研究生期间，正处于学术高产期和创新期。《当代亚太》2010 年在稿件的选择上不注重作者的身份和职称，坚持以论文质量为本，吸引了青年优秀学者的投稿，这种影响力是长期和潜移默化的。就统计数据而言，知名学者的不同文章受关注程度并不稳定，没有很明确的规律可循，而高质量论文的影响力首先取决于议题关注度及文章质量，不是取决于作者的身份。近年来，《当代亚太》的作者群主要是主流高校和研究机构从事国际问题的中青年学者和博士、硕士研究生，他们有比较充足的时间阅读文献，也没有很多命题"作文"的压力，对理论问题思考多一些，是刊物平均学术质量的保证基础。

4、领导的支持和推动成为杂志发展的后盾

《当代亚太》两任主编对期刊的发展给予了极大的支持。张宇燕所长对刊物的鼎力支持在刊物转型期起到关键作用，这种支持主要体现在坚持严格和公正的审稿程序，以及顶住了来自所内的双重压力。刊物改革和转型来自所内的压力，一方面是本所同志发文方面的压力。一本刊物如果本单位内部人发文数量过多，容易影响杂志在人们心中的公正形象，导致外

来优质投稿数量的下降。《当代亚太》在转型中，对本所研究人员文章的要求明显提高，特别是对理论和分析工具的强调，提高对所内人员发表论文的要求，由此很容易引起所内一些研究人员的不满。来自所内的另一方面压力在于，《当代亚太》从一个地区和国别研究类刊物转向超越地区研究视野的全球宏观战略刊物，需要以学术议题为导向，并且确定一个清晰和明确的学科定位，这种学科定位显然不可能覆盖本所研究人员的所有研究领域。在这方面，两位主编顶住了不少压力，对本单位人员与外单位人员发文标准和程序一视同仁，并提供了制度保障，也使所内许多同志逐渐接受杂志现有学科导向定位和发文学术标准及严格程序的现实。在这一过程中，两位领导的学术导向和对编辑部的政策支持，对于杂志的转型和稳定发展功不可没。

关于编辑工作的一点体会

《日本学刊》编辑部　叶　琳

叶琳，副编审，博士，毕业于外交学院，2007年进入中国社会科学院日本研究所《日本学刊》编辑部工作至今，现为《日本学刊》编辑部副主任。

能够进入《日本学刊》编辑部工作，对于我来说是一件非常幸运的事情。我自幼就不喜台前的光鲜亮丽，更不擅长人际交往，进入学刊编辑部担任学术期刊编辑，每日伏案看稿，与文字交朋友，工作在字里行间、徜徉在浩瀚学海，虽然有时也会略感寂寞，却能享受平静、享受淡泊，还能获得无穷智慧的馈赠，于我而言无疑是最好的选择。所以，我是带着欢喜和期待的心情开启自己的职业生涯的。从2007年7月正式入职，至今已逾14载，其间经历了酸甜苦辣，也有过失落和彷徨，但对于自己的这一选择，尤其是加入《日本学刊》编辑部这个团队，我一直深感荣幸。

《日本学刊》以中国"一衣带水"的邻邦——日本为研究对象，旨在多视角、跨学科、全方位地观察日本，尤其注重研究日本政治、外交、经济、社会、思想、文化等领域的重大现实问题以及中日关系热点问题。自1985年5月创刊以来，《日本学刊》一直保持较高的学术水平和出版质量，在日本研究相关领域居于前沿地位，现为中文社会科学引文索引（CSSCI）来源期刊、中国人文社会科学期刊 AMI 综合评价 A 刊核心期刊、中国学术期刊评价研究报告（RCCSE）核心学术期刊（A）、《人大复印报刊资料》重要转载来源期刊、中国期刊全文数据库来源期刊，受到了中央领导部门、日本研究学界以及社会各界读者的肯定和重视。作为中国社会科学院少有的国别研究期刊，《日本学刊》无疑属于小众期刊，但还能取得如此成就，我认为与《日本学刊》编辑部这一团队的优良传统是分不开的。

第一，坚持制度建设。

一个编辑部要实现科学有效的管理运营，离不开健全的规章制度。其中，既包括国家法律、法令、政策等法规性制度，如《出版管理条例》《期刊出版管理规定》等，也包括岗位性制度，即适用于编辑校对这一岗位的长期性工作章程。国家法律法规自不必说，《日本学刊》还特别注重编辑部工作制度的建立和完善，以规范编校工作流程、锤炼编辑业务能力，进而全面提升学刊质量。

经过近 40 年的摸索，《日本学刊》编辑部已经形成了比较清晰全面的工作制度，包括审稿制度、编校制度、选稿会议制度等。编辑人员照章办事，使日常工作程序化，减少了盲目性和随意性，减少了人为的中断与干扰，可以有条不紊、紧张有序地开展工作，刊物质量也得以保障。同时，学刊编辑部还在具体实践中不断发现问题、摸索规律，进而对相关制度进行补充完善，以使编辑工作更为合理高效。以编校制度为例，在坚持"三校一读核片制度"的基础上，学刊编辑部还进一步引入了集体交叉校对、校对主体多元化等制度。所谓"集体交叉校对"，是指在二校环节中，除了由责任编辑和编辑部主任（副主任）参与编校，还让编辑部其他人员进行互校，相互监督、相互改正、查漏补缺，以避免由责编包校的知识局限和"熟能生错"的弊端，有利于最大限度地消灭差错。至于"校对主体多元化"，则是充分调动作者积极参与稿件的编校工作，不仅在初编环节让作者对责任编辑改稿处等进行确认，而且在二校和终校环节参与通读核校，使后期的校对工作实质上成为编辑加工工作的延续，发挥了对编辑加工工作的补充和完善作用。

第二，讲求工匠精神。

工匠精神，也称"匠人精神"，近年来被中国社会各界所重视，并被写入了 2016 年的《政府工作报告》中，李克强总理说，"要鼓励企业开展个性化定制、柔性化生产，培育精益求精的工匠精神"。工匠精神其实是一种职业精神，是职业道德、职业能力和职业品质的体现，追求卓越的创造精神、精益求精的品质精神、用户至上的服务精神。社科学术期刊的任务是公开出版优秀的"社会科学研究成果"，从某种意义上说，学术期刊编辑作为筛选、编辑加工乃至提升这些"研究成果"的"工匠"，也需要这种精益求精的工匠精神。

《日本学刊》编辑部始终把提高刊物质量列为编辑工作的重点，为此不仅致力于各项规章制度的建设、坚持规范化管理，并要求编辑人员拥有高度的责任感和强烈的事业心，做本职工作的行家里手。《日本学刊》第一任主编何方先生就以身作则，总是亲自动手修改一些重点文章，对于那些有新意但不太成熟的稿子，他都会改得密密麻麻，有的近乎重写，甚至句号在括号内还是括号外之类的细节问题，何老也会——指出。前辈们这种严谨的治学态度、一丝不苟的工作作风，一直作为编辑部的优良传统被继承了下来，直到时今今日也在为《日本学刊》的提质升级"保驾护航"。

而且，所谓工匠精神，在要求对自己所从事的工作精益求精、精雕细琢的背后，首先还要求热爱自己所从事的工作，将其当作一份事业而不仅仅是一份职业来对待。这一点也是《日本学刊》编辑部长期以来所强调和传承的。学刊编辑部前主任林昶老师曾经为编辑部技术编辑林肖老师写过一篇回忆文章，标题就是《一生只做一件事》，其中充分阐释了林肖老师的爱岗敬业精神。"林肖，用几乎整个'工作人生'从事编务和技术编辑工作，有如衬托红花的绿叶，无怨无悔地为日本研究事业奉献力量，她兢兢业业，尽职尽责，在平凡的岗位上做出了不平凡的优异成绩，诠释了'一生只做一件事'的人生哲理。"一辈子做好一件事，说到底就是讲究一种专注的力量，专注做一件事情，看似简单，其实是对毅力和恒心的考验。

作为学术期刊编辑，每天与一字一句一标点打交道，同样的内容要反反复复看很多遍，其间或许会感到漫长、枯燥甚至无趣，但如果能以责任、兴趣为动力，扎扎实实地对待每一篇稿件，对其用心、用情、用力，即便是"为他人作嫁衣裳"，或许也是一种了不起的成功。

第三，倡导团队合作。

良好的团队协作是学术期刊取得成功所不可或缺的，这种"团队合作"并不限于编辑部内部，而是涵盖了编辑部与作者、审读专家及学界、读者、排版中心乃至出版社的良好互动关系。编辑与学界保持良好的互动关系，使编辑能够依据当前的学术研究动态和社会热点进行有针对性的组稿和约稿，以提炼、推出好的选题和专栏；编辑与作者、审读专家保持高效畅通的沟通，有助于共同对文章进行润色加工、创造佳作精品；编辑与排版中心及出版社保持密切的联系，将保障期刊的顺利出版发行。这种种活动关系又环环相扣，相辅相成，共同推动了学术期刊的成功。为此，《日本学刊》编辑部特意提出了"打造著审编读互动机制，形成命运共同体"的工作目标，并为此进行了各种尝试，取得了良好的成效。

《日本学刊》编辑部一直坚持专业编辑审、编、校专业稿件的原则，同时以匿名审读环节作为加持，以形成对稿件的专业性判断和处理。从我进入学刊编辑部工作，编辑部领导就强调，好的文章是改出来的，如果遇到好的选题，哪怕文章结构不完美、语言不精练，也是可以通过反复修改进行打磨的，这就需要编辑多与作者进行沟通探讨，多为作者提供一些具有建设性、实操性的建议，多鼓励激发作者的创作热情。如此，通过这种改稿过程，编辑不仅能够为期刊贡献优质的稿件，还能与作者成为朋友，积累学术人脉，这也是形成期刊庞大作者队伍的重要环节。许多作者非常爱惜自己的学术"羽毛"，对编辑提出的修改和编校工作都积极配合，中国社会科学院荣誉学部委员、中国社会科学院日本研究所研究员冯昭奎先生就是如此，曾经为一篇稿子反复修改了近十遍，细致到一个标点的使用，让我甚为感动，也备受鼓舞，更为认真地对待编校工作。

另外，《日本学刊》编辑部的工作还收到了读者的积极反馈。河南大学历史系教授王继麟先生就是其中一位杰出代表。王继麟先生是日本历史研究资深学者，是《日本学刊》的忠实读者，从 20 世纪 80 年代末，一年六期刊物他都仔细阅读，有问题和想法就向编辑部反馈，每次都用薄薄的 300 字格纸写上满满好几页，宏观者如日本历史、日本政治研究中的不同观点，细微处则是文字、语法、校对的差错，甚至是繁体字与日文字的误用等。读王先生的来信几乎成了编辑部出刊后的"规定动作"，集体讨论，分析错情，查找原因。后来，编辑部决定聘请王继麟先生为《日本学刊》的审读专家，他是《日本学刊》的第一位审读专家，甚至早于中国社科院主管部门设立的审读制度。

至于编辑部内部的团队协作，更是不言自明的。不管是选稿会议制度还是集体互校制度，处处都能看到学刊编辑部内的"打成一片"，可能是为了一篇稿件的修改思路，也可能是因为某一个专栏的设置排序，甚至是关乎某一个词语的使用规范，编辑们各抒己见，以求找到一个最优选择。其间经常会出现意见不一致，进而"大吵大闹"，近乎吵架的场面总是会吓到适时到访的其他人。不过也正是这种同心同德、开诚布公的交流互动，使《日本学刊》能够保持较高的学术水平和编校质量。

第四，鼓励创新苦干。

近年来，为适应中国日本研究发展的需要和期刊出版形势的变化，日本学刊杂志社也进行了一系列创新，充实基本构架、拓展业务范围，逐步形成了"二三三"体系，即两个出版物——《日本学刊》和《日本文论》，三个会议——"日本马克思主义研究论坛""日本研究青年学者论坛"和"日本研究论坛"，三个成果信息发布平台——"日本学刊"网、"日本学刊"微信公众号和"日本学刊杂志社"今日头条号。编辑部旨在以会议抓作者、以评奖激励作者、以平台展开推介，为广大日本研究者提供更好的发文平台。不少项目都是从无到有，其发展过程中不乏一波三折，但编辑部同人们心往一处想、劲往一处使，积极出谋划策，埋头苦干，力争进一步提高《日本学刊》的学术权威性和扩大社会影响力，打造"国内一流、国际知名"的名刊。

以对外宣介工作来看，为适应新媒体大发展的时代潮流，日本学刊杂志社积极探索新媒体的传播功能，陆续推出了一系列创新举措。"日本学刊"网于 2009 年 5 月正式开通,"日本学刊"微信公众号于 2015 年正式开通,"日本学刊杂志社"今日头条号于 2020 年 10 月正式上线,日本学刊杂志社初步形成了及时反映期刊动态、重点文章和社会反响,以图片、文字形式报道日本研究所和中华日本学会等机构重要学术活动的多媒体传播风格,以快捷和方便赢得了大量网民和读者。

自《日本学刊》创刊以来,编辑部就坚持"传帮带"的人才培养方式,资深编辑带着新入职编辑边学边做,各种优良传统得以发扬光大,保证了《日本学刊》的不断发展。同时,编辑部也面临一系列新形势,不仅表现为来自新媒体发展的挑战,还有其他诸种问题,比如期刊的评价问题、学术期刊编辑的编研结合问题等。传统的期刊编辑,定位为帮助作者打造一流的学术作品,因而侧重强调精湛的编辑出版基础知识和实务能力,而新形势下要求期刊编辑成为学者型编辑。换言之,期刊编辑具有双重身份,既要具有学术编辑的基本素养,如学术选题策划能力、学术内容判断能力、语言文字表达能力等,又要努力提升自身的学科专业水平,能熟悉学科研究动态甚至独立撰写高水平的专业学术论文,此外还需要了解各类新媒体的内容生产、传播途径以及经营之道。

也有人提出将文字编辑与学术编辑"分列"开来,由专人负责组稿、选稿。这种方式或许在出版社是可行的,但要用于学术期刊编辑体制的话,似乎存在一定弊端。学术期刊应该坚持"内容为王",即以刊物的高质量作为自己追求的目标,而衡量刊物学术质量的根本标准是其所刊发的文章具有研究深度和新意、关注学术研究热点和前沿问题,这又取决于编辑的鉴赏力和判断力。不参与学术研究,没有一定的学术鉴赏力,就无法评价和衡量稿件的学术价值,也无法保证审读、编辑加工稿件的质量,进而无法保证刊物的学术质量。因此,编研结合是学术期刊编辑发展的必然趋势。编辑人员积极参加学术活动、参与研究工作,才能"跟踪"专业领域发展的前沿,掌握学术研究的热点课题,对作者的科研优势和学术动向有全面及时的掌握,从而具有较高的学术观察、评价、分析和判断能力,也才能对稿件的学术性、创造性、实用性做出恰如其分的评价,做到"用之有据,弃之有理",发挥编辑在办刊工作中的主体作用,有计划地制定选题、有鉴别地处理来稿、有针对性地组织专栏。

而在具体工作实践中，要处理好编与研之间的关系是相当困难的。编辑工作与研究工作在结合的过程中会产生矛盾，最主要体现在时间和精力的分配上，不管是编辑工作还是研究工作都是极其费时的，二者兼顾绝非易事。因此，每个编辑人员都必须明确科学研究是完成编辑角色的重要手段和条件，在学术活动和编辑工作之间，编辑还是应该侧重于编辑工作，学术研究不应脱离编辑的职业属性，而是为其生存和发展寻找更为坚实的基础。当编辑业务与科研活动发生矛盾冲突时，绝不能本末倒置，而应首先高质量地完成编辑工作，同时结合具体的编辑工作开展研究，力争通过编研结合达到编研相长的目的，实现编辑工作和研究工作之间的协调发展和良性循环。当然，这也离不开相关制度的大力支持，以保障编辑们能够静下心来做好本职工作。

总而言之，要想成为一名称职的学术期刊编辑，不仅需要有深厚的专业基础知识和职业编辑能力，还需要秉持"干一行爱一行"的文化情怀，同时坚持终身学习，关注学术前沿、更新知识积累、摸索新媒体传播规律，以成为适应新时代发展要求的富有创新意识和创新能力的复合型编辑。

《马克思主义研究》编辑部　张建刚

# 编辑工作之我见

张建刚，研究员，博士，毕业于北京大学，2006年进入中国社会科学院马克思主义研究院工作，2013年进入《马克思主义研究》编辑部，现为《马克思主义研究》编辑部副主任。

"我是一名编辑"，在学术会议上我总是这样自豪地介绍自己。但在8年前，我刚从科研岗位来到编辑部工作时，每次参加学术会议我都不太情愿把自己的编辑身份亮出来。那时，我对编辑工作还不太熟悉，对编辑这个职业也不太认可，对编辑角色的认识也还停留在"剪刀加糨糊"层面。然而，随着时光的推移，我逐渐热爱上了这份工作。这是一份需要无私奉献的工作、是一份对自身要求极高的工作、是一份值得人尊重的工作。我曾经是一名高校教师，我感到自豪；我曾经是一名科研人员，我感到自豪；今天，我是一名编辑，我同样感到自豪。

## 一、编辑工作在平凡中见伟大

编辑的岗位是平凡的，但同样是伟大的。在平凡的岗位上，要想做出不平凡的事业来，没有一种崇高的精神是万万做不到的。要想成为一名优秀的编辑，必须有一种高尚的编辑精神，也就是要有追求真理的科学精神、服务读者的服务精神、"为人作嫁"的奉献精神、精益求精的敬业精神、与时俱进的创新精神。只有有追求真理的科学精神，我们才会不懈探索、明辨是非；只有有服务读者的服务精神，我们才会尽心尽职、任劳任怨；只有有"为人作嫁"的奉献精神，我们才会甘为人梯、不求回报；只有有精益求精的敬业精神，我们才会一丝不苟、追求卓越；只有有与时俱进的创新精神，我们才会立时代之潮头，发思想之先声。

编辑是文字工作者，但编辑的工作并不仅仅是处理文字。查找文中的错别字，确保语言通顺，词语搭配恰当，标点符号使用正确，这是编辑的基本功。而这些工作只是编辑工作中的极小一部分，也是比较容易完成的工作。作为一名合格的编辑，首先，要具备较强的政治判断能力，能够把握时代脉搏、发时代之强音；其次，要具备高超的文章鉴赏能力，能够练就"火眼金睛"，把优秀的文章从浩如烟海的投稿中迅速筛选出来；再次，要具备直击问题要害的洞察能力，能够把文章中存在的致命问题悉数指出来；复次，要具备提出修改意见的指导能力，能够帮助作者提高文章质量；又次，要具备与作者进行学术讨论的对话能力，能够给作者以启发和提醒；最后，要具备重要选题的策划能力，能够引领学术研究前沿方向。

编辑工作是烦琐的，我们需要认真阅读每一个标点符号、每一个字、每一句话、每一个段落；编辑工作是容易出错的，一不小心，就可能出现多字、少字，甚至错别字；编辑工作是非常辛苦的，需要从众多的投稿中筛选出优质稿件，需要逐字逐句认真修改，需要按时按点准时出版；编辑工作是一项系统工程，任何一个环节、任何一个程序出了问题，都会影响刊物的质量和出版。

做好编辑工作需要编辑有庞大的知识储备，甚至可以说，需要"上知天文、下知地理，学贯中西、博古通今"，具备极强的学习能力。编辑对于社会、经济、文化、历史、地理、人物、事件的一些常识性的知识要烂熟于心，对于标点符号用法的新变化、词语用法的新标准、编辑格式的新规范要牢牢掌握，对于最近发生的政治事件、重大新闻、世界形势都要及时了解，这样才会避免在编辑过程中犯一些常识性的错误、不规范的用法错误、重大的政治错误等。

编辑必须是有专业的，而且专业水平还不能太低，否则，稿件中的一些专业错误就难以发现，也难以与作者进行有效的沟通，稿件的质量就难以得到保障。编辑的专业是有差别的，专业水平也是需要不断提升的，因此，编辑的岗位最好是稳定的，不要轻易变动，编辑也要有培训锻炼深造的机会。要成为一个优秀的编辑，必须系统学习专业知识，必须熟悉本专业的经典著作，必须牢牢掌握本专业的基本理论，必须深入了解本专业领域的学术前沿。我是一名从事马克思主义专业期刊工作的编辑，在工作中我深深体会到没有较高的马克思主义理论水平，要想做好编辑工作是非常困难的。我是一名马克思主义专业的编辑，更是一名马克思主义专业的研究者。我认真研读了《马克思恩格斯文集》《马克思恩格斯选集》《资本论》《哲学的贫困》《列宁文集》《列宁选集》《毛泽东选集》《邓小平文选》《江泽民文选》《胡锦涛文选》《习近平谈治国理政》（1~3卷）等经典著作和重要文献，不断提升自己马克思主义理论的基本功，同时，我也非常重视政治理论学习，及时学习党中央的最新精神，力求把这些精神及时、准确、完整地贯彻到编辑工作当中。

## 二、学术期刊要在探索中求新知

学术期刊是学术研究成果的发布平台，在学术交流和信息传播中发挥着重要作用。优秀的学术期刊在引领学术研究方向、推进学术研究突破、弘扬时代精神、传承历史传统等方面更是承担着巨大的社会责任、肩负着巨大的历史使命。中国社会科学院汇聚了近百种学术期刊，拥有《中国社会科学》等一批享誉中外的顶级期刊，是全国乃至全球的学术期刊重镇。中国社会科学院的学术影响力很大一部分就体现在学术期刊的影响力上。

期刊影响力的大小主要取决于所刊发文章质量的高低。什么才是高质量的学术论文呢？我认为，一篇文章至少具有创新性、学术性、现实性、规范性，才能算是高质量的学术论文。创新性是判断一篇论文价值的最首要，也是最重要的标准。一篇文章提出了新的概念、观点、理论，或者是运用了新的方法、开辟了新的思路，或者是发现了新的证据、新的资料、新的数据，或者是对已有的研究成果做出了新的概括、新的评析、新的解释，这样的文章才具有创新性，才是具有价值的。学术性是一篇高质量的学术论文的灵魂。文章不但要能够说清楚事物是什么样，还要能够讲清楚为什么是这样，也就是说，要知其然且知其所以然。文章要追踪学术前沿、抓住学术热点、聚焦学术难点、解决学术争议问题、揭示现象的本质。高质量的学术论文也一定是关注现实问题的，能够有助于现实问题的解决，具有很强的现实性。注重现实性，并不意味着不需要联系历史来认识事物。古人常讲："欲知大道，必先为史。灭人之国，必先去其史。"只有把事物放到历史中进行考察，才能更准确地对其进行定位，才能更深刻地认识其本质。一篇高质量的学术论文还应该具有规范性，也就是说，题目要有吸引力、摘要要概括精练、关键词要准确恰当、论证要逻辑严密、引文要准确规范、图表要清晰明了、参考文献要权威精选。

学术期刊一定要有明确的办刊宗旨，要找准自己的定位、形成自己的风格、铸就自己的刊魂，把最符合刊物风格的、最能体现刊物价值追求的、最能促进社会发展的优秀文章刊发出来。我所在的刊物《马克思主义研究》是全国唯一以研究马克思主义整体理论体系为宗旨的大型学术理论刊物，刊物面向现实、面向当代，刊登探讨深层次理论和实践问题的论文，提供丰富的国内外研究动态和信息。我们在选稿、用稿中力求把马克思主义研究领域中最富有创新性、最能站在人民的立场、最能解答现实问题、最能促进探索真理的研究成果优先刊登出来。

## 三、社科院期刊要立足新时代肩负新使命

中国社会科学院是哲学社会科学领域的科研重镇，会聚了一批享誉国内外的学术大家、学术大师，这为办好学术刊物提供了人才保障、智力保障、成果保障。我们要充分利用好中国社会科学院的资源优势，立足新时代、肩负新使命，弘扬真善美、传播正能量，围绕"国之大者"出谋划策，

针对重大问题深入探讨，使中国社科院的期刊在议题设置、学术交流、思想交锋中发挥主导作用，在学科体系、学术体系、话语体系构建中发挥引领作用，在服务现实、服务人民、服务国家需要中发挥支柱作用。

中国社会科学院是学术研究机构，同时也是政治机关，我们必须旗帜鲜明讲政治、必须坚持政治家办刊办报的原则、必须牢牢把握正确政治方向和舆论导向。中国社会科学院是马克思主义的坚强阵地，是中国哲学社会科学研究的最高殿堂，是党中央国务院重要的思想库和智囊团，我们办刊一定要围绕这"三个定位"来开展工作，使我们的刊物成为宣传、阐释、研究习近平新时代中国特色社会主义思想——这一二十一世纪马克思主义的重要思想理论阵地，成为发布和展示哲学社会科学最新、最高水平的研究成果的平台，成为公众了解解决重大现实问题对策的窗口。

要想办好刊物还必须坚持制度办刊、人才办刊的原则。中国社会科学院有着丰富的办刊经验和完善的办刊制度，很多制度经实践证明是非常有效的，如匿名评审制度、三审三校制度、编辑部选题会制度等。好的制度能够把真正有水平的优秀文章筛选出来，同时也能规避一些粗制滥造的低水平"人情稿""关系稿"。光有好的制度还不够，必须有一批保障这些制度能够顺畅运行的人才队伍。要把能力强、有担当，人品正、有底线，讲奉献、有原则，立场坚、有信仰的优秀人才选派到编辑部的重要岗位上来，使我们办的刊物能够勇立时代之潮头、发思想之先声，为中华民族的伟大复兴贡献应有之力。

要想办好刊物还必须打造一支能力过硬的编辑队伍。编辑学术水平的高低直接决定其选稿能力的大小、学术对话能力的强弱、改正错误能力的优劣。而编辑编校水平的高低直接决定其编辑稿件质量的好坏、差错率的高低。做一名优秀的编辑，不但需要有甘于奉献的精神，而且要有卓越的编校能力和深厚的学术功底。因此，我们一定要鼓励编辑从事一些本领域的科研工作，在不断提高编校能力的同时，也不断提高科研能力，努力形成编研相长的良性局面。总之，一定要重视编辑的培养，把优秀的人才留在编辑队伍中，为他们的未来提供足够大的发展空间。

# 使命光荣 责任重大

《当代中国史研究》编辑部　郑　珺

郑珺，编审，毕业于首都师范大学，2000年进入中国社会科学院当代中国研究所《当代中国史研究》编辑部工作至今，现为《当代中国史研究》编辑部主任。

日如蓬沙指间过，岁同流水不回头。转眼之间，从我踏出校门到《当代中国史研究》编辑部工作至今已有20余年，其间我从一个懵懵懂懂的初学者成长为一名"老编辑"，初审、复审了四五千篇稿件，担任责任编辑的中华人民共和国史（以下简称"国史"）学术论文有七八百篇，经我编发的不少文章获得了省部级优秀科研成果奖，还有上百篇被《光明日报》《新华文摘》《中国社会科学文摘》《人大复印报刊资料》等转载。此外，还结识了许多作者，并从作者变为朋友。回顾我的从业经历，我深刻认识到自己肩负着繁荣发展中华人民共和国史学科的光荣使命，要编好每一篇国史研究成果需要付出艰辛的努力，并且要不断提高自己的政治素质、创新能力、学术素养以及沟通协调能力。

# 一、严把政治关

学术期刊肩负着振兴民族精神、激发思想活力、构建话语体系、传播价值理念的重大使命，高质量的学术期刊必然是思想精深、专业精湛、印制精良的有机统一体，是为社会立言、为时代立传的平台，是刊发反映现实、观照现实的精品力作的重要媒介。

《当代中国史研究》是国史学科唯一的专业学术期刊，自1994年创刊以来一直秉承"以史鉴今，资政育人"的办刊方针，紧扣时代主题，主要刊载国史研究领域的学术成果。我刚到编辑部工作时就深知，国史编辑工作是一项很重要、很严肃的工作。要做好这项工作，编辑人员必须具有献身国史事业的精神和高度的责任心，要为之付出艰苦的努力，同时要具备较高的思想政治水平和理论基础，扎实的专业知识和较为广博的知识积累，严谨细致、一丝不苟的学风和相当的文字处理能力。

参加工作后，在编辑部老师的带领下，我在初审稿件时始终把坚持正确的政治方向放在首位，在审稿中坚持以历史唯物主义为指导，以发挥当代中国史研究"资政、育人、护国"的作用为着眼点，严格遵守期刊出版的各项政策法规。国史既是一个新兴的学术领域，又是意识形态性很强的学科，在审稿中经常会碰到一些披着"学术研究"外衣，伪造、篡改、歪曲历史的文章，如认为"优先发展重工业战略是中国经济长期落后的根源""计划经济从一开始就是错误的"等，这就需要我们时刻保持政治敏锐性，不断增强辨析问题的能力，并用扎实严谨的学术研究成果来批驳、回击歪曲丑化党和国家历史的错误倾向。此外，对于研究中的不同学术观点，也需要加以鉴别，虽然"研究无禁区"，但"宣传有纪律"，对于一些涉及现实政治的重大问题，其中还不成熟的观点，不能随意刊发。作为刊载国史研究成果的重要平台，必须从党和国家的工作大局出发，遵守党的宣传纪律，防止一些具有政治敏锐性而又不成熟的观点搅乱人们的思想，妨碍社会安定的大局。

## 二、创新性是学术期刊的不懈追求

学术期刊的编辑工作绝不是简单地把稿件收收发发，而是对稿件全面加工，使之达到出版的要求，这是在作者劳动基础上的再创造，一篇优秀论文的发表可以说是作者和编辑共同劳动的结果。从这个意义上说，学术期刊编辑是社会科学科研队伍中不可缺少的组成部分。

社会科学事业繁荣和发展关键在创新，出路在创新，希望也在创新。随着时代的发展和新材料的挖掘，一些具有新观点、新材料、新视野、新方法的研究成果不断涌现。作为社科学术期刊编辑，我们也要不断地更新知识、调整思路，去挖掘选题、筛选稿件。

国史研究是改革开放后逐渐形成的一门新兴学科，也是整个史学领域最年轻、最有活力和最有发展前途的学科之一。国史研究随着中华人民共和国历史本身的发展而不断发展，国史研究成果是学者们对中国特色社会主义道路探索过程的回顾思考、是对马克思主义中国化理论成果不断推向新的历史高度的总结梳理、是对中国特色社会主义制度优势的深化认识、是对中国特色社会主义文化发展道路的自觉认同。这就要求我们编辑要具有创新的眼光，不断发掘富有新意的稿件，全面展示国史研究领域的最新成果，从而用国史研究更好地为党和国家的工作大局服务、为弘扬和培育民族精神服务、为建设中国特色社会主义事业服务、为推动国史研究和国史学科建设做出贡献。

## 三、不断提高自身的学术素养和沟通协调能力

学术期刊以刊载学术研究成果、繁荣和发展社会科学事业为宗旨和目的，肩负着培养学术人才、引领学术方向的使命，这就决定了学术期刊发表的文章必须具有较高的学术价值，也要求期刊编辑练就慧眼识珠的本领，不仅要在大量的稿件中选择那些观点正确、论证严密、文风朴实、语言流畅、逻辑性强的学术研究成果，而且还要看它是否具有新意和一定的学术

价值。这一点，并不是一朝一夕就可以做到的，而是需要经过不断地学习和积累，关注本学科的研究前沿动态，对相关问题展开一定的研究，并且具有合理的知识结构，才能做到既专又博，更好地胜任期刊编辑工作。如果没有一定的研究基础，不了解本专业的研究进展和理论动态，不仅不能编出高水平的稿子，就连选题、组稿等都会受到很大的影响，更谈不上提高整个办刊工作的水平。

《当代中国史研究》作为发表国史学科研究成果的重要载体，所刊发的文章通过对历史背景、历史条件、历史过程的客观分析，忠实记录和充分反映了新中国取得的辉煌成就和宝贵经验，实事求是地总结了曲折和失误中的沉痛教训，在国史学科发挥了学术引领和政治导向作用，为新时期的改革、开放、发展提供了历史借鉴。在编辑部工作期间，我深刻认识到一名合格的编辑，不仅要清楚刊物的使命、定位，还要了解所在学科的发展方向，对学科发展的历史、学术渊源的流变有准确、全面的了解，这样才能在审稿时做到沙里淘金，在编稿时点石成金。

编辑工作之余，我撰写了《毛泽东的唯物主义历史观及其指导历史研究的实践》《新世纪以来国史学理论问题研究的进展及思考》等50多篇文章和4部专著，努力提高自己的研究能力和业务水平，也使我在审稿和编辑工作中能够更加从容地应对出现的新问题。

学术期刊以研究者的科研成果为依托，要办好学术期刊，就要求编辑要结识一大批优秀的科研工作者，因为他们往往站在学术前沿，对某学科领域的问题具有自己的观点和见解，并对一些敏感的问题具有超前的预见性和准确的判断力。在编辑稿件过程中，我一般都会仔细揣摩文章的内涵和作者的语言习惯，经常从标题提炼、观点推敲、布局谋篇、资料复核、文字风格等方面与作者进行学术切磋，最后达成共识，努力使编辑的每一篇文章都成为精品。

在编辑部工作期间，参加的各种学术交流会议使我获益良多，既增长了见识、开阔了眼界、了解了学科发展的前沿信息和动态，也结识了众多的专家学者，为组稿和编辑工作的顺利进行及发现新作者奠定了良好的基础。

　　习近平总书记强调，历史是最好的教科书。学习党史、国史，是坚持和发展中国特色社会主义、把党和国家的各项事业继续推向前进的必修课。这门功课不仅必修，而且必须修好。2020年1月，习近平总书记号召全党要学好"四史"。作为《当代中国史研究》的编辑，担负着传播国史研究成果的使命和责任，编发的稿件要有利于读者认识中国人民在长期奋斗中培育、继承、发展起来的伟大民族精神是从哪里来的、是怎样不断传承弘扬的，进而以史鉴今、以史资政。在今后的工作中，我将继续加强马克思主义理论和国史专业知识学习，秉持敬业、奉献的精神，努力办好《当代中国史研究》杂志，为繁荣国史研究事业，发挥期刊"以史鉴今，资政育人"作用，贡献自己的智慧和力量。

《国外社会科学》编辑部 高 媛

高媛，副编审，毕业于北京外国语大学，2000年进入中国社会科学院文献信息中心工作，2001年进入《国外社会科学》编辑部，现为中国社会科学院信息情报研究院期刊编研室副主任。

# 『于无色处见繁花』
## ——写在从事期刊编辑工作二十年之际

2021年，是我进入《国外社会科学》编辑部工作的整整第20个年头。而在这一年的1月，我获得"中国社会科学院优秀期刊编辑奖"，幸何如之！

犹记得刚进编辑部时，我不过是个才走出校门的大学毕业生，对怎样开展科研工作、如何做个学术期刊编辑一无所知。只记得当时文献信息中心的老领导对我们这些新入职的年轻人所说的一句话："编辑就是为他人作嫁衣的工作，要耐得住坐'冷板凳'。"这么多年过去了，我依然将这句话铭记于心。

年轻人进入编辑部都是从编务做起的。21世纪初始，电子邮件和网站系统还没有在工作中普及，编辑部接收来稿还是以纸质版为主，几乎所有的投稿都是邮寄到编辑部的。每天拆信封，登记收件信息，进行文稿初筛，把进入审稿流程的稿件按顺序放入稿件库供编辑老师们选稿，这就是我最初的工作。那时候，经常边拆信边读稿子，遇到自己感兴趣的内容，一看就是半天时间。有的时候，不知哪个单位的学者来编辑部拜访，我会坐在自己的工位上默默听老师们聊稿子、聊课题，甚至聊学术圈的奇闻趣事。那个时候，我感觉自己就像块海绵，疯狂地吸收着一切新鲜的知识和资讯，也尽最大的努力适应自己期刊编辑的新身份。

在编辑部老师们的教导之下，我一点一点熟悉刊物、熟悉编辑工作流程、熟悉编校业务。很快，我也开始负责"论著提要""书评""学术会议"等小栏目的编辑工作。最初不敢用红笔直接改稿子，我就用铅笔，改了涂、涂了改，一篇两三千字的文章也要打磨很久。改过之后，战战兢兢拿给老师们看，接受点评。那时候，为了学习如何修改文章，我会把其他老编辑改过的"花脸"稿拿过来认真研究，看看老师们都是怎么处理稿子的，哪些改、哪些不改、怎么改……幸得编辑部的老师们都和蔼可亲，倾囊相授，他们言传身教，手把手领我走上编辑的道路。记得当刊物上第一次出现自己的名字，我开心到雀跃，在铅字印刷的名字上反复摩挲，还把刊物激动地拿回家给家人们传看。我想，这就是我的编辑之路的初始吧——虔诚而惶恐，以至于对这份事业永远秉持敬畏之心，不敢有丝毫轻慢、功利之意。

作为一个刚刚迈入哲学社会科学领域的年轻人，《国外社会科学》这份期刊既是我职业生涯的起点，也是我治学之路的起点，并在年复一年的沉淀之中，成为我这 20 年为之奋斗的事业重心。

我还清晰地记得，2008 年春节前，我和另外两位来自《国外社会科学》和《第欧根尼》(中文版)[①] 的青年编辑到原文献信息中心副主任沈仪琳老师家中进行节日慰问。沈老师是著名韩语翻译家，曾担任《国外社会科学》月刊[②] 主编、《第欧根尼》(中文版)副主编，直接参与创办了学

---

① 《第欧根尼》(中文版)为联合国教科文组织国际哲学与人文科学理事会会刊 DIOGENES 的中文选刊。原刊以多种文字出版，其中包括法文(原版)、中文、英文、西班牙文、阿拉伯文、印地文。

② 《国外社会科学》1996 年改为双月刊。

术季刊《当代韩国》并担任副主编。在交流中，沈老师就如何做好编辑工作和我们谈了很久，她没有说什么深刻的道理，只是谈了许多自己在工作中的体会，并给我们提出了简单朴素的八字要求——"勤奋""自信""谨慎""热爱"。第一点"勤奋"自不必说，如果年轻人不求上进、安于现状，那么无论在什么岗位上都很难做出成绩。第二点"自信"不仅是指对自己的信心，还包括对单位、对所在团队和集体的信心。当时文献信息中心主办的《第欧根尼》《当代韩国》《高丽亚那》等几个刊物的创刊都与沈老师当年的积极争取分不开。沈老师说，她之所以如此坚决地将几个刊物的办刊权争取过来，正是出于她对文献信息中心的研究翻译人才和办刊经验的信心。年轻人绝不能妄自菲薄，要相信自己的能力、相信前辈的眼光、相信集体的力量。在这样一个积极向上的环境中奋发图强，实现人生价值和事业追求。至于第三点"谨慎"，沈老师列举了许多她以前翻译或编校文章的例子，来说明谦虚、谨慎和不耻下问对于翻译和编辑工作的重要性。她同时提醒，因为我们这些年轻人，包括她自己都是学习外语出身，更要注意中文的规范表述，提升中文写作能力，特别是我们的学术刊物更应该发挥传承中华语言和文化的作用。最后，也是最重要的一点是"热爱"，沈老师希望我们能够对自己所从事的这份工作永远心存热爱，唯有热爱，才会执着追求，才会锲而不舍，才能成就事业。

像沈仪琳老师这样严谨治学、有着远大学术追求和崇高学术理想、甘于"坐冷板凳"的老一辈学者型编辑在我身边比比皆是。他们是我的"领路人"，是我学术道路上的榜样。

同时，我所在的研究团队和编辑集体打造出来的这份刊物，也以其独特的学术风格和学术传统，在不知不觉间塑造和影响了我们这群年轻人的编辑和治学之路。

《国外社会科学》是一份独特的期刊。它创刊于1978年，正值我国开始进入改革开放新时期的关键时刻，许多领域的研究活动已经停滞多年，亟待恢复和重建。由于学术交流渠道不畅，刚刚回到科研工作岗位的广大哲学社会科学研究人员，十分渴望了解国内外社会科学的发展状况，特别是国外社会科学发展的最新动态。正是在这样一个历史发展的重要关头，

1978~1979 年，中国社会科学院情报研究所先后创办了《国外社会科学》《国外社会科学著作提要》《国外社会科学快报》《国外社会科学论文索引》等刊物，加上原有的《国外哲学社会科学动态》，情报刊物形成系列，各具特色，在学术界产生了较大的影响。其中，《国外社会科学》于 1978 年 2 月创办，是中国社会科学院 1977 年 5 月独立建院后创办的第一批学术刊物之一。为了缩小我国与国外哲学社会科学研究领域的差距，推动我国哲学社会科学事业的创新和发展，《国外社会科学》不断拓宽视野，密切关注国外新兴学科的发展动态，为我国哲学社会科学研究的创新和发展提供信息保障。刊物反映和报道的学科范围较广，其中包括未来学、科学学、社会科学情报学、全球化问题、控制论研究、国外中国学研究等新兴学科和研究领域，推动了我国相关学科领域的发展。40 多年来，《国外社会科学》从形式到内容都发生了很大变化，从最初以译介国外人文社会科学动态为主，发展到今天以原创性的学术论文和综述、述评为主。这种变化从一个侧面反映了我国改革开放进程和经济社会发展取得的伟大成就，反映了我国哲学社会科学事业的繁荣和发展。创刊 40 多年，《国外社会科学》始终抱有历史使命感，不断创新发展，追求前沿。同时，作为一份综合性刊物，它以跨学科、多学科研究视角以及问题导向为学术特色，强调包容性和创新性。这样一份刊物对于编辑人员的要求也是独特的，要想在其中做一个好编辑，学术道路上应该在专与杂之间求得一种平衡。相比于专业精深，我们的刊物对于广博的知识面、宏大的学术视野和敏锐的学术判断力要求更高。然而做到这一点又谈何容易呢。学术基础薄弱、学科领域受限是我在编辑工作中遇到的最大困难。学无涯而生有涯，如何在有限的时间内快速提升自己的学术水平、逐步扩大自己的知识领域是我多年来一直探索的问题。最有效的学习还是融汇于工作实践中，善于运用对比研究方法，逐步积累，不断扩展自己的知识面，于实践中提升学术判断力。多年来，我一直在向这个方向努力，最起码在所负责的栏目和学科领域内能够把握学术前沿，掌握学科发展动向，可以和学者开展对话，具备较强的学术鉴赏能力。说实话，即便在期刊编辑的岗位上摸爬滚打了 20 年，我仍然觉得自己距离一名真正的优秀编辑差距甚大，仍然觉得自己还是编辑队伍里面的

"新兵"，仍然觉得未来奋斗的道路还有很长、一眼望不到头。

我很喜欢著名编辑家滕明道先生 20 世纪 80 年代在《出版工作》上连载二十四期的《编辑生活絮笔》，很多年以前读的时候，对提倡当"编辑黄牛"不能当"编辑老爷"的论述印象深刻。这次为了写这篇小文，又去找来重读。"干编辑这一行，也如同干别的行业一样，得有强烈的事业心才行。有了强烈的事业心，你就会把编书、改稿视同乐事，不计较个人名利之得失；你就会甘当无名英雄，把自己的心血倾注在他人的著作中，以有实无名为至乐……"先生的话说进心坎里了。编辑本就是一种利他的职业，甘居幕后，贵在无私，才能以平凡成就不平凡，"于无色处见繁花"。

# 智库研究和成果编报工作的感悟

《中国社会科学院要报》总编室　蒋岩桦

蒋岩桦，副研究员，博士，毕业于中国社会科学院研究生院，2012年进入中国社会科学院信息情报研究院工作，2015年进入《要报》总编室，现为《要报》总编室副主任（主持工作）。

自2012年入职信息情报研究院以来，我一直从事《要报》内刊编报和管理工作，获得2020年"中国社会科学院优秀期刊编辑奖"，使我切身感受到中国社会科学院对智库成果编报工作的重视和支持。内刊与期刊虽同为学术成果载体，但一类偏重应用对策研究，一类偏重基础理论研究。与之相应，内刊编辑与期刊编辑虽同为学术成果编辑，但也有明显的区别。以下就做好智库研究和相关编报工作谈一些粗浅认识。

## 一、做好智库研究和成果编报工作要正确认识几个重要关系

智库研究和成果编报是为党和国家决策服务的工作，咨政建言献策能

力和水平直接决定服务的质量和效果。中国社科院应用对策研究要具备战略性、前瞻性、储备性、针对性，智库成果要让决策部门信得过、靠得住、用得上，必须处理好几个重要关系。

第一，基础理论研究和应用对策研究的关系。两者紧密联系、相互促进、相辅相成。一方面，基础理论研究为应用对策研究提供理论指导和学理支撑，只有夯实理论研究基石，对策研究才可能具有科学性。另一方面，应用对策研究为基础理论研究提供现实内容和实践动力，理论研究只有走出"象牙塔"，时刻关注时代之问、人民之问，才能在丰富的实践创新中实现理论创新。智库研究是典型的应用对策研究，中国社科院要发挥好学科门类广、理论研究深的整体优势，把智库研究建立在深厚的理论素养、扎实的理论基础、专业的理论研究上，确保智库成果务实管用。国家高端智库研究要有分量、有水平，不能凭直觉、凭感悟，必须坚持基础理论研究与应用对策研究"两手抓""都要硬"，做到二者的有机结合，更好地以基础理论研究促进应用对策研究，以应用对策研究带动基础理论研究。

第二，调查研究和科学决策的关系。高度重视调查研究是我们党一以贯之的优良作风，毛泽东同志早在1930年就提出"没有调查，没有发言权"，强调"调查就是解决问题""瞎说一顿之不能解决问题"。党的十八大以来，习近平总书记也多次强调，"调查研究的过程就是科学决策的过程""结论产生在调查研究之后，建立在科学论证的基础上"。从调研中发现问题、认识国情、总结规律，坚持"调研开路"，是贯穿革命建设改革全过程的根本方法，也是新时代治国理政的根本方法。智库研究要为科学决策提供智力支撑，不能靠从理论到理论的冥思苦想，"刻舟求剑不行，闭门造车不行，异想天开更不行，必须进行全面深入的调查研究"，把实际情况搞明白，把问题本质厘清楚，把解决问题的思路和对策讲透彻。建设国家高端智库，就要学会站在决策者的角度观察问题、思考问题、解决问题，把调研的"触角"深入党和国家事业发展的各方面、各领域、各环节，深入实施重大战略、推进重大工作、破解重大问题的科学决策全过程。

第三，学术兴趣与社会责任的关系。哲学社会科学是安邦治国、济世为民之学，哲学社会科学研究是个人学术活动和社会活动、实现个人价值和履行社会责任的有机统一。哲学社会科学研究不是在书斋中谈经论道、自娱自乐，不能仅仅为了满足自己的兴趣、实现个人的目标，而是要服务于党和人民的事业、服务于经济社会发展、服务于国家和民族振兴。中国知识分子有经世致用、"治国平天下"的优良传统，有"努力向学，尉为国用"的责任担当，有"为中华之崛起而读书"的自觉追求。新时代的知识分子要把学术研究和"为中国人民谋幸福、为中华民族谋复兴"的历史使命紧密联系在一起，既会撰写学术著作，又会撰写智库报告；既能以鸿篇巨制的形式研究问题，又能以简明扼要的形式提供决策参考；既能在学术领域当个好学者，又能在智库领域当好咨询者。中国社科院的专家学者要积极投身于新时代伟大实践中，大力弘扬中国知识分子"以天下为己任"的宏伟抱负，切实承担起自己应当承担的社会责任。

第四，提供具体对策与提供思想的关系。国家高端智库成果既包括能够有效解决问题、提出可操作性具体建议的对策研究成果，也包括具有创新性和启发性的思想理论。智库研究既要针对国内经济社会发展中的现实问题、国际上焦点热点问题开展深入研究，及时提出对策建议，也要针对重要思想理论观点、重要战略要情与动向进行动态跟踪研究，及时收集编报，为中央决策提供借鉴参考。我们要从更广、更宏观的意义上正确、全面地认识什么是国家高端智库、什么是决策参考信息。哲学社会科学科研成果，无论是对策研究的成果还是基础研究的成果，只要有见解、有创新，经过适当的转化，就能够进入决策视野，成为有价值的决策参考信息。从这个意义上来说，哲学社会科学各领域各专业研究的专家学者，都能为党和国家决策贡献智慧和力量。

此外，智库研究还要善于处理其他重要关系。如，要善于处理国内研究和国际研究的关系，从事国际研究的学者应更多地了解国情，从事国内研究的学者也要更多借鉴国际，把两者很好地结合起来；要善于处理个人研究和团队研究的关系，智库要有重大的研究成果，才能在社会上立得住、有名望、有影响，但是重大、跨学科、综合性的研究，需要团队力量，单靠个人是不行的；要善于处理指令性课题和自选性课题研究的关系，既要高水平地完成决策部门交办的指令性课题，又要着眼于党和国家事业长远发展，前瞻性地做一些自选性课题。

## 二、把好智库研究和成果编报工作的努力方向

第一，坚持以习近平新时代中国特色社会主义思想为根本遵循。高端智库是为中央准确判断形势和做出科学决策服务的，必须将研究落实新思想中的新战略、新部署、新要求作为根本政治任务、作为坚持正确的政治方向和学术导向的首要原则。方向正确，是服务好党和政府决策的根本前提，如果方向错了，不仅无助于党和政府决策，而且会干扰决策，甚至造成误判误导。这就要求我们必须始终坚持马克思主义立场观点和方法，特别是坚持以习近平新时代中国特色社会主义思想为指导，不断提高政治敏锐性和政治鉴别力；必须坚决维护党中央权威和集中统一领导，增强"四个意识"，坚决贯彻中央的路线方针政策和各项决策部署；必须始终坚持与党和国家的整体前进方向保持一致，实事求是地分析研究问题，负责任地提出具有充分科学依据的、切实可行的对策建议。

第二，坚持以研究新时代重大理论和实践问题为主攻方向。高端智库要努力做到在中央重大决策酝酿准备过程中，能够提供充分的知识和理论储备；在中央重大决策进行过程中，能够及时地提出科学的可行性论证和咨询；在中央重大决策做出后，能够及时、正确地进行宣传阐释和总结分析。智库研究要坚持围绕中心、服务大局、把握大势、着眼大事，研究什么、报什么，都要从新时代党和国家事业发展大局出发来把握。比如，思想理论建设方面，要紧紧抓住坚定理想信念、坚定"四个自信"问题；经济建设方面，要紧紧抓住发展不平衡不充分，增强发展后劲和抗风险能力问题；政治建设方面，要紧紧抓住坚持党的领导、人民当家作主、依法治国有机统一问题；文化建设方面，要紧紧抓住社会主义核心价值体系问题；社会建设方面，要紧紧抓住保障社会公平正义、加强和创新社会治理问题；新型国际关系方面，要紧紧抓住坚持和平发展道路、构建人类命运共同体、促进"一带一路"国际合作问题；等等。党和政府的工作重点是什么，我

们就着重研究报送什么，经常对标检验研究工作是否"号准了脉"；中央领导决策的关注点在哪里，我们就着力报送哪方面的决策信息，经常反思提出的对策是否管用到位。

第三，坚持以人民为中心的发展思想。高端智库是为党和国家顶层设计服务的，但顶层设计不是凭空而来的。"一切为了群众，一切依靠群众，从群众中来，到群众中去"是党的根本工作路线，也是智库研究的根本工作方法。新时代坚持群众路线，就是要牢牢坚持以人民为中心的发展思想，落实到智库研究上，就是要把群众所需所盼作为研究工作的出发点、落脚点，把群众所急所忧作为研究工作的重点、难点，把群众所得所悟作为研究工作的启发点、着力点。"人民是共和国的坚实根基，人民是我们执政的最大底气"，我们要坚持将加强党的领导和尊重人民首创精神相结合，拜人民为师，聚焦人民实践创造，在实践中寻找课题、研究问题、发现规律、做出判断，并以人民实践作为最终的检验标准。"我国社会主要矛盾的变化，没有改变我们对我国社会主义所处历史阶段的判断"，我们要增强战略思维、辩证思维、创新思维、法治思维、底线思维，深刻把握新时代"变与不变"的关系，更加深入地开展调查研究，在做好全面深化改革顶层设计的基础上，为重要领域和关键环节的改革出谋划策。

第四，坚持党管智库的根本原则。高端智库要出高质量的成果，归根结底要抓好体制机制建设，办出专业特色。要坚持党管智库的原则，把抓好管理作为促进研究的重要途径，着力破解制约智库功能发挥的体制机制、政策环境因素，充分调动全院办智库的积极性、主动性和创造性。要着力提升智库成果的战略性，聚焦新时代重大理论和实践问题，做好选题策划和科研组织工作；提升成果的综合性，整合力量开展跨单位、跨学科联合攻关，必要时可吸收有关党政部门、高校专家等"外脑"；提升成果的前瞻性，设立中国社科院重大对策跟踪项目，对可以预见、可以产生影响的重要问题和动态，要善于提前策划，及早研判；提升成果的储备性，中央决策需要从多个方案中做选择，要善于提供上策、中策、底线等多种决策方案；保证成果的时效性和准确性，做到选题及时、研究及时、编选及时、报送及时，努力在"第一时间"提供报送"第一手情况"和"第一份材料"，做到"不误报""不偏报""不虚报"。同时，各研究所（院）要做到智库工作有人管、有人抓、有人做，分管领导要切实负起责任；科研管理部门要完善智库成果评价机制，贯彻高质量智库研究报告和理论文章、专业著述成果"同等重要"原则，等等。

总之，全院要集中资源和力量，着力发挥好站位高、学科全、人才多的整体优势和综合实力，使高端智库建设更好地服务于党和国家科学决策，服务于坚持和发展中国特色社会主义，服务于建设社会主义现代化强国和实现民族伟大复兴。

# 从「银行家」到「裁缝」

《中国社会科学院要报》编辑部　卓丽洪

卓丽洪，副编审，博士，毕业于中国社会科学院研究生院，2002年进入中国社会科学院办公厅工作，现为信息情报研究院经济编研室主任、《领导参阅》副主编。

　　从小到大，我有很多"高大上"的职业梦想，飞行员翱翔太空、军人保家卫国、医生治病救人、教师教书育人……当然也有充满"铜臭味"的期待，比如当一名银行家叱咤风云，但唯独编辑这一职业未曾在我的梦想中出现过。

　　高考时如愿进入了所报考的学校学习货币银行学专业。话说这所大学当年还是邓小平同志题写的校名。报到那一天，学长学姐带着我在校园内转了一圈，当看到校内陈云同志的题词"办好中国金融学院 培养新一代银行家"时，顿时感觉自己离梦想近了一步，内心是无比激动的。据学长学姐介绍，金院在金融界还是很有名气的，有不少杰出的银行家校友。同学当中也有省高考状元，我想应该也是慕名而来的。从此，我就在"新一代银行家的摇篮"里，追随着学长学姐们的脚步，朝着新的征程拼出一片辉煌。首先是打好专业基础，同时紧锣密鼓地准备 GRE、GMAT、TOEFL 等考试，计划去国外申请个好学校继续深造，回国后做个名正言顺的银行家。

正当对未来充满期待时，"9·11"事件爆发，美国留学政策收紧，心仪的学校没有申请上，留学计划"泡汤"。于是，我开启了国内找工作之旅。当时我们学校的毕业生就业去向都还不错，去银行谋一份工作并不难，但要先在银行柜台锻炼半年甚至一年。"象牙塔"里的我们不但年少轻狂还心高气傲，心想未来的银行家怎么能去干如此简单的体力劳动。正当犹豫不决是否要去银行柜台"委曲求全"时，学校隔壁中石化财务部抛出了"橄榄枝"，财务主管描绘的美好职业前景还是很令人期待的。虽然每当夜深人静时中石化依然灯火通明让人望而生畏，但毕竟待遇不错且未来可期。正当要签约的时候，获悉中国社会科学院正在招聘应届毕业生。虽然当时对中国社会科学院知之甚少，但了解到了一条最吸引人的关键信息——这个单位出国留学的机会非常多。于是便欢天喜地地来到了中国社科院参加应聘并顺利签约。虽然对接下来所要从事的工作一无所知，但这些都没有关系，毕竟有机会出国留学深造，继续圆梦银行家是大概率事件。

报到后，我被分配到办公厅调研处工作，担任《中国社会科学院院报》（以下简称《院报》）的实习记者和编辑。记者和编辑，这个职业以前只是在书本和报纸上接触过，万万没想到如今我会从事。虽然文字功底不算差，上学时也会写一些"无病呻吟"的小诗，但让我做文字工作着实令人头疼。幸运的是，虽然办公环境相对简陋，但工作氛围很融洽，领导和同事们对新来的同志在工作上和生活上都非常关心照顾，在大家的悉心指导下，我顺利渡过了适应期，很快就与大伙"打成一片"。随着对中国社科院的深入了解，我才发现中国社科院出国留学深造的机会跟我理解的完全不一样。获知这一情况还是挺失落的，毕竟当初是冲着这一机会来的。作为曾经的学霸，面对着一份极具挑战的文字工作，当然是不可能妥协的。因此，我虽然心有不甘，但为了直面挑战已无暇顾及其他。慢慢地，银行家的梦想被抛在了脑后，只是偶尔会在内心深处感慨一下。

调研处的领导经常教导我们，编辑应当是杂家，各个领域的学问，都要懂一些。其实，这对我来说挑战还是很大的。以我经济领域的知识储备来说，要做好编辑工作，还需要不断拓展知识的广度与深度。因此，及时了解党和国家的大政方针、各项重大决策部署、重大发展战略和规划，同时加强多学科知识的学习，不断提高理论水平和业务水平，是做好本职工作的必修课。处里领导平日里和蔼可亲、幽默诙谐，但对工作要求严苛，对编辑差错零容忍。严师出高徒，虽然自己谈不上所谓的高徒，但领导的高标准、严要求的确培养了我良好的职业素养。

2002年入职的时候，《院报》和《中国社会科学院要报》（以下简称《要报》）都由调研处承办。这个时期，我主要担任《中国社会科学院院报》的记者和编辑，有时候会接触一下《要报》的编辑工作。《要报》承载着重要的使命，即作为中国社会科学院发挥思想库和智囊团的主渠道之一，向党中央国务院报送决策参考信息，服务党和国家的重大发展战略和决策需求。整体上看，《要报》刊发报送数量相对较少，因此能够参与编辑《要报》文章，那是相当光荣的任务。每次接到《要报》编辑任务我都非常开心，每一篇文章都要认真研读几遍，然后才开始对文章进行精雕细琢，把文章里的每一个字词都仔细推敲一番。可以说，一篇经编辑加工处理后的文稿，字里行间都会透露出编辑和审稿人的辛劳。事实证明，认真与用心编辑还是获得了丰厚的回报，作者的肯定与支持就是最好的奖赏和最高的荣誉。经常能够听到这样的声音："我看到你编辑的文章了，跟我的原稿比真的是大变样了，层次也拔高了""我的文章已经面目一新了，有些我还比较纠结的措辞，你都拿捏得很到位""原先还真的不知道要报怎么写，经你这么一改，以后就知道怎么写要报文章了"等，特别是一些文章经过编辑"大刀阔斧"的修改后，获得了领导批示，作者的喜悦之情溢于言表。作为编辑，能够与作者一同分享这份喜悦，幸福感也是"爆棚"了，也正是这份认同感和幸福感，大大激励我坚守着这份清苦。

2008年底，《院报》被划拨出去，我们正式全身心投入《要报》编辑工作。这个时期开始工作压力明显增大了，处里不断加大选题策划、组稿约稿的力度，特别是随着信息报送数量和质量的提升，上级部门也更加重视中国社科院专家学者的决策影响力。为进一步提高报送信息质量，更好发挥党和国家重要思想库和智囊团的作用，中国社科院党组做出了组建中国社科院信息情报研究院的决定，2011年9月中国社科院信息情报研究院正式成立，《要报》整体划入信息情报研究院。从此，《要报》信息报送工作每年都迈上一个新台阶，报送信息采用批示量每年均大幅增长。院里、上级部门都对《要报》信息报送工作提出新的要求和更高的期待。随着全院对《要报》信息报送工作重视程度的加深，《要报》稿件数量每年呈几何级数增长，我们的编辑任务之重、压力之大前所未有，加班成了常态。

说《要报》编辑过的是担惊受怕的日子，其实一点也不夸张。经济片涉及的学科范围广、专业性强，作为经济领域的编辑，压力也是与日俱增，特别是一些紧急约稿任务，给作者的撰写时间很短，留给编辑加工处理的时间有时候只有一两个小时。还有一些文章专业性强，即使查阅一番资料仍把握不准，因此有些文章报上去的时候心里是真的没底。作为《要报》编辑，心里的一根弦需要时刻紧绷，特别是在接到上级部门电话的时候是会紧张的。平常与上级部门的沟通一般是白天上班时间通过座机联系，在记忆中我并没有给上级部门提供过我的手机号。如果接到未显示号码的电话，就知道是上级部门打来的。其中印象最深刻的一件事是，有一个晚上大概10点钟的时候，看到手机上打进来一个未显示号码的电话，我的心一下子提到嗓子眼儿了，直觉告诉我，报送的文章出问题了。刚一接通电话，对方就用深沉的语气报了自己的工作单位并确认了我的名字，我瞬间感觉天昏地暗。紧接着对方不温不火地说，某作者撰写的文章提到的某个问题，想约专家就其中这一问题专门写一篇文章。听到这儿，我如释重负，悬着的心终于放下来了。我心想着，深更半夜地打电话来吓人，白天上班再打也来得及啊，再说这大晚上的给作者打电话约稿也不合适啊。后来才了解到，上级部门是两班倒，晚上他们打电话约稿，是因为他们上的是夜班。再后来，我对于对方深夜打电话也就习以为常了。

把《要报》编辑比作 "裁缝"，应该是再贴切不过了。我们的职责就是，"量体裁衣"，把专家学者的基础研究成果转化为应用对策信息，实现供给与需求的有效对接，为中央领导决策服务。因此，《要报》编辑工作不是简单的修修剪剪，不但需要对文章进行深度加工甚至是 "手术式" 地修改，还需要做"服装设计"，不断开展选题策划工作。这就要求编辑密切关注时政热点，及时研判经济社会热点、难点问题，对苗头性、倾向性问题要有深刻的洞察力，对前瞻性、战略性选题要有敏锐的感知力，同时还要掌握专家学者的研究领域和研究动向。唯有如此，才能实现供给与需求的有效对接，避免专家成果出了智库，"进了麻袋"的尴尬。

如人饮水，冷暖自知；如人饮茶，甘苦自味。不同于学术编辑，《要报》编辑需要对文稿进行标题修改、导语提炼、结构调整、内容压缩、措辞更换等。有一部分资深作者的文章，只需基础的编辑加工处理即可。但有时候需要把一篇一万多字的文章压缩到三千字，有时候一篇三千字的文章需要花费一天甚至两天的时间进行加工处理，有时候编辑一篇文章比自己写一篇文章还费时费力。刚开始的时候，我觉得《要报》编辑工作还挺有意思的，编辑对象都是专家学者的真知灼见，涉及的学科面也广，从中可以学习到很多的知识。但日复一日地重复简单的劳动，确实是一件枯燥无味的事，特别是时间长了，发现文章虽好，但每天处理的大量文稿其实都是碎片化的信息，成不了体系，能吸收到的营养成分有限，有时难免心生厌烦。另外，编辑作为一项科研辅助工作，总给人"矮人一截"的感觉，偶尔也会自卑从"丫鬟"熬成了"嬷嬷"。因此，近20年的坚守，与其说是对这份工作的热爱，不如说是根植于内心的责任更贴切。

从事编辑工作近20年，守住了清苦，耐住了寂寞，顶住了压力。编辑，虽然与当初梦想中岗位不同，但初心是一致的。在服务党和国家决策过程中，虽然只是发挥了一颗小螺丝钉的作用，但守住了初心，"人间值得"。

编辑甘苦是一道
人生彩虹

中国社会科学杂志社　王兆胜

王兆胜，编审，博士，博士生导师，毕业于中国社会科学院研究生院，1996年进入中国社会科学院中国社会科学杂志社工作，现为中国社会科学杂志社副总编辑。

　　如不算以前，自1996年起，从中国社会科学院研究生院文学系毕业至今，我做编辑工作已经25年。像一颗钉子，这么多年我坚定不移把自己"钉"在中国社会科学杂志社编辑这一岗位。先做编辑，后做编辑部主任，现在是副总编辑。其间的甘苦难给外人道，对于编辑工作的执着有时连我自己都感到吃惊。

　　整体而言，编辑工作是为他人作嫁衣裳，若处理得当，可以编研结合，绘制出一道美丽的人生彩虹。对我而言，最深切的体会是，在枯燥的编辑工作中不断提升自我。

　　一般来说，工作有好有坏。以我的心性，最想做的工作是卖茶叶、玉石，制香，以书画为业，在大学当老师或成为一名法官、律师。读完硕士研究生后，曾一度想放弃一切，做个自由人、一个周游世界的行走者。我心想：经过行万里路，深切体会了世界人生，然后沉下心来写作，那该是多么美好的选择。但至今，这些几乎都没能实现，有的只在梦里实现了。

当了一辈子编辑，我对世界人生有了新的认识：严格意义上说，工作没有好坏优劣之分，关键看你喜不喜欢，还有对社会人生的贡献大小。有时，人生是自己走出来的，但更多时候可能有一条自然的曲线，你不得不随着它的节奏起舞。最初，我最不喜欢做的就是编辑工作，然而，经过这么久的体验，编辑工作也很好，它虽然枯燥，但教会了我很多很多。

一是"认真"二字。毛主席说过，人最怕"认真"二字。以前，对这两个字的认知非常表面化，但在编辑工作中深有体会。一篇文章经过编辑变成铅字，错字错句就"长"在上面，那是无法更改的。我们《中国社会科学》要求极高，不允许有硬伤，出错率控制得相当严格，除了中国社会科学杂志社有相当专业的校对团队进行校对，编辑自己还要校对多遍。有时，为查一个出处，可谓费尽周折。当然，这个出错不只是错字错句，还有"铁"的政治标准和纪律，每个编辑不敢不认真。稿子从初稿到最后变成正式出版物文章，其间的"认真"像一面面镜子，需要照亮稿件的字里行间，也要照亮编辑的眼睛与心灵。我们编辑在不厌其烦地改、校、对、核中"翻山越岭""涉川过河""攀岩越涧"，最后终于完成任务。等着这项任务刚完成甚至还没完成，新的任务又来了，编辑工作永远做不完。不过，多年的认真培养了我的工作态度和人生观与价值观，也让"认真"变成一种难以形容的美德。现在，作为老编辑，我常与大家开玩笑说："现在，让我不认真也不可能了，'认真'就如被镌刻在心中的印记，永难消失。"另外，有了"认真"二字，我真正体会到了"世上无难事"这几个字的含义和价值。

二是"耐心"二字。编辑工作还离不开"耐心"，没有耐心作为底色，一个编辑做不长久，即使做也做不好，更不要说从中获得乐趣了。编辑工作仿佛是一个磨刀石，它既会磨砺一个人的意志品质，也会让其思想变得锋利，还会将他的时间、精力、生活慢慢"磨损"。一方面，工作本身需要耐心，中国社会科学杂志社原是"一报八刊一网"，现在是"一报七刊一网"，其工作量大得惊人，每人都在超负荷运转，比机器还繁忙，这是需要耐心的，否则就无法胜任这份工作；另一方面，编辑工作要与各式各样的作者打交道，有胸襟、好合作、通情理的作者对我们的工作多有支持，也使我们受益良多，然而，遇到有个性、多为自己考虑、没办法跟他讲明白道理的作者，编辑可就难受了，这就特别需要耐心，要有与人为善、设身处地、为他人着想的心怀。举例来说，面对"雪片"般的来稿，阅读起来是需要时间和周期的，但有的作者从投稿之日起，就开始催促，编辑对此需要很有耐心。作为编辑，被作者反复催稿，容易形成急躁、无奈甚至厌烦心态，但是，编辑将自己换成作者，心态一下子就会有所改变，就能理解作者的心情，自己的心态自然就平衡稳定了。另一个例子是，我阅读作者稿件，往往是站在学习和提高的角度，有时不耐烦了，就会扪心自问："作为编辑，再辛苦的阅读还能比得上作者写作辛苦吗？"于是，心情一下子就变得释然了。编辑工作培养起我极大的耐心，就像一棵古老的柳树，无论风多大，被吹了多久，它始终如一用惊人的耐心做一件事：温和拂面，像一首诗。

三是"感恩"二字。做编辑工作最忌讳的是"三观"不正，仿佛作者都在围着自己转，是有求于自己，自己手握"生杀大权"，是高高在上的，可颐指气使，甚至以权谋私，动不动就"耍大牌"，这是相当错误也是比较肤浅的。我做编辑工作多年，不能说没得罪过作者，但整体而言，与作者建起了良好关系，也获得很多作者的信任。其中最重要的一点是，我有感恩之心。这包括，第一，将作者看成是办刊特别是办优秀期刊的源泉，没有作者就没有文章，没有文章又谈何刊物甚至名刊。第二，阅读作者文章就是一个学习过程。投《中国社会科学》等刊物的稿件，往往都是作者最好的作品，我能在第一时间读到作者的最新研究成果，这难道不是一种福气，不需要发自内心地感恩？第三，与作者打交道，能学到更多，除了知识、文化、思想，还有教养、人品、境界、智慧。常言道："路遥知马力，日久见人心。"与一些优秀儒雅的作者交往久了，我就会感到自己也仿佛变得丰富、饱满、充实、快乐、幸福起来，有一种被诗意与美好浇灌的感觉。以中国人民大学余虹教授为例，一次我让他给《中国社会科学》外审稿件，只有 200 元的极低的审稿费，我都不好意思说出口，因为名家教授实在太忙了。没想到，余虹教授对此毫不介意，满口答应下来，还说钱不钱无所谓的。《中国社会科学》外审的稿件，时间要求一般都比较急，快到约定时间，我给余虹教授打电话，他说已完成审稿，马上交差。随后，我顺便问他一句："近来身体好吧？"对方停了数秒，回道："还可以，谢谢老兄。"几天后，我收到余虹教授给《中国社会科学》的外审意见，也听到余虹教授去世的消息，我的心灵受到极大震撼。他在临终前，审稿意见还能写得如此详尽细致，极有耐心，仿佛在做一件艺术品，与一些外审的匆匆草草形成鲜明对照。当时，我猜想，给《中国社会科学》审稿可能是他去世前不久完成的，在多少个不眠之夜中他仍没忘记审稿任务。后来听朋友说，余虹教授有些抑郁，去世前一定因失眠而痛苦不堪。但余虹教授一定是将给《中国社会科学》外审稿件当作一件神圣的事来做，其间充满诚信与对学术的敬畏。每每想起此事，我都心中发颤，眼中充满泪水，一种说不出的感动感恩在心头荡漾。记得那年春节，我与好友陶东风、肖鹰在一起闲话，说起余虹教授，东风竟然像个孩子一下子号啕大哭起来，由此可见余虹教授的人品、人格、人性、人情曾感染过不少人。

不过，编辑工作也有陷阱，如果处理不好，它会不断消耗你的能量内存，使你变得无所适从。其中，最值得注意的是，一旦做了编辑就要抱定甘于奉献。为了更好地奉献，就要变得更加努力刻苦、发奋图强，要不断进行自我充电。否则，久而久之，编辑就会变得眼高手低：看别人的文章都难入法眼，这也不行，那也不成；一旦自己操刀写作，就变得一片"空虚"。另外，做《中国社会科学》这样的刊物编辑，需要与作者沟通、交流、对话的能力，还需要站在作者文章基础上提出修改意见的能力，如果仅仅满足于编稿，那就很难深入下去，即使成为一个优秀编辑，也不会得到作者真正的尊重与信任。

多年来，我有一个心得：坚持编研结合，一边认真做编辑工作，一边刻苦做研究。至今，多少年过去了，我没有节假日，将几乎所有能利用的业余时间都用在学习、工作、研究和写作上。至今我已出版了林语堂研究、散文研究专著 16 部，发表论文 300 余篇，还出版了多本散文集，在学界和文坛都有较大影响。今天，于我心安的是，我称得上是个合格编辑，也算得上有一定影响力的学者作家。在编研结合这个很难处理的关系中，我创出属于自己的方式方法，让编辑工作与科研工作以及文学创作互为启发、彼此借鉴、相得益彰。我在几个方面努力做出高难度的平衡，最关键的是身心平衡和意态自得。工作再忙、生活再艰辛、人生再不易，于我而言，没有抱怨、无负能量，总让自己精神饱满，像早晨八九点钟的太阳，虽然自己马上就到60岁了。

现在，编辑工作不太受人敬重，特别是在与教授和学者的比较中，常常显得无奈与尴尬。有时，别人问我是什么职称，我说是编审。大家不懂，怎么解释也不成。于是，我半开玩笑说："实在不行，你就把它理解成'编辑＋审稿'吧。"不过，话是这样说，心中作为编辑那份自豪感还是满满的。名称只是个标签，但编辑所做的工作不可或缺。试想，当一个好裁缝，通过日夜辛苦，将新娘的嫁妆做得如同锦绣，当听到迎亲的锣鼓渐行渐远，他心底的充实满足恐怕快溢出来了。

作为编辑，我们必须清醒：在岗，一定是热闹非凡，找你的人很多，这会让你感到麻烦；退休了，估计百分之九十的人不会再联系你，甚至连个短信也不会有了。但是，这有什么关系呢？人情冷暖本该如此，就像生命的河流有洪水泛滥，也有枯季断流，甚至还有沧海桑田。问题的关键是，曾经的过往在编辑与作者之间留下一道道痕迹，它们在平淡生活或夜深人静时被我想起，一样会变成快乐的乐谱，奏响一个个春夏秋冬的日子。

以匠心守初心　与期刊共成长

*Chinese Journal of Urban and Environmental Studies* 编辑部　刘晓果

刘晓果，编辑，毕业于东北师范大学，2015年进入中国社会科学院城市发展与环境研究所 *Chinese Journal of Urban and Environmental Studies* 编辑部工作，2017年转入社会科学文献出版社，现为 *Chinese Journal of Urban and Environmental Studies* 编辑。

2015年研究生毕业后我有幸进入了 *Chinese Journal of Urban and Environmental Studies* 期刊编辑部，那时 *Chinese Journal of Urban and Environmental Studies* 正值创刊第三年，刚从半年刊转为季刊。工作至今，我见证了 *Chinese Journal of Urban and Environmental Studies* 期刊先后被 ESCI、Scopus 等国际知名检索系统收录，被 Web of Science 评估为 Q4 区期刊，随后又转变为开放获取（OA）期刊，开启新的篇章。我深深地为期刊的发展感到骄傲与自豪。同时，在伴随期刊发展的过程中，我也深刻意识到作为学术期刊编辑所肩负的使命与责任。

## 一、本性所趋，成为英文期刊编辑

2015年毕业季，我偶然发现了中国社会科学院城市发展与环境研究所（现为生态文明研究所）英文期刊编辑部招聘英文翻译的启事，便投了简历，并进入笔试。记得当时笔试是要求翻译一篇论文的节选内容。我在翻译完主要内容后，强迫症使然，又认真调整了格式，包括页眉和页脚等细节，我也多少因此而被录取。后来我才知道当时编辑部要招聘的其实是英文编辑。

作为编辑"小白"，刚开始审校和编辑论文时，因为对于编校要求没有明确的认知，我主要是通读论文改语法、调格式，所以完成得非常快。后来在与同事的交流学习中，我才意识到自己做得是远远不够的。编校一篇论文，语法、格式规范是最基本的要求，其他诸如专业术语准确且重复出现时统一、图形图表信息完整且与上下文对应、公式准确且与上下文对应、参考文献与文中夹注一一对应等，都是必须要达到的要求。"质量之魂，存于匠心。"当然，坚持正确的政治方向是在最开始的审稿环节中就必须明确的要求。在不断的工作实践中，我迅速地适应了英文期刊编辑的角色，喜欢上了这份工作，也下决心要做好这份工作。

2016年，我见证了 *Chinese Journal of Urban and Environmental Studies* 期刊的突破性发展，也历经期刊主办方的更换。2016年，编辑部根据气候、环境领域热点，策划组织了"巴黎气候大会和《巴黎协定》专题，论文引用量大幅上升，*Chinese Journal of Urban and Environmental Studies* 也因此被纳入 ESCI 数据库。然而也是在这一年，所里进行内部机构调整，撤销英文期刊编辑部，同时将期刊转至社会科学文献出版社。面对突如其来的变故，我和另一位同事感到非常茫然，不知该何去何从。

## 二、理性选择，跟随期刊进入出版社

经过一番理性考虑，我和另一位同事决定去社科文献出版社应聘。顺利通过笔试和面试后，根据部门安排，同事继续负责这本英文期刊的相关工作，我负责部门英文书的编校工作。然而，三个月后同事离职，我便重新接手了英文期刊。依然是熟悉的期刊，但是需要扮演的角色和承担的任务，已经发生改变。之前我主要负责英文期刊的编校环节，现在则需要负责约稿至出版的全流程以及相关的管理工作，必须转换思考角度和工作方式。我的任务也不再仅仅是按时完成某篇论文的编校，而是要在确保期刊质量的前提下按时出版。

*Chinese Journal of Urban and Environmental Studies* 自创刊起，一直存在一定程度的拖刊问题。相较于中文期刊，英文期刊在审稿流程和编校流程需要花费更多的时间。就审稿而言，因为耗时耗力，很多专家不太愿意去评审英文论文。而在编校过程中，专业术语和专有名词都必须溯源，需要尽可能采用官方的、权威的译法。为了加快审稿流程，我需要一方面在邀请专家审稿时，真诚沟通，同时邀请其投稿，加大其接受审稿的可能性；另一方面，专家同意审稿以后，还要及时跟进，定期催促其反馈审稿意见。而加快编校流程，需要在翻译和翻译审校流程中就控制好质量，这就需要培养一支专业、稳定的翻译和审校队伍。经过一年多的调整和追赶，*Chinese Journal of Urban and Environmental Studies* 在 2018 年已基本实现按时出版，解决了拖刊问题。

众所周知，国内统一刊号（CN）一号难求。因此，*Chinese Journal of Urban and Environmental Studies* 在创立时，通过国外出版社申请了国际标准刊号（ISSN）。这是典型的"借船出海"模式：一方面编辑部可以自主决定期刊的内容；另一方面可以利用外方的发行渠道扩大刊物影响。但这种模式下，版权归属外方出版社，存在一定的隐忧。同时，没有国内统一刊号（CN）也使期刊在国内没有合法身份，不被国内学术评价体系认可，稿源受到很大限制。*Chinese Journal of Urban and Environmental Studies* 转入社科文献出版社以后，部门领导果断决定为期刊申请国内统一刊号（CN）。从 2017 年开始筹备并提交相关材料，历经近一年的时间，于 2018 年 3 月获批。这是国家出版管理部门对 *Chinese Journal of Urban and Environmental Studies* 内容质量和影响力的认可。2020 年，为了进一步扩大期刊的影响力，领导决定将 *Chinese Journal of Urban and Environmental Studies* 转为开放获取（OA）期刊，并以此为契机与合作的外方出版社进行谈判，收回了 *Chinese Journal of Urban and Environmental Studies* 的所有版权。虽然办刊之路坎坷，但是 *Chinese Journal of Urban and Environmental Studies* 始终向着正确的方向不断迈进。

## 三、心之所向，愿不负使命与担当

作为一名平凡的"90后"，我一直以来并没有特别远大的抱负。直到有一天看到一篇文章——《被"卡脖子"的中国学术期刊》，了解到中国与外国在期刊发展上的巨大差距，以及由此导致的话语权缺失和利益损失。对此，我感触颇深。

在科技迅猛发展、竞争日益激烈的今天，谁先发表了相关的研究成果，谁就掌握了最早的知识产权归属、进一步研究的主动权和该领域研究的话语权。文中提到，一位在美国工作的华人科学家潘卓华，他的一篇关于光遗传学技术的文章早期屡屡遭到《自然》（*Nature*）、《自然—神经科学》（*Nature Neuroscience*）、《神经科学杂志》（*Journal of Neuroscience*）的拒绝，而相似的成果后来被美国的两位学者发表在了《神经科学杂志》上，并被《纽约时报》（*The New York Times*）称为光遗传学史上的重大突破。而潘卓华的文章在一年后才得以发表，虽然发表在跟《神经科学杂志》同样级别的《神经元》（*Neuron*）上，但是基本没有人知道他才是最先发现光遗传学技术的那个人。

潘卓华先生的遭遇只是一个缩影，可能还存在千千万万类似的事件，其根本原因就在于中国期刊业发展滞后、学术话语权缺失。学术出版行业的管理部门也早就意识到了这个问题的紧迫性。从 2013 年的"中国科技期刊国际影响力提升计划"、2019 年的《关于深化改革培育世界一流科技期刊的意见》，到 2020 年的《关于破除科技评价中"唯论文"不良导向的若干措施（试行）》，再到 2021 年的《关于推动学术期刊繁荣发展的意见》，国家正在逐步加强学术期刊建设，以提升国家科技竞争力和文化软实力，构筑中国精神、中国价值、中国力量。

平凡的编辑岗位承载着不平凡的使命。我深刻地意识到，学术期刊编辑担负着传播学术信息、刊载学术成果、交流学术思想、促进学术发展的重要责任。我的初心是做好本职工作、办好负责的期刊。在新时代的背景下，我愿以匠心守初心，为作者用心服务、为读者奉献精品。我希望能在平凡的编辑岗位实现自己的人生价值，为扩大学术期刊的影响力、坚定中国特色社会主义文化自信贡献一份力量。

# 后　记

　　学术期刊是传播学术成果的重要平台，是开展学术研究的重要阵地，是推动学术创新的重要力量。中国社会科学院拥有90多种学术期刊，其中不少是所在学科的顶级期刊、权威期刊、核心期刊，在学术界、期刊界有着较高的地位和较大的影响。中国社会科学院的学术期刊群既是本院的优质资源、"金字招牌"，也是整个哲学社会科学界的宝贵财富。中国社会科学院现有500多名期刊编辑人员，是办好学术期刊的中坚力量。由于编辑"为他人作嫁衣裳"的职业定位，期刊编辑远不如学术期刊受到的关注多，远不如科研教学岗位人员受到的关注多，编辑的付出和贡献常常不为外界所了解。为了加强对中国社会科学院学术期刊编辑人员的宣传，增加学术界乃至全社会对学术期刊编辑的了解，唤起更多人对期刊编辑职业的重视和尊重，吸引更多优秀人才从事学术出版与编辑工作，中国社会科学院科研局2021年下半年组织编写了这本书。本书收录了来自全院36个办刊单位的52名期刊编辑人员的作品，作者的主体是获得中国社会科学院2020年"优秀学术期刊编辑奖"的编辑人员，以及部分院属期刊的资深编辑，基本涵盖了全院不同学科、不同类型、不同年龄段的学术期刊编辑。本书的内容主要包括三个方面：一是从事学术期刊编辑工作的心得体会，二是担任期刊编辑以来遇到的难忘的人和事，三是办好学术期刊的思考和建议，力求真实反映全院学术期刊编辑人员的工作情况与思想状况。因此，它既可以作为学术期刊编辑之间的业务交流用书，作为新入职期刊编辑的入门教材，也可以作为学术界和有关部门了解学术期刊及期刊编辑职业状况的参考资料。

　　中国社会科学院副院长、党组成员高培勇同志对本书的编写高度重视，多次给予指导，并亲自作序。科研局局长崔建民，副局长王子豪、郭建宏、王伟利，确定了本书的基本思路，并审阅了全部文稿。具体的编写组织工作由科研局期刊与年鉴管理处承担，刘普、孙婉婷、李雪慧负责书稿的汇集及初次审校。本书的出版得到社会科学文献出版社的大力支持，社长王利民，总编辑杨群，副社长兼期刊分社社长梁艳玲，期刊分社副总编辑奚亚男及其他几位同事，为本书的出版尽心尽力，提供各种便利和协助。在此，对全院期刊编辑人员和社会科学文献出版社领导及工作人员的大力支持，表示诚挚的感谢！

由于我们第一次编写这样的作品，缺乏经验，加之时间仓促，有很多不足、不妥之处，希望得到期刊界、学术界及管理部门的批评指正，以便今后不断改进和完善。

编　者

2021 年 12 月

图书在版编目（CIP）数据

"作嫁衣者"说：中国社科院学术期刊编辑心声 /
崔建民主编. --北京：社会科学文献出版社，2022.1（2023.2重印）
　　ISBN 978-7-5201-9672-7

Ⅰ.①作…　Ⅱ.①崔…　Ⅲ.①社会科学－期刊－编辑
工作－文集　Ⅳ.①G237.5-53

中国版本图书馆CIP数据核字（2022）第010981号

**"作嫁衣者"说——中国社科院学术期刊编辑心声**

主　　编 / 崔建民

出 版 人 / 王利民
责任编辑 / 奚亚男
文稿编辑 / 孙玉铖
责任印制 / 王京美

出　　版 / 社会科学文献出版社（010）59366560
　　　　　　地址：北京市北三环中路甲29号院华龙大厦　邮编：100029
　　　　　　网址：www.ssap.com.cn
发　　行 / 社会科学文献出版社（010）59367028
印　　装 / 三河市龙林印务有限公司

规　　格 / 开　本：787mm×1092mm　1/16
　　　　　　印　张：18　字　数：267千字
版　　次 / 2022年1月第1版　2023年2月第2次印刷
书　　号 / ISBN 978-7-5201-9672-7
定　　价 / 98.00元

读者服务电话：4008918866